2020年度浙江万里学院学术著作出版资助项目

中国海关特殊监管区贸易增长极的空间效应研究

蔡春林　著

中国原子能出版社

China Atomic Energy Press

图书在版编目（CIP）数据

中国海关特殊监管区贸易增长极的空间效应研究 /
蔡春林著 . —— 北京：中国原子能出版社，2020.10
ISBN 978-7-5221-1011-0

Ⅰ.①中… Ⅱ.①蔡… Ⅲ.①海关管理 – 制度 – 研究
– 中国 Ⅳ.① F752.52

中国版本图书馆 CIP 数据核字 (2020) 第 197896 号

内容简介

中国海关特殊监管区是中国开放型经济和对外贸易制度创新与改革的前沿阵地，它通过区港一体化路径的制度变迁克服行政边界的屏蔽效应，促进了中国全面开放空间格局的形成。

本书在厘清中国海关特殊监管区等易混淆概念基础上，通过综述国内外相关文献，构建研究的理论框架，得出分析结论，进一步定性分析中国海关特殊监管区的空间布局优化与集聚扩散的作用，以佐证其重要性。本书通过构建空间计量模型对中国海关特殊监管区贸易增长极的空间效应展开实证分析，研究内容包括空间集聚效应、溢出效应和绩效评价等。最后，本书对定性分析和定量分析的研究结论进行总结，提出了针对性的政策建议。

中国海关特殊监管区贸易增长极的空间效应研究

出版发行	中国原子能出版社（北京市海淀区阜成路 43 号　100048）
责任编辑	高树超
装帧设计	河北优盛文化传播有限公司
责任校对	冯莲凤
责任印制	潘玉玲
印　　刷	定州启航印刷有限公司
开　　本	710 mm×1000 mm　1/16
印　　张	13.75
字　　数	250 千字
版　　次	2020 年 10 月第 1 版　　2020 年 10 月第 1 次印刷
书　　号	ISBN 978-7-5221-1011-0
定　　价	55.00 元

　　中国海关特殊监管区是中国开放型经济和对外贸易制度创新与改革的前沿阵地，在新一轮扩大对外开放中，发挥贸易增长极制度变迁的极化集聚效应与空间溢出效应是实现中国对外贸易和开放型经济突破、带动经济转型升级并持续发展的关键。在国际环境新变迁和国内环境新常态下，中国海关特殊监管区在深入探索贸易增长极离岸功能与在岸自由贸易试验区实践上相辅相成，并通过区港一体化路径的制度变迁克服行政边界的屏蔽效应，促进中国全面开放空间格局的形成。

　　本书在厘清中国海关特殊监管区基本概念及自由贸易区、自由贸易园区和自由贸易试验区等易混淆概念基础上，通过综述国内外相关文献，确立增长极与点轴理论为中国海关特殊监管区贸易增长极空间效应研究的最基础理论，并进一步延伸出克鲁格曼"国际贸易—城市—区域"三位一体理论、诺斯制度变迁理论、边界效应理论及港口与腹地关系理论等共同构成研究的理论框架。基于中国海关特殊监管区的理论分析得出以下结论：中国海关特殊监管区贸易增长极对我国地区经济增长具有集聚和溢出的作用，并表现为创新和示范效应、规模效应、开放型经济空间结构优化效应、集聚经济效应等。本书进一步定性分析中国海关特殊监管区的空间布局优化与集聚扩散作用，以佐证开放型市场经济中培育和发展中国海关特殊监管区的重要性，并提供一定的事实依据。在理论分析和事实依据基础上，本书通过构建空间计量模型对中国海关特殊监管区贸易增长极的空间效应展开实证分析，研究内容包括空间集聚效应、溢出效应和绩效评价等。最后，本书对定性分析和定量分析的研究结论进行总结，提出针对性的政策建议。

　　由于作者水平有限，加之时间仓促，本书难免有疏漏和不足之处，还请广大读者批评指正。

目 录

第一章 绪论

第一节 研究背景

一、国际环境新变迁

2008 年国际金融危机将世界经济发展带入了新的轨道，世界各国在极力寻求经济恢复的过程中造成了国际经济贸易环境新的变迁。全球经济演化趋势在后金融危机时代呈现出新的特征。

第一，全球经济多极化与国家主义盛行并存。美国经济霸权独大的形式逐步被全球经济多极化格局替代，形成了以美、中、欧等为代表的多个中心极经济形态。与此同时，以美国为代表的国家主义趋势越发明显，美国的自我优先、英国主动脱欧等作为典型，引发了各个国家对国家主义的政治审视。全球经济区域多极化和国家主义趋势并存成为当下国际经济贸易发展的新环境。

第二，全球经济市场化与自由化趋势不断加强。随着新的全球化经济发展，国际间贸易、投资和金融等领域的合作自由度不断增加，合作的谈判重点从门槛准入向市场监管转移。国际贸易自由化谈判的重心和内容发生转移，谈判的内容从传统货物贸易向数字贸易和投资领域转移，谈判的重心从促进实体商品自由流通向促进生产要素和投资自由流通转移，全球在追求更高标准的贸易自由化、投资自由化、服务贸易自由化、公平竞争和权益保护等方面不断加强。

第三，全球经济区域化和单边主义并存。自金融危机以来，以美国为代表的少数发达国家开始推行单边主义和孤立主义，在国际贸易领域兴起了"逆全球化思潮"，对现行的 WTO 多边贸易规则体系造成了极大的冲击，全球区域性的投资贸易规则不断进行重构。例如，中国政府在 2010 年 1 月正式全面启动了中国—东盟自由贸易区；美国和欧洲在 2013 年 6 月正式启动 TTIP 协议（跨大西洋贸易与投资伙伴关系协定）；美国、日本和澳大利亚等国家在 2016 年 2 月签署了 TPP 协议（跨太平洋伙伴关系协定），两年之后该协议随着 11 个成员国的加入和美国的退出继续向前推行，这说明区域性贸易规则体系的重建；日本和欧盟在 2018 年 7 月签署 EPA 协定（经济伙伴关系协定），占据全球 GDP 28% 和全球贸易额 37% 的两大经济综合体将 EPA 打造为世界最大的自由贸易区；美国、加拿大和墨西哥在 2018 年 11 月正式签署了 USMCA（美国—墨西哥—加拿大协议）。

第四，单边主义与双边谈判推进贸易新规则主张并行。美国特朗普政府发起贸易保护主义，采取退出国际化组织和大打贸易战的国策；而作为世界第二大经济体的中国主张双边谈判，在全球推进双边贸易、公平贸易、对等贸易。两种不同主张的冲突致使国际贸易动荡加剧，摩擦激化、冲突扩大。截至 2018 年，4 大贸易谈判国中，除了 RCEP（区域全面经济伙伴关系协定），都不包括中国。2013 年，中欧启动 BIT（双边投资谈判协定），中方曾希望将 BIT 谈判与 FTA（自由贸易协定）联系在一起，欧盟没有同意，这说明双方在未来经贸发展和制度变革等方面存在分歧。美国的单边贸易保护主义给全世界经济贸易带来了新的影响和压力，中国在贸易扩大主张下不断促进双边谈判以推进贸易新规则的发声也得到全球多国响应，两种主张正在激烈碰撞。

综上所述，世界范围的经济在后金融危机时代陷入低迷，美国优先的单边自我保护主义盛行对入低迷恢复期的世界经济造成了新的影响，贸易摩擦大于共赢。区域贸易协定排斥针对中国，中美贸易战如火如荼，种种情况使中国当前对外贸易形势严峻，使中国外向型经济和外贸发展面临更深层次的考验。在这种背景下，改革开放以来，作为中国开放型经济和对外贸易制度创新与改革前沿阵地的海关特殊监管区，如何在新一轮扩大对外开放中进行功能整合创新，发挥贸易增长极制度变迁的极化集聚效应与空间溢出效应，是实现中国对外贸易和开放型经济突破与带动经济转型升级、持续发展的关键。

二、国内环境新挑战

自 2001 年中国加入 WTO 真正融入全球国际贸易市场以来，中国的国际经济地位日益提高。随着与多个国家建立了双边或多边贸易协定，中国的对外贸易开放度越来越高，在国际贸易市场上的"话语权"由弱变强，中国宏观经济与对外贸易面临新的机遇和挑战。

第一，宏观经济增长和对外贸易发展进入新常态。自 2008 年经济危机以来，全球经济经历了长达 10 年的恢复也未见明显好转，2018 年世界最大两个经济体之间爆发了贸易战，可以说全球经济复苏之路颇为艰难，不管是发达国家经济体还是发展中国家经济体都未走出危机。2015 年冬季达沃斯论坛以全球新局势为主题，客观指出了以中国为代表的发展中国家尚未走出经济低迷的局面，美国经济复苏较快但能否持续有待观察，日本和欧盟的经济复苏态势未知。此后，中国政府将国内宏观经济形势判断为"经济增长已呈现出新常态，经济增长下行压力不断加大"。以中国为代表的新兴市场和发展中经济体发展低迷，还处于经济危机以来的持续衰退阶段，中国的 GDP 增长率从 2011 年的 9.54% 持续下降至 2017 年的 6.9%，并且未见明显回暖迹象。与此同时，中国对外贸易的发展也进入新常态。在全球宏观经济增速缓慢的背景下，中国对外贸易发展面临着十分明显的下行压力，从 2011 年 22.5% 的外贸进出口增长率下滑至之后的个位数，均未完成各年设定的增长目标。在过去几十年中，中国对外贸易取得的显著成就一方面受益于良好世界贸易环境下对外贸易开放度的不断扩大，另一方面来自长期以来中国庞大人口红利刺激下的低人力成本优势。然而，经济危机刺激了全球贸易环境秩序，中国对外贸易的发展目前尚未形成清晰的格局，贸易摩擦、进出口结构失衡及贸易成本持续性增长等不利因素短期内很难改变。

第二，对外开放的空间结构布局进入新阶段。中国改革开放四十年的历程表现出三个典型特征，具体如图 1-1 所示。

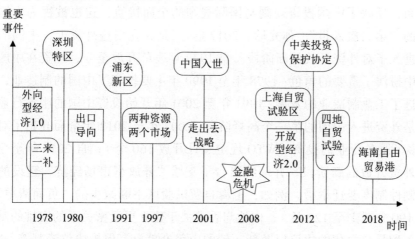

图 1-1 中国对外开放历程

资料来源：根据《2016 年中国自由贸易试验区发展研究报告》，第 80 页；作者自制。

一是，中国改革开放的经济空间结构优化经历了从先东部沿海后西部内陆，逐步布局"外向型经济"空间结构到"全国一盘棋"，从东西南北中齐头并进到合理规划布局"开放型经济"空间结构的转变。1978年之后，国家先在珠三角地区开展"三来一补"贸易模式的试点，率先带动了中国"外向型经济"的发展，在充分利用中国的劳动力和资源等红利优势下形成了以出口为导向的"外向型经济"发展模式；随后，通过渐进式的推广复制模式，"外向型经济"的贸易模式又在沿海13个城市不断复制，陆续设立深圳等四个特区，开发浦东新区，在沿海、沿江、沿边各城市陆续设立保税区、出口加工区、保税港区等海关特殊监管区，继续优化"外向型经济"的空间结构，并配合出台了"两种资源，两个市场"的开放发展战略；党的十八大提出了"外向型经济"发展向"开放型经济"转型发展的新思路，明确了中国"外向型经济"转型升级为"开放型经济"的发展战略。在经济空间结构优化方面，国家有意识、有步骤地从东部沿海海陆交通枢纽城市到西部内陆沿陆路"古丝绸之路"交通枢纽城市对自由贸易试验区进行"全国一盘棋"的合理布局，力图改变开放型经济东强西弱的空间结构。二是，在接轨国际规章制度方面，中国的改革开放经历了从"第一次入世"到"第二次入世"的转变。2001年加入WTO是中国贸易规则与国际规则全面接轨的开始，自此中国对外开放的行业和领域不断扩大，全面融入国际市场；2015年，中国与美国进行了关于投资保护的实质性谈判，通过达成的"负面清单"建立了新时代中美贸易的新规则体系，反映了中国投资规则与国际规则的全面接轨，这也被视为中国对外开放的"第二次入世"（孙元欣，2017）。三是，在引进外资上，中国的改革开放进入了对外资开放的新阶段。自1978年改革开放至今，外资在中国经济发展中扮演了重要的角色：1978年至1990年主要投资了中国的制造业，极大地促进了工业制造业的发展；1991年至2001年开始投资中国的服务行业，该阶段是外资进入中国的第一个高峰阶段；2002年至2012年全面开始了对中国100多个服务行业的投资（WTO规定总计开放160个）；自2013年至今是中国对外资开放的新阶段，并陆续出台了支撑"开放型市场经济"建设的一系列强制性制度变迁举措。例如，上海自贸试验区不断减少的"负面清单"（从最初190条减少至122条）、内地与香港关于建立更紧密关系的安排的基本实现服务贸易自由化的协议以及新一轮的中美BIT投资保护协议谈判等。"开放型市场经济"中的投资规则新探索标志着中国的改革开放进入了对外资开放的准入前国民待遇加"负面清单"新阶段。

第三，中国处于"开放型经济"中不断深化的区域性规则体系和不断弱化的传统多边贸易体系中。国际贸易规则谈判正在经历从"多边"到"区域"的重心转移，谈判内容也在经历从"货物"到"服务"再到"投资"的转型。具体来看，国际实体货物贸易谈判的重心不断向数字贸易和投资贸易谈判转移，谈判对象从边境贸易措施向境内贸易措施转移，投资规则的谈判重点从准入向监管转移。在多边贸易规则体系不断被弱化的趋势下，中国作为最大的发展中国家需要处理好传统贸易、新兴贸易和投资保护等新议题。这也是全球服务贸易联盟向TISA（国际服务贸易协定）谈判的三个主要议题：一是强制本地化，包括互联网自由接入后的数据标准和服务器设置；二是跨境数据流动，即实现跨境商业数据的无障碍流动，这是包括中国在内所有新兴国家非常敏感的问题；三是市场竞争中的国有企业"走出去"，这是新兴国家与传统贸易国家的关注焦点。由此可以看出，中国目前正处于区域性规则体系的特殊位置，自身利益与发达国家、新兴国家均存在重叠：保持原来的竞争优势需要推动货物贸易自由化，这与新兴国家集团站在一起；站在外贸转型升级和提升国际规则地位的角度来看，中国的立场将与发达国家重叠。

综上所述，中国新一轮对外开放面临国际环境的新变迁和国内环境的新挑战，克服对外贸易出现的"天花板"效应迫切需要建立开放型市场经济和对外贸易发展的新格局。自改革开放以来，中国海关特殊监管区一直是中国融入世界贸易经济活动，参照国际惯例并结合中国国情开展开放型经济贸易制度创新的先行区。然而，随着经济环境的变化，世界各国的海关特殊监管区不断优化创新，中国的海关特殊监管区也在深入探索贸易增长极离岸功能与在岸自由贸易试验区实践上相辅相成，通过区港一体化路径的制度变迁破除行政边界屏蔽效应，促进中国全面开放空间格局的形成。中国共产党第十九届中央委员会第五次全体会议深入分析国际国内形势，就制定国民经济和社会发展"十四五"规划和二〇三五年远景目标的建议中提到"实行高水平对外开放，开拓合作共赢新局面"目标战略。党的十八大提出了"开放型市场经济"的发展战略，并在"十三五"规划中对中国海关特殊监管区的功能与整合进行了新形势下的指导，提出在复杂国内外经济贸易环境下，需要对中国海关特殊监管区进一步整合、优化和创新。因此，中国政府决定主动通过自由贸易试验区、自由港措施开展改革开放制度创新，单方面推进贸易新规则，对外展示接轨国际经济贸易通行新规则的决心，对内扩大对外开放来构建开放型经济新体制。为了解决中国区域开放型经济发展中的空间失衡问题，接轨最新国际经济贸易规则，国家设计了一条从自由贸易试验区到自由贸易港的渐进式扩大开放道路，力图通过制度创新进一步扩大中国对外贸易的现代化开放程度，并在功能上整合国际自由贸易区和国内海关特殊监管区，以发挥海关特殊监管区贸易增长极的空间效应，并优化开放型经济的空间结构，实现开放姿态的"引进来"与"走出去"。

第二节　研究目的与意义

一、研究目的

本书研究的目的是从优化开放型经济空间结构的角度考察中国海关特殊监管区贸易增长极的空间效应，通过理论分析与实证分析相结合等方法检验中国海关特殊监管区贸易增长极在产业集聚、空间溢出和经济增长绩效等方面的突出作用，从而为新一轮扩大开放下中国海关特殊监管区贸易增长极带动全国东西南北中全面开放并优化区域经济的空间结构提供事实解释与发展思路。在这一总体目标下包括以下具体研究目标：第一，在次佳选择理论的基点上，运用增长极与点轴理论等相关理念，从理论上分析中国海关特殊监管区的开放经济集聚效应；运用"区域—城市—国际贸易"三位一体的理论模型分析中国海关特殊监管区对所在城市发展外向型经济，带动周边区域外向型经济发展的示范与辐射扩散效应；运用制度变迁理论、边界效应理论和港口与腹地关系理论的相关理念与思路，从理论上探索支撑中国海关特殊监管区贸易增长极冲破传统经济屏蔽的制度，创新内容，产生空间极化效应与扩散溢出效应；通过交通枢纽区位选择以降低运输成本，通过强制性制度变迁与诱致性制度变迁的途径克服省区边界屏蔽效应，增强要素的流动性，优化经济的空间结构并促进增长极所在城市新兴产业的集聚，以带动周围区域经济转型升级。第二，基于空间计量工具对中国海关特殊监管区的产业集聚效应、空间溢出效应和绩效水平进行定量分析，揭示了中国海关特殊监管区贸易增长极空间效应在产业升级、增长极培育和促进开放型经济空间结构优化等方面的作用机制，以期更好地把握中国海关特殊监管区新一轮的发展路径与空间布局。

二、研究意义

（一）理论意义

中国海关特殊监管区经过近30年的发展在中国对外贸易和宏观经济发展中发挥着至关重要的"桥头堡"作用，然而，目前的研究大部分集中在对海关特殊监管区的政策立法、监管手段、运营机制、问题与对策等方面，深层次的研究文献较少。在研究内容上，国内学术界对海关特殊监管区的内涵、发展成就及功能演变等研究稀少，更未见有文献系统地将海关特殊监管区贸易增长极功能和空间效应进行紧密结合的分析研究。本书基于佩鲁的增长极与点轴理论，构建包含克鲁格曼的三位一体理论、诺斯的制度变迁理论、边界效应理论及港口与腹地关系理论的理论分析框架，对中国海关特殊监管区的空间优化布局和集聚扩散作用进行分析，并采用空间计量工具对中国海关特殊监管区的空间效应进行实证分析，一方面可以弥补此方面学术理论研究的不足，另一方面对新常态下中国海关特殊监管区功能整合与创新等问题的研究具有承前启后的理论支撑意义。

（二）实践意义

自中国海关特殊监管区设立以来，无论是功能类型还是区域数量都得以快速发展，发挥了带动区域城市发展、辐射周边腹地经济的良好作用。然而，在国际环境新变迁和国内环境新挑战下，中国海关特殊监管区中某些区域或类型逐渐表现出不适应性，矛盾问题开始凸显：原有的贸易增长极效应难以发挥作用，导致产业升级换代滞缓，难以承担区域贸易增长极空间带动效应，功能定位没有及时更新，管理体制不顺，政策法规没有与时俱进等，各类现实问题导致中国海关特殊监管区带动经济发展的空间效应不明显。本书通过研究国内外新常态下中国海关特殊监管区贸易增长极的空间效应，分析其作为贸易增长极核心的产业集聚效应、空间溢出效应和绩效水平提升等，对于在新一轮扩大对外开放下推动中国海关特殊监管区实现功能优化整合与空间优化布局具有积极的现实指导意义。

党的十八届三中全会明确提出了构建开放型经济新体制的战略思路，在《中共中央关于全面深化改革若干重大问题的决定》中指出中国必须通过推动对内与对外开放相互促进的发展来适应新时期复杂的国内外环境，要求在促进国内和国外生产要素自由流动、高效配置及深度融合中结合好"引进来"与"走出去"，加快培育参与和利用国际经济合作竞争新优势，以开放促改革。从开放型经济空间结构优化角度分析，中国海关特殊监管区是开放型经济实体的重要组成部分，是对外开放政策改革的高地，以中国海关特殊监管区贸易增长极为突破点，如何在新一轮扩大对外开放中发挥贸易增长极制度变迁的极化集聚效应与空间溢出效应是实现中国对外贸易和开放型经济突破、带动经济转型升级并持续发展的关键。

第三节　核心概念解释与辨析

一、海关特殊监管区

（一）提出背景

关于海关特殊监管区的概念界定，无论是学术研究层面还是立法领域均没有相对规范的释义，而这一叫法也是国际贸易思想本土化的结果。在世界范围内，海关特殊监管制度和海关特殊监管区这一类似的概念和实践活动最早发源于英国。第一次世界大战前后，英国作为日不落帝国的先发优势使其在国际贸易中走在前列，因此在探索海关特殊监管区发展，促进其在关税减免、国际贸易便利性、跨国企业运营成本等方面奠定了良好基础。随着第二次世界大战后两大阵营政治军备竞赛的逐步减弱，世界经济贸易开始获得飞跃式发展，海关特殊监管制度在推动国际贸易方面受到重视并开始获得长足发展，世界各国陆续建立多个海关特殊监管区。20世纪末，经济全球化在互联网带动下更是加速发展，多种不同类型的海关特殊监管区在西方发达国家再次获得青睐，开始频繁设立各类模式和功能的海关特殊监管区，以便充分利用各个国家和经济贸易组织的政策制度优势及其引进外资的优势条件。这一变化也受到逐步崛起的发展中国家的重视，在积极靠拢经济全球化的背景下，海关特殊监管区在各个发展中国家也迅速探索发展，以此拉动本国对外贸易发展，形成发展中国家对外开放和展示的良好窗口，并在持续的发展中奠定了世界范围内海关特殊监管区的重要构成部分。自2013年以来，中国的海关特殊监管区被赋予促进金融投资、交通运输等服务业扩大开放，促进资本流通和破解全国区域扩大开放、开放型经济发展空间不平衡难题试验先行区的新职能，以期优化全国经济区域发展空间结构，带动经济转型升级。

（二）海关特殊监管区的内涵与外延探索

中国海关特殊监管区正是在以上背景下随着改革开放逐步发展起来，经过对西方国家海关特殊监管制度和海关特殊监管区的学习借鉴，逐步实现了本土化。中国海关特殊监管区概念的形成是在国家实践对外贸易各类活动中逐步探索和演化而成的，当前国内对海关特殊监管区的概念界定均采用中华人民共和国海关总署的定义范式，即中国海关特殊监管区是指经国务院批准，设立在中华人民共和国关境内，赋予承接国际产业转移、连接国内国际两个市场的特殊功能和政策，由海关为主实施封闭监管的特定经济功能区域。从中国海关特殊监管区概念提出和发展的先后逻辑上，国内首先有了保税区，之后逐步成立了出口加工区。"海关特殊监管区"概念被正式提出后，中国海关总署在颁布的《中华人民共和国海关对保税物流园区的管理办法》中对其进行了正式的概念外延，即中国海关特殊监管区是中华人民共和国关境内，经国务院批准并受海关监管的各类特定区域，包括保税区、保税港区、出口加工区以及其他类型的园区等。

海关特殊监管区内涵与外延的概念界定明确之后，为进一步扩大国家在海关特殊监管区方面的探索思路，国务院、海关总署等职能机构对中国海关特殊监管区的功能、分类及发展建设等问题继续探索，颁布了《国务院关于促进海关特殊监管区域科学发展的指导意见》（国发〔2012〕58号）等一系列政策性文件，明确提出了中国海关特殊监管区已经取得了国际产业承接等成就，并在促进国内出口加工产业升级和解决就业等方面做出了积极的贡献，引导中国不断扩大对外开放的实践探索，但在发展中仍面临监管区的种类过多、功能单一、重申请设立轻建设发展等问题。这一文件为中国海关特殊监管区的科学发展提出了思路和路线。2013年，海关总署出版的《海关特殊监管区域及保税监管场所服务指南》给中国海关特殊监管区业务发展提供了重要参照依据。2015年9月6日，国务院办公厅针对中国海关特殊监管区的整合发展正式发布了《国务院办公厅关于印发加快海关特殊监管区域整合优化方案的通知》（国办发〔2015〕66号），对中国海关特殊监管区的功能、定位和整合问题进行了新时期的解释和规划，认为中国海关特殊监管区是我国开放型市场经济的先行区和制度改革高地，应在监管区内部通过制度创新、管理优化和政策支持来提升海关特殊监管区发展的内生性动力，并在监管区的空间布局与功能整合上明确提出了推进监管区从东部沿海向中西部内陆梯度布局的战略，强调海关特殊监管区应通过生产要素的集聚与经济辐射促进区域经济一体化发展，并与国家提出的"一带一路"倡议、京津冀协同发展和长江经济带等重大战略协调发展。可见，国家对海关特殊监管区的探索和实践从未停止，而且越来越成为我国争取国际经济话语权的重要前沿阵地。

二、概念辨析

自由贸易区（Free Trade Area，FTA）、自由贸易园区（Free Trade Zone，FTZ）和自由贸易试验区（Pilot Free Trade Zone，FTPZ）是一组容易与海关特殊监管区概念混淆的概念。

（一）自由贸易区与自由贸易园区

自由贸易区概念具有世界贸易组织（WTO）和世界海关组织（WCO）两类范畴。目前学术界对自由贸易区的概念根据上述范畴分为广义概念（WTO）和狭义概念（WCO）（孙元欣，2015；叶修群，2016）。WTO范畴的广义自由贸易区概念来源于《关税与贸易总协定》的相关阐述："自由贸易区是为推动贸易自由化而在两个以上关税主体之间取消关税或其他限制性国际贸易壁垒"①，在该解释下，自由贸易区的内涵被学术界发展界定为国际间不同国家或地区在签订自由贸易协定的前提下，为促进商品在协议国家之间的自由流通而形成的以取消关税和数量限制为目的的组织机构，但非成员国不享受同等待遇。例如，"欧洲自由贸易联盟"（简称欧盟）规定了成员国之间可以进行工业产品的自由经贸活动，但是不包括农产品。此外，部分自由贸易区对成员国之间的贸易活动不限定商品种类，如"北美自由贸易区"和"拉丁美洲自由贸易协会"等组织提出了其成员国之间所有商品均可自由贸易的规定，并实行免关税等优惠。WCO范畴的狭义自由贸易区来源于《京都公约》中关于"自由区"的相关定义和解释：自由贸易园区是公约签署方境内的一部分，进入该园区的任何货物，一般视为在关境之外。狭义的自由贸易区被广大学者称为自由贸易园区（舒榕怀，2000；张世坤，2005；刘辉群，2008），现阶段学术界对自由贸易园区解释如下：自由贸易园区是由国家或地区在自身境内所设立的特殊监管和税收优惠的特定区域，其遵照的法律法规以本国或地区为依据，属于境内关外的市场买卖行为，旨在最大限度地降低贸易成本（林康，2000；刘辉群，2005；孟广文和刘铭，2011；郭晓合，2016；叶修群，2016）。从上述两组概念的内涵界定看，自由贸易区与自由贸易园区的内涵界定存在较大的区别，前者是在不同国家之间确立的贸易协议规则，后者是在一个国家自身范围内划定区域制定的相关规则，其共同性都是以降低各自国家的贸易成本而设立，国家商务部早在2008年专门对这两种形式进行了区别，将国际范围内的FTZ统一界定为"自由贸易区"，将FTA界定为"自由贸易园区"。

（二）自由贸易试验区

自由贸易试验区（PFTZ）是中国在新一轮扩大对外开放实践中，在自由贸易区（FTZ）的内涵和功能基础上提出的新概念。自由贸易试验区不是简单的政策优惠和套利规则，而是通过一系列的扩大开放创新制度全方位地提升自

---

① 《关税与贸易总协定》（GATT，1947）的第24条第8款（b）。

由贸易园区的要素流通水平，并通过与国际贸易投资新规则的接轨为国内经济体制改革的深化提供"制度试验池"（李墨丝，2013；Liu 和 Yang，2014；杨帆，2014；赖庆晟和郭晓合，2015；张时立，2016；叶修群，2016）。自由贸易试验区（PFTZ）的典型代表是 2013 年成立的中国（上海）自由贸易试验区，之后福建福州、天津和广东珠海等自贸试验区不断实践探索，丰富了自贸试验区的内涵解释："自由贸易试验区是自由贸易区和自由贸易园区的结合，从功能上讲，自贸试验区就是以贸易便利化为主体的货物贸易与投资服务为主要内容的自贸体系的一种结合。[①]"该解释在中国（上海）自贸试验区的建立和发展实践中得到了良好的诠释：2013 年中国（上海）自由贸易试验区将原有的上海市外高桥保税区、外高桥保税物流园区、洋山保税港区和上海浦东机场综合保税区 4 个海关特殊监管区纳入其中，之后经国务院批准，金桥出口加工区、张江高科技园区和陆家嘴金融贸易区于 2014 年 12 月 28 日也被划入其中，中国（上海）自贸试验区从 2013 年成立之初的 28.78 平方公里扩展到 120.72 平方公里，共包含了七个海关特殊监管区。

（三）相关概念的区别与联系

第一，在概念的功能范畴方面。自由贸易区是一种协定，是国际上不同国家或不同关境地区之间签订的有利于双边或多边贸易投资便利、商品市场自由流通的协议，也可以看作国家之间关于贸易问题的无形协定，和具体建立的有形场所不同。自由贸易园区是一个具体的区域，一般指国家境内在海关监管下享受特殊政策并开展开放型多元贸易业务的特定区域，在中国也被统称为"海关特殊监管区"，同时中国海关特殊监管区的范畴更宽泛，传统的保税区、保税物流园区、保税港区、出口加工区及跨境工业园区等都被海关总署列入特殊监管区，此外保税仓库、出口监管仓库、保税物流中心 A 型和 B 型等也属于中国海关特殊监管区的范畴。也就是说国内的这 9 种海关特殊监管区具体形式都可以称为自由贸易园区。综合保税区将是中国未来整合的趋势，即随着中国海关特殊监管区在功能上的不断整合，保税区、保税物流园区等其他类别的监管区向综合保税区转型是未来的发展方向，该调整战略已经在 2015 年国务院办公厅关于印发《加快海关特殊监管区域整合优化方案》[②]（国办发〔2015〕66号）中详细论述。

---

① 海关总署副署长孙毅彪于 2016 年 10 月 20 日在国务院新闻办举行的新闻发布会上指出。

② 中华人民共和国中央人民政府网，国务院办公厅关于印发加快海关特殊监管区域整合优化方案的通知，2015 年 09 月 06 日发布。

第二，在概念的制度支撑方面。中国海关特殊监管区管理规定与《京都公约》中关于"自由区"的专项附约存在高度的一致性，存在的差异在于两点：一是货物进境备案清单方式，中国海关特殊监管区要求向海关进行申报，而"自由区"附约规定无须申关；二是委托区外加工准予进口货物的所有权归属问题，中国海关特殊监管区规定该模式下的货物所有权不发生转移，而"自由区"附约规定"如果取得进口加工便利的人在整个作业期间继续就遵守批准文件上所规定的条件向海关负责，就无须转让为进口加工而准予进口的货物的所有权"。可以看出，中国海关特殊监管区与自由贸易园区存在着"境内关内"和"境内关外"的本质区别（刘辉群，2005；叶修群，2016）。

基于上述区别和联系，中国目前既有与其他国家共同达成的自由贸易区协定，又有自己建立的多个自由贸易园区，还有目前大力发展的将两者结合的自由贸易试验区（截至2020年11月已批准建立21个）。一方面国家在大力整合、创新、优化现有的海关特殊监管区，另一方面在不断探索新的自由贸易载体，如自由贸易试验区（刘辉群，2005；孟广文，2015；叶修群，2016；郭晓合，2016），但不同的是，自由贸易试验区是基于海关特殊监管区的、更为自由开放的发展路径，通过园区试验制度创新带动国内更深层次的经济体制改革（Liu and Yang，2014；赖庆晟、郭晓合，2015；叶修群，2016）。

第四节　研究思路、方法与技术路线

一、研究思路

本书在研究思路上紧紧围绕"中国海关特殊监管区贸易增长极空间效应"核心问题展开，以理论为依托，配合实证分析，对主要内容和目标进行了具体研究。

第一，在绪论部分对本书研究背景、目的与意义等进行了阐述，对本书研究的时代性和必要性有了一个基本交代；解释了研究中的核心概念和易混淆概念；对开展具体研究的方法进行了详细介绍；最后对本书研究的主要内容进行了概括性分析，并对其中的主要创新点进行了说明。

第二，通过分析和综述国内外相关文献，确立本研究的相关经济理论，主要包括佩鲁的增长极与点轴理论、克鲁格曼"区域—城市—国际贸易"三位一体的理论、诺斯制度变迁理论、边界效应理论及港口与腹地关系理论等。

第三，在相关基础理论和研究现状基础上，本书定性分析中国海关特殊监管区的空间布局优化和集聚扩散作用，为后续中国海关特殊监管区贸易增长极空间效应的定量研究奠定基础。空间布局优化中从时间和空间双重维度展开讨论；集聚扩散作用的分析重点围绕产业承接与升级、贸易增长极及扩大开放等方面展开。

第四，通过实证分析对中国海关特殊监管区贸易增长极的空间布局优化和集聚扩散作用进行验证，探索中国海关特殊监管区贸易增长极的空间效应，包括产业集聚效应、空间溢出效应和绩效水平等。

第五，通过上述理论和实证分析，总结出本书研究的主要结论；根据研究结论，对新一轮扩大开放中的中国海关特殊监管区培育和发展提出针对性的对策建议。

二、研究方法

本书在研究中主要运用了以下几种方法。

（一）资料收集、实地调研和室内分析相结合

笔者通过图书馆及中国知网等渠道收集了大量关于国内外海关特殊监管区培育和发展的相关资料，并实地调研了上海外高桥保税区、天津东疆保税港区和福州自贸试验区等多个中国海关特殊监管区，通过调研和访谈获得了中国海关特殊监管区发展的一手资料，为本书在中国海关特殊监管区的空间布局优化与集聚扩散作用等章节的撰写提供了依据。

（二）理论分析与实证分析相结合

本研究根据增长极与点轴理论、"区域—城市—国际贸易"三位一体的理论、制度变迁理论、边界效应理论及港口与腹地关系理论等分析海关特殊监管区在对外贸易和区域经济发展方面的空间集聚效应、溢出效应等，并通过中国海关特殊监管区的空间面板数据进行定量实证分析。通过理论与实证相结合，综合解析中国海关特殊监管区贸易增长极空间效应问题。

（三）静态分析与动态分析相结合

中国海关特殊监管区的发展经历了从保税区到自由贸易试验区的动态变化过程，本研究中采用了静态分析与动态分析相结合的方法，对中国海关特殊监管区的发展演变过程和不同区域空间效应的变动情况进行了动态分析，以剖析

其发展的功能与经济带动作用，静态分析了某一特定时间周期内海关特殊监管区对区域空间经济发展的影响。

（四）比较分析法与系统分析法相结合

在研究过程中，认识中国海关特殊监管区在地理空间、资源禀赋、区域经济差异以及其发展的系统性等客观问题是基本前提。因此，本研究中充分利用了比较分析法研究中国现有的海关特殊监管区在贸易增长极空间效应方面的差距问题，通过比较分析给出不同条件基础下合理的结论与建议。此外，中国海关特殊监管区在经济增长极空间效应发挥方面是一个复杂的综合系统，受到自然资源、区域经济水平、基础设施条件、工业化水平、人才及劳动力水平等系统要素的综合作用，因而利用系统分析法才能准确分析不同区域的中国海关特殊监管区贸易增长极空间效应的具体差异。

三、技术路线

本书的技术路线如图 1-2 所示。

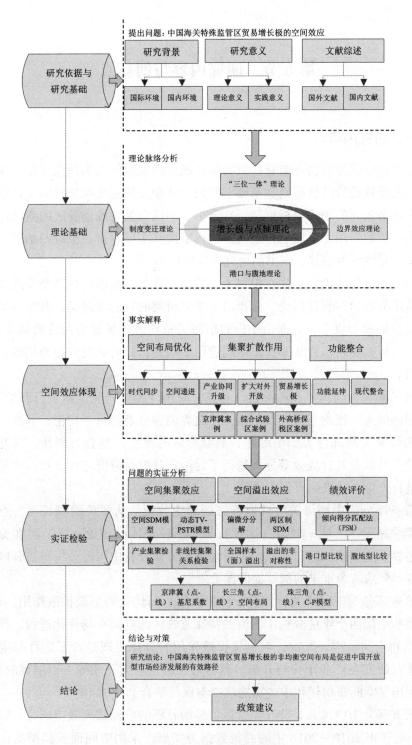

图 1-2 本书的技术路线

第五节　研究内容与创新点

一、研究内容

本书以中国海关特殊监管区贸易增长极空间效应问题为研究对象，在厘清中国海关特殊监管区核心概念基础上对国内外相关研究文献进行综述评价，由此确定本书研究的理论分析框架，并分析了中国海关特殊监管区的空间优化布局与集聚扩散作用，进而通过空间计量模型展开实证分析，最后归纳研究结论并提出针对性对策建议。本书的研究内容构成如下。

第一部分为绪论。首先，提出本书的研究背景，从国际环境新变迁和国内环境新挑战的角度展开讨论，并指出了本书研究的目的和意义；其次，解释了本书研究的核心概念，并厘清中国目前海关特殊监管区较为混乱的概念认识；最后，对研究思路、方法和技术路线进行了阐述，并对研究内容和创新点等进行说明。

第二部分为国内外文献综述。首先，对国外相关研究文献进行归纳综述，围绕园区效应、理论与模型及区域一体化等内容分别进行了讨论；其次，对国内相关研究文献进行了归纳综述，对监管区的建立、整合与创新、问题与对策、转型升级及开放成效等分别进行了讨论；最后是研究述评，对国内外研究文献进行评价，并提炼可借鉴之处。

第三部分为中国海关特殊监管区的理论分析。从佩鲁的增长极与点轴理论、克鲁格曼"区域—城市—国际贸易"三位一体的理论、诺斯制度变迁理论、边界效应理论及港口与腹地关系理论等方面分析中国海关特殊监管区增长极的空间效应，为本书的撰写提供理论依据。

第四部分为中国海关特殊监管区的空间布局优化与集聚扩散作用。首先，从时间和空间两个维度分析中国海关特殊监管区的空间布局优化进程，提出时间主线和空间结构；其次，对集聚扩散作用的具体表现进行了定性与定量分析，重点研究在产业承接与升级、贸易增长极及扩大开放等方面取得的成就；最后提出了空间布局优化中的功能演变与现代整合。

第五部分为中国海关特殊监管区贸易增长极的空间集聚效应研究。以中国269个地级市2010—2016年的面板数据为基础，采用空间面板模型实证检验中国海关特殊监管区贸易增长极的产业空间集聚效应，并进一步通过时变面板平滑转换回归模型讨论中国海关特殊监管区贸易增长极产业空间集聚效应中的非线性特征。

第六部分为中国海关特殊监管区贸易增长极的空间溢出效应研究。以中国269个地级市2010—2016年的面板数据为基础，采用空间计量经济模型实证分析中国海关特殊监管区贸易增长极的空间溢出效应，主要对全国总体和具有代表性的京津冀、长三角、珠三角等地区展开分析，并进一步通过两区制SDM模型检验空间溢出效应的非对称性特征。

第七部分为中国海关特殊监管区贸易增长极的绩效评价。采用倾向得分匹配法（PSM）分析中国海关特殊监管区贸易增长极的绩效，主要针对港口型和腹地型海关特殊监管区在贸易增长极空间效应绩效上存在的差异进行研究，并进一步通过GM(1,1)模型研究中国海关特殊监管区贸易增长极与扩大对外开放的耦合关联性问题。

第八部分为主要结论与政策建议。对全书的研究进行归纳总结，根据研究结论提出新一轮扩大开放中的中国海关特殊监管区培育和发展对策建议，最后提出研究展望。

二、主要创新点

本书对中国海关特殊监管区贸易增长极空间效应研究的贡献主要有以下方面。

第一，在研究视角方面有所创新。中国海关特殊监管区从设立、快速发展到当前新贸易环境下的整合优化，经历了不同的发展阶段，也存在着不同阶段经济增长极空间效应的客观差异问题，本书着重从区域空间视角研究中国海关特殊监管区产生的空间集聚效应、溢出效应及绩效等问题，对海关特殊监管区的贸易增长极空间效应问题分析具有指导意义。

第二，在研究内容方面有所创新。在理论研究内容方面，对海关特殊监管区与自由贸易区、自由贸易园区、自由贸易试验区和保税区等易混淆概念进行了辨析，从提出背景到概念延伸等方面对各概念进行了创新性的对比分析，并将增长极与点轴理论、克鲁格曼"城市—区域—国际贸易"三位一体的理论、诺斯的制度变迁理论、边界效应理论及港口和腹地关系理论与本书的研究主题进行了深度的融合，为海关特殊监管区贸易增长极空间效应的研究构建了崭新的理论支撑框架；在实证研究内容方面，现有关于海关特殊监管区的研究以某一种具体园区类型的研究较多，且大部分集中在经济贸易促进问题方面，同时以定性分析研究为主，针对海关特殊监管区整体性问题的把握和定量比较分析缺少，因此，本书在海关特殊监管区的整体性方面展开空间效应定量实证研究，具有现实创新意义。

第三，在研究方法方面有所创新。中国海关特殊监管区无论其自身发展还是贸易增长极空间效应发挥都是动态问题，这是随着中国海关特殊监管区的历史进程演变而存在的。但现有研究一方面主要将研究的视点集中在东部沿海区域，对中西部区域研究缺乏动态跟踪；另一方面中国海关特殊监管区空间效应发挥也是随着区域经济和国家区域经济发展战略而动态变化的，如"一带一路"倡议极大带动中西部区域海关特殊监管区贸易增长极空间动态效应的发挥。因此，利用静态与动态相结合的方法研究这一问题具有客观现实性，对相关研究具有方法层面的扩展和带动作用，更具有现实问题研究方法的创新性。

第二章　国内外文献综述

第一节　国外研究现状

由于海关特殊监管区是国内本土化的综合概念，国外没有相同的叫法，但在实质上与国外自由贸易区、自由贸易港等具有相同的功能和目标，因此这里对国外自由贸易区等主题研究情况进行分析。

一、关于自由贸易区的积极效应和否定效应研究

自 16 世纪意大利出现"自由港"后，自由贸易区理念便逐步开始形成，关于自由贸易区的研究也随着其实践活动逐渐增多。较早的关于自由贸易区的研究以经济学中经济效应视角下的自由贸易区消极效应及积极效应研究为代表。研究认为，自由贸易区带来的积极效应为自由贸易区对本国的进出口贸易和企业发展具有正向的促进作用；自由贸易区带来的消极效应为自由贸易区降低了本国的税收，因而对本国的福利和经济产生一定的负面影响。在消极效应方面，Hamilton 和 Svensson（1982）提出自由贸易区的设立消除了关税保护，区内商品价格降低，因此商品的资本投资回报率下降，影响了本国的福利，也有可能因此而不利于吸引外商的投资进入。Young（1987）也指出自由贸易区的建立会减少国家福利，导致失业率增加、经济混乱等。Peter L 和 Watson（2001）等认为自由贸易设立国家自身的管理低效率、过多的行政干预等会影响自由贸易区的建设效果，导致投资者蒙受损失，从而阻碍自由贸易区的健康发展。Hiroshi Oikawa（2006）以菲律宾为例指出发展中国家自贸园区建立会影响跨国公司和本土企业之间的利益矛盾，造成本土企业在自贸区绩效下降。Soum 和 Amirez（2012）通过分析美国贸易数据样本，研究指出自由贸易区建立促进了本国企业采用进口产品而降低本国生产投入，会明显造成贸易逆差，对本国的对外贸易收益造成不利影响。还有不少学者研究发现近年来国际范围

内区域性自贸区（FTZ）的建立大大降低了国际之间的贸易壁垒，贸易关税成本大大低于以往，在这种关税大范围减少情况下，各个国家自建的国内自由贸易园区所产生的影响越来越小，甚至会出现收益小于对自贸园区的监管成本。可见以消极效应为代表的研究都指出了自由贸易区可能带来的不利情况，而没有看到国际贸易的大趋势带来的长远收益。

认为自由贸易区可带来积极效应的学者总体多于持消极态度的学者，积极效应主导者认为自由贸易园区的建立能够增加本国的出口，极大吸引国际投资，促进本国企业积极有效地融入全球供应链和价值链中。Dunning（1979）从成本效益视角研究了自由贸易园区建立带来的积极经济意义。Tansuhaj 和 G. Enlxy（1987）研究指出自由贸易园区的建立可以促使企业利用这一条件实施全球采购，将企业的运营积极融入全球价值链网络之中。Rheewa（1990）在研究中指出在自由贸易园区中国际企业和本国企业会发生合作从而产生供应反馈效应，自由贸易区中的跨国企业实现了技术和服务进出口，具有进出口突出竞争优势。Odagiri 和 YasLKla（1996）指出当自由贸易园区建立国家在逐步走向自由贸易完善体系环境下，国内企业必将面临更为复杂和范围更广的竞争，因此，自由贸易园区的建立对企业有利。Porter（1998）研究指出自由贸易园区建立有利于促进本国企业实施国际化战略，提高其在全球市场的竞争力。ShavinMaotra（2008）指出自由贸易园区可以在物流优化和税收减免等方面发挥积极作用，减少企业所承担的风险。Jawickrama 和 Thangavelu（2010）认为自由贸易园区建立可以积极地吸引国外资金投入和优质的跨国企业进入本国，对于促进本国企业参与国际分工，实现国际化战略具有重要作用。Thomas Farole（2011）提出自由贸易园区有利于促进国际贸易成本降低，优化企业的运行成本，推动企业经营的全球化战略实施。关于自由贸易园区的积极意义已经得到世界各国的实践验证，多个国家正在积极建设自身的自由贸易园区，以吸引外来投资和促进自身经济活力。

二、关于自由贸易区的理论及模型研究

Viner（1950）通过关税同盟问题为区域经济一体化下的自由贸易区研究提供了范式，重点对自由贸易区所可能产生的贸易创造和贸易转移进行了界定，认为自由贸易区对同盟成员国家产生积极的贸易创造，同时可能对非同盟成员国家造成贸易转移，这一重要理论为后续研究提供了重要的理论空间和热点问题。Bhagwati（1993）对自由贸易区在世界多边贸易自由化中的作用以及对双边贸易的总量和参与国家收益等问题进行了重要的理论研究，为后续很多

学者在此方面理论研究打开了思路。例如，一些学者指出自由贸易区的建设可以形成区域化保护，可能对多边贸易体系产生不利影响，出现贸易国家在区域贸易和多边贸易之间通过博弈做出世贸组织被边缘化的问题。也有一些学者认为区域自由贸易区和全球多边贸易体系可以产生互补关系，在一定程度上良好并存，出现复合依赖的情况，这一点解释了中国当前积极参与世界多边贸易的同时努力推动自由贸易区建设的原因。也有积极的学者认为，自由贸易区在21世纪以来呈现出新的特征，可能成为未来新的多边贸易体制的重要基础。

此外，在关税同盟理论基础上，许多学者认为其在两个效应基础上考虑因素比较单一，可能会出现影响结果被夸大的情况，因此尝试了引入定量分析模型，形成了越来越现代化的研究分析工具。例如，Baldwin 和 Murry（1966）在量化自由贸易区的创造效应和转移效益基础上，提出了国际贸易的引力模型，用贸易规模、经济总量、贸易国之间距离等因素进行分析研究。之后，Linnemanmi（1996）在以上基础上将人口等因素变量也融入引力模型中，分析人口因素与国家间贸易的关系。Berstrand（1981）等学者进一步扩展引力模型，更多的变量因素被加入这一模型中，更加丰富了这一定量分析工具。在引力模型之外，部分学者在自由贸易区与经济发展之间问题分析中建立了其他理论研究模型，主要代表有美国普渡大学的全球贸易分析预测模型（GTAP），其对自由贸易区的确立对参与国家的国内生产总值、进出口、社会福利等经济指标的影响情况进行了模拟研究。例如，Jermy W. Mattson（2004）使用这一模型研究了以上经济指标对美国和澳大利亚自由贸易协定的影响，Shaikh（2009）利用该模型研究了巴基斯坦经济发展受南亚自由贸易区的影响，Joseph Francois（2013）用该模型研究了欧盟、美国及其他国家或地区的经济受 TTIP 贸易协定的问题。

三、关于自由贸易区在促进经济一体化方面的研究

有关自由贸易区对推进区域经济一体化方面的研究是一个重要议题。区域经济一体化是世界经济发展中的核心问题之一，自由贸易区在促进世界范围内资本、劳动、技术等重要生产要素流动方面具有重要的作用，在一定程度上是促进区域经济一体化发展的工具性措施。这方面研究主要在以下几个层面形成了具有代表性的成果。

（一）自由贸易区促进市场生产要素一体化

Daniau（1960）在《共同市场》一书中研究分析了自由贸易区在市场生产

要素方面能够极大地促进区域经济一体化发展。他认为自由贸易区内会形成不同国家的共同市场，从而促进资本、技术、劳动等重要因素的自由流动，这就实现了资源的有效配置，产生区域内的规模经济效应。总之，自由贸易区在更大范围内实现了市场核心要素的流动和重新配置，实现了资源要素一体化，进而促进了区域经济一体化发展。

（二）自由贸易区促进区域市场一体化

Viner（1950）最早在关税同盟理论的贸易创造效应中指出，通过同盟关系可以降低成员国家的生产成本，提高生产效率，同时本国不擅长生产的产品会通过优势国家的产品替代，这种情况促进了同盟国之间的生产要素配置优化，推动产品一体化市场的形成。同样，贝特滋和罗莫（1991）在研究中也认为自由贸易区有利于知识和技术在贸易区成员之间更好的交流，共同促进各国家之间的技术进步，推动生产力提升，带来一体化市场下的更多经济产出。Corcien（1997）同样认为自由贸易区的形成促进了成员国成本的降低，从而扩大了成员国之间的市场贸易份额，而减少与非成员国之间的贸易行为可以促进了区域市场一体化形成。

（三）自由贸易区促进政策一体化

Balassa（1962）通过《经济一体化理论》一书指出自由贸易区建立可以直接或间接促进成员国家之间的产业政策、贸易政策、货币政策、财政政策、关税政策等走向相互协调或兼容，尽可能地消除相互政策之间的不适应性，以实现区域内资源的有效配置和效益最大化，即自由贸易区促进了区域内不同国家的对外贸易政策体系走向一体化发展路径。

（四）自由贸易区定量模型在区域经济一体化方面的实证研究

自由贸易区定量工具模型以贸易引力模型和均衡模型（CGE）为主要代表。例如，Piazolo（2000）利用均衡模型分析了波兰加入欧盟一体化带来的获益问题。Georges（2007）运用CGE模型对北美自由贸易协定发展为关税同盟产生的福利效应进行了实证研究。Anyamth（2012）利用CGE模型对东亚自由贸易区可能产生的预期影响进行事前模拟和预测研究。Krueger（1999）利用贸易引力模型对区域一体化下的贸易创造效应高于转移效应进行了实证研究。Susanto，Rosson和Adcock（2006）引用该模型研究了美国和墨西哥农产品进口中关税对进口量的影响。Fazio（2006）则通过贸易引力模型证明了贸易壁垒现实存在问题。

第二节　国内研究现状

中国在海关特殊监管区和自由贸易区建设、发展方面虽然较西方国家晚，但发展迅速，许多区域已经进入世界前列。随着国内对外贸易发展实践的不断深入，相关学术研究也逐步展开。相对于国外研究，国内研究在相关基础理论和工具方面相对欠缺，大部分情况下借鉴国外成熟的相关理论开展了大量应用性分析研究，如分析海关特殊监管区的管理体制、政策制度可行性，立法问题，转型发展对策等。同时，因为对海关特殊监管区和自由贸易区、自由贸易园区等概念缺乏系统、清晰的认识，所以在很多研究方面指向性模糊，大部分研究将以上概念混为一谈。在此对国内的相关研究总结归纳如下：

一、关于海关特殊监管区建立问题研究

关于海关特殊监管区域和自由贸易园区设立的相关研究在国内有不少文献，主要是因为中国快速发展的对外贸易促进了国家在贸易区域载体方面的大力建设。例如，针对福建、上海、广东的自由贸易园区建设研究尤其集中。钟木达（2009）就进一步推动福建与台湾之间的经济贸易合作，针对福建海沧保税港区进一步发展对自由贸易试验区问题进行了研究，给出了具体建议；陈跃兴（2010）提出在海峡两岸经济合作框架协议（Economic Cooperation Framework Agreement）内设立崇武半岛"对台自由贸易试验区"，并提出了具体的依据和建议；吴振坤等（2015）研究指出福建自由贸易试验区应在深化与台湾经济合作对接方面下功夫，打好对台政策牌，利用政策优势，促进两岸发展合作；李鸿阶（2015）研究指出福建自由贸易试验区建设应在构建海上丝绸之路目标方面加强特色化建设，力争成为海上丝绸之路核心区。2013年，上海自由贸易试验区建立后，王丽委（2013）在研究中强调关于上海自由贸易试验区的建设要高度重视立法和法治问题，不能仅是对其他园区的仿效；崔迪（2013）在分析欧美国家自由贸易区建设经验基础上，对如何推进上海自由贸易园区的可持续发展问题给出了具体政策建议；周汉民等（2014）也从法治保障方面给出了上海自由贸易园区建设发展的建议；杭晓丽（2014）针对上海自由贸易试验区在货币自由的原则下可能导致的资本套利和人民币被动升值等现实问题，给出了具体建议对策；王海峰（2013）研究了上海自由贸易试验区

的金融政策与区域发展的相关问题。在广东方面，杨再高（2013）针对南沙新区创建自由贸易试验区的可行性进行了研究分析；陈章喜（2015）对广东横琴自由贸易试验区加强与内地及澳门等区域的经济合作重要性问题展开了具体研究。除此之外，张慧颖（2015）对天津自由贸易试验区的物质基础、区位、环境等优势进行研究分析，同时指出了政策体系缺陷，政府职能转变，通过转型创新加快建设步伐的问题。另外，舟山、张家港、辽宁、河南、宁波、哈尔滨、大连、青岛等城市和省份自由贸易试验区的建设设想和建议在 2011—2015 年也出现了一批研究成果，这与中国在 2013—2016 年 11 个自由贸易试验区建设密切相关。

二、对海关特殊监管区整合、转型、创新问题的研究

海关特殊监管区整合、优化、创新是国家进一步发展海关特殊监管区的未来趋势①。关于这方面的研究目前文献虽然不多，但正形成趋势，对促进中国海关特殊监管区发展具有重要的理论支撑意义。胡孟影（2015）重点研究了苏州高新区综合保税区的整合与功能创新问题，研究发现该海关特殊监管区在实践中存在功能单一等弊端，从监管的管理体制创新和政策支持等方面提出了苏州高新区综合保税区转型发展的对策建议。周贤文（2016）从中国海关特殊监管区税收的角度进行了研究，发现现阶段中国海关特殊监管区存在布局不均衡、税收标准不统一及税收政策支持产业转型升级能力薄弱等问题，并结合国家提出的供给侧结构性改革战略对中国海关特殊监管区的税收立法和配套政策制定等进行了分析和论述。田维军（2016）从自由贸易试验区的角度对海关特殊监管区的转型升级问题展开研究，指出了当前海关特殊监管区域功能单一、政策优势弱化、区域发展不平衡、同质化竞争、高端产业流失困境问题，进而从协调、创新、特色、稳步发展的角度提出了创新体制、健全法制、优化政策、提升技术、强化平台、特色发展、承接产业等转型升级建议。郑小萍（2017）以南昌出口加工区为例，对海关特殊监管区域创新发展问题进行研究，针对招商引资瓶颈、企业发展困境、园区建设等方面指出了整体规划单一、管理策略保守、发展意识不科学等具体问题，最后从自主创新、市场导向、效能导向、扩大服务空间、加强联动优势等方面给出了促进海关特殊监管区域创新发展的策略建议。

---

① 《国务院办公厅关于印发加快海关特殊监管区域整合优化方案的通知》（国办发〔2015〕66 号）。

三、关于海关特殊监管区存在的问题与对策的研究

中国海关特殊监管区存在的问题与对策是重要研究内容之一，研究也较早开展。例如，余波（2006）研究指出我国保税物流发展中存在设立积极性与统筹发展、建立与监管手段、设置初衷与实际运行效果三方面的基本问题，建议在设立与发展中合理规划与整合，提高监管效率，创新监管方式，优化健全政府管理的机制体系，等等。杨素琳（2010）指出信息化水平不足、政策统一性不强、法律体系不健全、监管形势混乱等是影响我国海关保税监管的主要问题。谢朝阳（2012）通过分析保税港区中存在的金融体系不完善、立法不健全、产业结构单调、人才缺失等现实问题，提出了加快配套设施建设、加强人才培养、优化服务体系等对策，以促进港区一体化建设。叶思嘉等（2013）研究指出我国保税区港区分离严重、对外开放程度有限、招商门槛不清晰、退税困难、管理限制繁多等现实问题，进而提出优化监管模式、整合综合保税区、完善法律监管体系等措施建议。曹维（2014）研究指出中国海关特殊监管区域存在发展不平衡、多头管理、功能发育不健全等现实问题，并有针对性地提出了创新监管制度、理顺监管职责、优化建设发展方案等对策。

四、关于海关特殊监管区向自由贸易园区转型的研究

2001 年，中国正式加入 WTO，为中国海关特殊监管区发展提供了新的框架和条件，旧的形式向更加开放的形式转型成为重要研究内容之一。成思危（2004）对中国加入 WTO 后的外贸转型发展进行了研究，重点提出了保税区的转型发展方向是自由贸易园区，并在研究著作中提出了具有重要实践意义的"境内关外、适当放开，物流主导、综合配套，区港结合、协调发展，统一领导、属地管理"[①]转型建设方案。刘辉群（2005）分析了我国保税区向自由贸易园区转型的必要性，并提出选取少数保税区进行自由贸易园区转型试点的建议。李友华（2006）通过对比我国保税区与国外自由贸易区的管理方式差异，提出了在宏观上以法律法规与政策为主，在微观上提升经营管理能力等建议。杨明华（2008）对保税区的转型发展问题进行了研究，提出了保税区在向自由贸易区转型发展中需要同时实现宏观布局、贸易权、外汇管理、出口退税和物流业准入等方面的配套建设。仲伟琳（2013）重点研究了自由贸易区的贸易自由化问题，认为

---

① 成思危.从保税区到自由贸易区：中国保税区的改革与发展[M].北京：经济科学出版社，2004：5-29.

中国海关特殊监管区需要实现五大自由建设，即贸易自由、金融自由、投资自由、航运自由和经营自由。徐晓琳和杨保清（2014）对目前中国海关特殊监管区的重复建设和功能冲突问题进行了研究，认为现阶段应对区域性的中国海关特殊监管区进行功能整合，并从长远角度提出了中国海关特殊监管区的发展对策。

五、关于中国自由贸易试验区开放度与开放成效的研究

自由贸易试验区是中国海关特殊监管区在发展基础上的进一步探索实践，自 2013 年正式设立以来，受到了广大学者重视，相关研究较多。例如，在开放度方面，曾军、段似膺（2014）研究认为上海自由贸易试验区当前开放程度不足，存在"摸着石头过河""注重经济考量而战略性不足"等问题，提出要进一步扩大开放程度，并给出了上海自由贸易试验区扩大开放的路线图。赵玉蓉（2015）从制度经济学角度探索分析了我国自由贸易区推进开放的路径问题。上海对外经贸大学课题组（2016）通过研究分析指出中国自由贸易试验区已具备良好的开放制度体系，应从战略体系构建方面加强上海自由贸易试验区在全国的开放示范引领作用。在开放成效方面，蒋政音（2014）指出上海自由贸易试验区是重要的国家战略，对我国未来进一步深化改革，迎接全球贸易竞争，推进经济转型发展，加快政府职能转变具有重要成效。史璐（2014）对上海自由贸易试验区的贸易自由化成就进行了分析，提出了商品贸易和技术服务无壁垒化对自由贸易试验区发展的重要意义，还提出了试验区如何促进资本市场发展的对策建议。杨枫华（2014）研究了中国（上海）自由贸易试验区的空间溢出效应，研究证实了上海自由贸易区对腹地经济具有强烈的空间溢出和示范效应，促进了区域一体化的发展。李晓琳（2014）分析认为上海自由贸易试验区符合中国对外贸易发展阶段需要，对促进长三角区域实现产业转移、品牌效应延伸等具有重要的影响。肖林、周国平和郭爱军（2015）从制度创新角度研究了上海自由贸易试验区的成就，研究发现上海自由贸易试验区在贸易监管、投资管理、金融、事中事后监管方面的制度创新有利于中国与国际制度接轨，并形成可复制的制度创新经验。

第三节　研究述评

综述国内外的相关研究，可见自由贸易园区虽然有利有弊，但在全球化

发展趋势下，自由贸易园区的建立整体利大于弊，对中国企业参与全球产业价值链竞争、吸引人才、资金流动、创新和引进技术等具有积极的推进意义，更有利于中国开放型经济体制的建设。从中国海关特殊监管区的发展研究看，尽管国内起步发展较晚，但在发展中相关研究紧密跟随，并表现出越来越积极的态势。一方面，国内关于此方面的基础理论研究偏少，大部分集中在具体问题的应用分析研究上；另一方面，研究成果由少到多，尤其是 2013 年之后，研究随着中国自由贸易试验区的建立越发密集。尽管如此，国内现有研究仍存在不足，主要体现在对当前中国形式多样的海关特殊监管区的整合、优化与创新问题的研究十分有限，特别是对新经济形态下中国海关特殊监管区更好的定位以及服务国家经济和政治发展战略、开放型经济空间结构合理布局中的功能整合等方面还需要开展大量的研究，为中国的经济转型提供理论依据。

　　通过对国内外研究现状的分析总结，本书也发现中国在此方面与国际前沿研究存在差距。经过改革开放以来的建设发展，中国已经成为国际贸易现有格局中的重要力量，在各类促进贸易发展的结构形式方面已经不存在空白，但在创新、优化、质量、效率和空间布局等方面还存在一定的弱势。鉴于此，本书重点对关于海关特殊监管区内涵发展和空间布局的国内外研究文献进行总结：

　　一方面，在内涵发展方面的借鉴。一是自由贸易区（FTA）方面。众所周知，FTA 是区域间、国家之间促进贸易发展的协定，对于成员国对外贸易的发展至关重要。长久以来，中国在追随各种贸易协定方面花费了巨大成本，从 WTO 到 2016 年 2 月美国、日本等 12 个国家在奥克兰签署的跨太平洋伙伴关系协定（TPP）协议，不管其本质如何，我们都应该清楚地认识到，只有不断提高中国在全球贸易中的地位和话语权，从而积极构筑符合自身利益最大化的贸易体系，主导贸易协定的形成，才能不被忽视。因此，积极提高中国对外贸易核心竞争力，提升自身在区域贸易体系建构中的综合实力是长远之计，是战略问题。二是自由贸易园区（FTZ）方面。当前，中国已经建构的海关特殊监管区域各类形式 100 多个，总计 9 类不同功能形式，但正如国内学者在研究分析中所指出的那样，这些数量众多的形式存在很多具体问题，不利于中国新时代对外贸易质的飞跃，需要不断创新、优化。例如，在管理与服务的模式方面需要不断创新，在功能集成与重复建设方面需要改革，在外部资源和人才吸引方面需要大胆探索，在生产转化方式和效率方面需要革新观念，等等。美国对外贸易区和智利伊基克自由贸易园区都是世界范围内成功的示范区，值得学习借鉴。还有科技工业园区（Science-based Industrial Park）的发展，运用产学研结合，集科学研究、应用开发、产业孵化和商业化于一体，吸引技术、人才，促进生产转化。例如，美国硅谷和日本筑波科学城等都产生了良好的化学反应。此外，在运营管理方面，要促进区内企业经营活动的便利化，充分发挥企业的创造效应。例如，新加坡自由贸易区率先启用贸易管理电子平台（Trade Net）大幅提高物流通关效率，荷兰鹿特丹港自由贸易园区采用信息化平台对通关货物进行管理，韩国仁川机场自由贸易区利用先进的电子通关系统（UNI-PASS）提供一站式通关服务，德国汉堡港的数据通信系统（DAKOSY）实现铁路、海关和汉堡及腹地的物流链互联及电子化报关。这些是中国海关特殊监管区域应该积极学习改进的方面。三是自由贸易试验区（FTPZ）方面。在国际先进贸易理念借鉴中，中国探索建设自由贸易试验区，在功能上整合自由贸易区和自由贸易园区，这是新的开创。应积极探索这一形式的发展，不断扩大对外贸易开放程度，从而倒逼现有海关特殊监管区域的优化、整合、创新，推动中国整体贸易竞争力提升。应努力将目前的自由贸易试验区做大做强，成为新时代中国对外贸易的标志性名片，扩大国际贸易影响力，增加对外贸易话语权。

另一方面，在空间布局方面的借鉴。国内外研究文献对自由贸易区的空间布局研究仍处于不断深化中，基于不同国家建设自由贸易区在地理区位和资源条件等自然禀赋上存在的差异，自由贸易区的空间布局规划研究主要从地理环境、经济腹地和服务功能等角度展开，而不同研究角度下的自由贸易区空间布局尚未形成统一的标准，本书通过梳理相关研究文献，对中国海关特殊监管区的空间布局研究借鉴从布局内容等方面归纳如下：一是自由贸易区的空间结构借鉴。主要规划自由贸易区内部不同功能区空间布局的类型、结构及特征，包括加工贸易、物流仓储等不同贸易服务节点功能区在自由贸易区结构中的比例及不同功能区之间的空间联系。这方面还包括自由贸易区与周边腹地经济的空间结构，这种空间结构存在单个自贸区增长极辐射形成的结构和多个邻近自由贸易区增长极通过业务扩充和产业关联形成的多增长极辐射空间网络结构。二是自由贸易区的区位分布与设计借鉴。主要是规划不同类别自由贸易区下不同区域的功能分布、设计和协调等，如天津自贸试验区下的东疆保税港区、天津机场智能制造区和中心金融商务区的区位设计和分布，以及这些不同功能片区之间的规模、位置和功能等对应关系，以促进天津自由贸易试验区实现增长极的区域经济辐射状态。三是自由贸易区的平面布置借鉴。主要是规划自由贸易区内不同功能区以及周边腹地经济节点各类设施设备的布置，如加工园区中的贸易加工流程设计、设施分配、设备选型与功能配置等问题。在空间布局的研究上，从宏观、中观和微观等层面也存在借鉴：宏观上，解决自由贸易区发展与城市经济、腹地经济和区域经济发展的协调问题，促进自由贸易区与区域经济一体化发展更加协调；中观上，确定不同层级自由贸易区的布局，包括各类保税区、出口加工区及保税港区等增长极的配置问题；微观上，综合考虑自由贸易区经济系统整体的功能运作，包括不同贸易环节中的影响因子问题。

第三章　中国海关特殊监管区的理论分析

中国海关特殊监管区的设立是国家对外开放制度增长极的培育过程，在实践中通过贸易自由化的便利条件实现了对资本、技术和劳动等生产要素的集聚，并通过产业关联效应进一步推动了主导产业和活动单元增长极的培育。呈点状分布的中国海关特殊监管区贸易增长极在国家特殊园区制度和政策的扶持下，借助交通、信息和能源等载体的生产要素流动，形成了园区间主导产业或优势产业的轴线集聚效应，进而构成了中国海关特殊监管区外向型经济空间结构体系。基于上述分析，本书把增长极与点轴理论作为中国海关特殊监管区贸易增长极空间效应研究的最基础理论，在此基础上延伸出的克鲁格曼"国际贸易—城市—区域"三位一体理论、诺斯制度变迁理论、边界效应理论及港口与腹地关系理论等共同构成了本书研究的理论框架。从理论分析角度看，海关特殊监管区贸易增长极对我国地区经济增长具有集聚和溢出的作用，主要表现为四个方面：创新和示范效应、规模效应、开放型经济空间结构优化效应、集聚经济效应。

第一节　非均衡增长与增长极理论的运用

本书探讨中国海关特殊监管区问题，从理论上是从其作为带动区域经济发展的新的增长点的角度切入的。区域经济增长主要有均衡增长理论和非均衡增长理论，从研究范畴看，本书对中国海关特殊监管区的探讨主要运用了非均衡增长理论。

一、海关特殊监管区贸易增长极与增长极理论的运用

本书对海关特殊监管区贸易增长极的研究来源于佩鲁（Francois Perroux）的"增长极"理论。"增长极"理论最初由法国经济学家佩鲁于 1950 年在《经

济学季刊》的《经济空间：理论与应用》一文中提出，其核心思想是区域经济增长不会同时发生在各个地方和产业中，而是若干存在的增长极通过合适的渠道由极点向周边扩散，并对整个经济产生不同的最终影响。在研究企业与经济发展的过程中，佩鲁认为创新总是集中在某些特殊企业，从而形成领头产业，而这类产业的经济发展速度明显高于其他产业，这种产业就是其理论中的活动单元。这种活动单元会形成自己的经济空间，它在与产业发生关联活动的过程中，就可能带动其他产业的发展，形成链锁式拉动，进而推进这一空间通过中心化带动整个经济空间的发展。佩鲁称之为增长诱导单元的，就是该理论中的增长极，那些受到增长极带动的产业则是被推进型产业。推进型产业与被推进型产业由于彼此的经济活动联系，最终会趋于均衡化发展。

在理论框架上，假设经济系统存在 A 和 B 两大产业，而 B 产业与 A 产业相比更能推动经济的增长，则表示为

$$I_{A} = f(I_{B}), \text{且} \frac{\Delta I_{A}}{\Delta I_{B}} > 0 \qquad (3-1)$$

在式（3-1）中，I_{A} 和 I_{B} 分别表示两个产业的投资，则

$$I_{A} = \alpha I_{B} \text{ 或 } \Delta I_{A} = \alpha \Delta I \qquad (3-2)$$

基于 B 产业在经济系统中推动力更为明显，假设成长型产业 A 在经济增长中对生产要素、区位优势等具有更强大的转换吸收能力，则 A 产业长期的生产扩张速率会超过 B 产业。基于此，则 $\alpha > 1$，且满足以下条件：

$$\frac{dI_{A}}{dt} > \frac{dI_{B}}{dt} \qquad (3-3)$$

将中国海关特殊监管区纳入上述理论分析框架可以理解为，假设某地区培育的中国海关特殊监管区为 ra，监管区周边外围区为 ua，在以 GDP 为衡量经济增长指标的条件下，则有

$$\frac{\Delta GDP_{ua}}{GDP_{ra}} / \frac{\Delta I_{ra}}{I_{ua}} = \frac{I_{ua}}{GDP_{ra}} \times \frac{\Delta GDP_{ua}}{\Delta I_{ra}} > 0 \qquad (3-4)$$

在式（3-4）中，GDP_{ra} 为该地区的经济增长极，该地区经济系统对监管区 ra 的投资 I_{ra} 将带来外围地区 GDP_{ua} 的增长。根据佩鲁的"增长极"分析框架，如果

$$\frac{\Delta GDP_{ua}}{GDP_{ra}} / \frac{\Delta I_{ra}}{I_{ua}} > 1 \qquad (3-5)$$

监管区 ra 则成为该地区的典型"支配型"增长极；如果

$$0 < \frac{\Delta GDP_{ua}}{GDP_{ra}} / \frac{\Delta I_{ra}}{I_{ua}} < 1 \qquad (3-6)$$

则监管区 ra 成为该地区的典型"次支配型"增长极。

中国改革开放从保税区到保税港区等不同形式的海关特殊监管区发展实践正是这一增长极效应的现实反映：由于后发地区的资源有限及资本不足，只能选择区位条件好的交通枢纽地区给予政策上的支持，集中发展有带动性的外向型经济部门，并优先发展某一类或者几类有带动作用的外向型产业部门，而这些优先发展的特殊产业部门在同业发展中形成示范和带动效应，并通过强制性制度变迁的路径形成自己的开放型经济空间，通过以点带面的途径带动其他部门的发展。

在佩鲁分析产业间的增长极发展理论之后，瑞典经济学家缪尔达尔（Myrdal，1957）在这一理论启发基础上提出了"循环累积因果关系"原理，用以解释经济发达地区对欠发达地区的联带发展影响，从而将增长极理论从产业延伸到了区域经济发展层面。美国经济学家赫希曼（Hirschman，1958）在同时期提出了与缪尔达尔类似的观点，并指出了增长极可能产生的极化效应和涓滴效应。但他也指出了不能仅依靠市场机制，还应配以必要的政府干预来实现增长极对周围区域的带动发展。布德维尔（Boudeville，1966）也在佩鲁的理论基础上，将增长极界定为经济层面的主导型产业和地理空间层面的优势区位。在缪尔达尔、赫希曼及布代维尔等的进一步丰富和完善过程中，增长极理论慢慢成为较为完整的区域非平衡发展理论，旨在解释一个国家或地区的经济发展通常都是从一个或少数"增长中心"向外围地区扩散的模式，是一种非平衡到趋于平衡的发展历程，而绝对的平衡发展只是一种理想状态，因而国家应选择特定的地理空间，主动培育增长极，从而带动区域整体经济发展。

二、点轴开发理论与海关特殊监管区贸易增长极布局

基于佩鲁的"增长极"理论，以萨伦巴、马利士等学者为代表的点轴理论进一步深化了增长极的内涵范畴。点轴开发理论中提出空间中的"点"和"轴"结合会形成新的空间组织形式。例如，在海关特殊监管区贸易增长极所在的某一区域中的城市群、城市带都可以理解为围绕着海关特殊监管区发展开放型经济的增长点，借助其存在的主导产业、突出优势、基础设施条件等形成经济发展增长极，而各类交通线可以作为轴，如河流航线、铁路枢纽、公路等主要交通线路作为形成优越区位和商业环境的条件，对于串联沿线开放经济增长点具有良好的作用，进而促进区域开放经济发展。

国内学者张莉等（2010）基于中国科学院院士陆大道（1986）对点轴渐进式开发理论的系统性阐述，对点轴空间扩散进行了分类。借鉴陆大道（1986）、

张莉和陆玉麒（2010）等学者的研究思路，可以将点轴开发理论的分析框架归纳为指数扩散模式和线性扩散模式。指数扩散的点轴开发理论框架为

$$f_j = \max(M_1^{1-r_{1j}}, M_2^{1-r_{2j}}, \cdots, M_n^{1-r_{nj}}), r_{ij} = \frac{t_{ij}}{\max(t_{i1}, t_{i2}, \cdots, t_{im})} \qquad （3-7）$$

线性扩散的点轴开发理论框架为

$$f_j = \max\{[(M_1-1) \times (1-r_{1j})+1], \{[(M_2-1) \times (1-r_{2j})+1], \cdots \{[(M_n-1) \times (1-r_{nj})+1];$$

$$r_{ij} = \frac{t_{ij}}{\max(t_{i1}, t_{i2}, \cdots, t_{im})} \qquad （3-8）$$

将中国海关特殊监管区的培育纳入上述指数扩散模式和线性扩散模式中，则 f_j 表示中国海关特殊监管区增长极向地区 R 进行扩散的程度，j 表示监管区增长极以外的其他地区（ $j=(1,2,\cdots,m)$ ），M_i 表示中国海关特殊监管区增长极的培育质量，一般采用 GDP 或进出口总额表示，t_{ij} 表示中国海关特殊监管区增长极 i 到达周边地区 j 的时间成本，r_{ij} 表示中国海关特殊监管区增长极 i 到达周边地区 j 的交通成本。

点轴理论中的"点"增长极具有三个特征：一是以某创新或开放型主导产业为核心形成关联性较强的开放型产业综合体；二是在"点"中的某方面存在开放型产业优势、产品优势或市场优势；三是"点"自身及周围具备一定的促进开放型产业发展的基础设施水平。在"点"增长极上向外延伸的"轴"可以视为增长极形成空间效应必须借助的空间载体，由此得出"轴"的两个特征：一是"轴"空间是连接生产要素或产品的流通载体，其流通要素或产品可能是同质的，也可能是异质的；二是"轴"需要位于发达的水、陆、空交通干线上，即作为生产要素或产品的流通载体需要发达的交通运输网络进行相互连接。中国海关特殊监管区选址均位于港口或腹地等重要交通枢纽上，在现实中呈点状分布的增长极之间的生产要素等通过交通、能源和信息等载体相互流通，并吸引产业和生产要素等在"轴"带两侧集聚，产生新的增长极"点"，这种"点"与"轴"的集聚共同形成了一个有机的经济空间结构体系。

三、增长极理论在本书研究中的应用

中国海关特殊监管区是开放型经济和对外贸易制度创新与改革的前沿地，把海关特殊监管区作为国家扩大开放实践中的一个空间单位增长极进行培育，具有创新和示范效应、规模效应、开放型经济空间结构优化效应及集聚经济效应。一方面，中国海关特殊监管区贸易增长极的培育形成了创新产业的集聚，进而带动资本、劳动和技术等生产要素向增长极集聚，发挥了增长极的规

模效应和集聚经济效应；海关特殊监管区通过产业关联和贸易自由化便利化进一步推动了主导产业和活动单元增长极的培育，尤其体现在对外贸易外向型产业的集聚和扩散效应上，促进该区域所在城市的极化发展，进而逐步带动整个周围区域的经济整体发展，有效地体现出贸易增长极对周边地区的创新和示范效应。另一方面，中国海关特殊监管区选址均位于港口或腹地等重要交通枢纽上，海关特殊监管区贸易增长极的空间集聚和溢出效应对各类交通运输干线及配套设施存在依赖性。"点轴理论"认为，经济增长极在现实中的分布是点状的，增长极之间的生产要素等通过交通、能源和信息等载体相互流通，同时"轴"的载体功能会吸引产业和生产要素等在"轴"带两侧集聚，产生新的增长极"点"，"点"和"轴"的集聚共同形成了一个有机的经济空间结构体系。现阶段，中国的海关特殊监管区主要分布在交通区位良好的地区，本书把海关特殊监管区作为点状分布的外向型经济增长极，其在国家特殊园区制度和政策的扶持下发展明显优于周边地区，而园区之间借助交通、信息和能源等载体的生产要素流动形成了特殊监管区间主导产业或优势产业的轴线集聚效应，进而构成了海关特殊监管区外向型经济空间结构体系，体现出了海关特殊监管区贸易增长极的开放型经济空间结构优化效应。

第二节　克鲁格曼"国际贸易—城市—区域" 三位一体理论的运用

依据增长极与点轴理论，海关特殊监管区贸易增长极可选择具有发展优势的空间单元，通过生产要素在"点"的集聚，以"轴"为载体，对外再集聚和扩散，形成新的贸易增长极"点"。在此过程中，有利于开放型经济发展的资本、技术、劳动力等要素流动形成的集聚力和扩散力是关键因素，而这种由"点"到"线"的空间布局继续延伸形成了"点"—"线"—"面"的开放型经济要素的空间结构。这种海关特殊监管区贸易增长极空间布局思路引入了国际贸易这一分析要素，并纳入了克鲁格曼的空间经济分析范式。因此，克鲁格曼的"国际贸易—城市—区域"三位一体模型分析框架[①]是本书研究中国海关特殊监管区贸易增长极空间效应的又一重要支撑理论。

---

① MASAHISA FUJITA, PAUL KRUGMAN, ANTHONY J VENABLES. The spatial economy: Cities, regions, and international trade[M].London: The MIT Press Cambridge, 1999: 329-344.

　　克鲁格曼真正创建了空间与主流经济学研究范式的对接，把空间成功地嵌入主流经济学理论研究中（邹璇，2011），在 1991 年的《规模报酬递增与经济地理》[①]和 1999 年的《空间经济学：城市、区域与国际贸易》中将分属不同学科的经济地理学和贸易理论进行了融合，并依据交易成本最小化基本原则引入了新贸易理论的垄断竞争、规模报酬递增、消费偏好多样性等现代经济学理念，运用 D-S 分析框架、计算机动态模拟等计量方法，研究经济活动的空间定位问题，建立了空间经济学的核心——边缘（C-P）模型。作为拉美国家依附理论的重要体现，克鲁格曼的理论将区域经济发展看作"中心"区域和"外围"区域组成的结构化体系，"中心"区域是决定经济体系中发展路径和方向的某一区域空间，"外围"区域是依附中心区域发展的一定区域空间，它们共同构成了经济发展的整体格局。在克鲁格曼的"中心—外围"区域经济理论模型中，重点从区域开放经济学视角下考虑交易成本最小化的基本准则，并将规模报酬递增和融合垄断竞争等新贸易理论观点融为一体，进而运用 D-S 均衡分析思路构建了空间经济活动的"核心—边缘（C-P）"模型。其中，城市、区域、国际贸易三个基本要素在这一模型中得以有机整合，进而构建了"C-P 国际贸易"模型，用于分析研究产业联系、贸易成本、贸易自由化等因素对区域开放经济的影响机制的作用。其中，具有代表性的分析有以下几个方面：

一、贸易自由化条件下的产业转移与扩散问题

　　当某一区域主动提高自身的贸易开放程度，从而吸引了外部资源的涌入，便逐步形成经济资源的聚合，会出现集聚现象，这种变化必然促使核心区域和边缘区域形成，也就是克鲁格曼"中心—外围"区域经济理论模型中的基本（C-P）结构。在这一结构下，贸易增长极中心区和外围边缘区客观存在于这一区域的基本经济体系中，由此，在中心区域极化效应下，中心区与外围区人力成本差距逐步扩大，进而直接造成制造业整体制造成本增加，这一情况慢慢形成客观的产业转移现象，中心区域高成本产业向外围或异地扩散转移，即贸易增长极带来的产业扩散和转移现象。在这一扩散和转移影响下，中心区和外围区之间的劳动收益差距逐步变小，进而促进经济活动在地理空间实现日益均衡化发展。

　　图 3-1 描述了以上理论的分析过程，其中用横轴表示经济增长，纵轴表

①　KRUGMAN P. Increasing returns and economic geography[J]. Journal of Political Economy, 1991,99(3): 483-499.

示各个地区工资水平与两个地区平均实际工资之间的比率。上方曲线可以反映 C-P 模型中的中心区实际工资水平比率，下方曲线反映 C-P 模型中的外围区实际工资水平比率。在 L1 经济增长阶段，贸易的开放程度提高，资源聚集，极大地强化了 I 区的区位优势，形成了区域经济发展的中心区，中心区经济逐步繁荣；在 L1 ~ L2 经济发展阶段，中心区以制造业为代表的产业资源开始向 II 区转移和扩散，带动了外围区的经济加速发展，慢慢使两区的经济发展水平和增长速度逐步趋于同步化，这个过程就是实现转移与扩散的过程；到第 III 阶段，两区域经济发展基本处于同一水平，即实现了中心到外围的扩散效应。此外，克鲁格曼（1999）在 C-P 模型中通过数值分析研究了贸易自由化条件下的劳动力扩散与均衡分布，具体如图 3-2 所示。

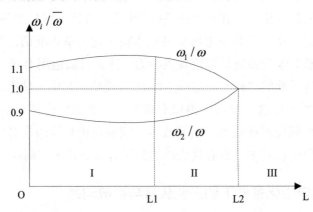

图 3-1　贸易自由化下的产业转移与扩散过程

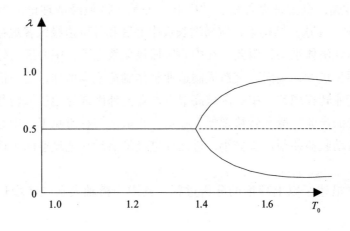

图 3-2　贸易自由化对国内区域的影响

根据贸易成本 T_0 与劳动力要素配置 λ 之间的函数关系图，劳动力在存在贸易成本条件下的均衡分布和非均衡分布趋势分别以实线和虚线表示。在贸易自由化程度越高条件下，T_0 取值越小，此时的企业通过较低的出口成本发展外向型经济，因此劳动力生产要素的配置对市场消费的后向关联偏弱，从而形成了不同区域中的劳动力要素配置稳态，反之，则形成不同区域中的劳动力要素配置的非均衡。在分岔点特征分析上（图 3-2 中的对称均衡点），对模型岔点进行线性化处理后结果如下：

$$\frac{\mathrm{d}\omega}{\mathrm{d}\lambda}\cdot\frac{\lambda}{\omega}=\frac{Z(2\delta-1)}{[\delta+Z(\delta-1)](\delta-1)}-\delta=\frac{Z(1-\rho)(1+\rho)}{\rho(Z\rho+1)}-\delta \qquad （3-9）$$

$$Z=\frac{1}{2}\left(\frac{G}{\omega}\right)^{\delta-1}(1-T^{1-\delta}) \qquad （3-10）$$

其中，$(G/\omega)^{\delta-1}$ 为劳动力要素配置导致的消费关联效应，且 $(G/\omega)^{\delta-1}>0$；$(1-T^{1-\delta})$ 为区域集中成本。当 $\mathrm{d}\omega/\mathrm{d}\lambda>0$ 时，不同区域的规模在劳动力要素非均衡分布条件下存在差异，其中 $\mathrm{d}\omega/\mathrm{d}\lambda$ 是 Z 的单调递增函数。在 Z 函数中，G 和 ω 分别表示国内价格和工资水平，当贸易成本 T_0 增加时，G 和 ω 分别成正比例和反比例变化，最终导到 Z 值增加，传导至 $\mathrm{d}\omega/\mathrm{d}\lambda$ 变大，因此形成劳动力要素资源配置的非均衡状态，产生地区规模发展的差异。

二、贸易自由化条件下的区域集聚力问题

随着一个区域贸易自由化条件的优越化，贸易开放程度提高随即吸引了国际范围内的贸易资源聚集，最终形成一个良好的国际市场环境，国际贸易成本因此下降，市场可接近性极大提高的情况可以理解为贸易自由化条件下的区域集聚力，因此区域贸易环境的改善有利于形成区域经济发展的良好集聚力。然而，在这一集聚力的影响下，区域居民人口快速增加，人均消费能力提升，极易导致区域聚集后的拥堵治理问题日益突出，从而形成拥堵成本效应，即与集聚力相反的分散力。这一现象可以用图 3-3 进行阐释。

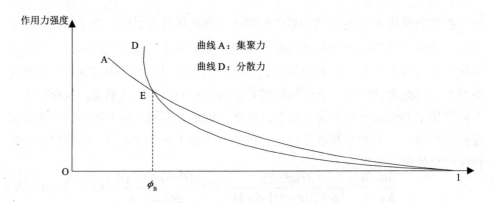

图 3-3 贸易开放与集聚的形成

从这一理论来，贸易自由化条件下的集聚力与分散力是相互影响的，当区域的贸易自由化开放程度有限时，区域的分散力要高于集聚力，此时区域发展的集聚效应被分散效应削弱，无法对经济发展的资源要素进行集聚。所以，只有区域的自由贸易开放程度提高到两者的均衡点（交叉点 E）之上，使集聚力大于分散力，两者相互抵消后才会有集聚力剩余，从而形成区域经济发展的集聚效应突变，带动区域迅速发展。交叉点 E 就是这个均衡点，区域在贸易开放过程中应主动寻找这一均衡点，并依此确定区域贸易开放的基本条件，尽可能地发挥贸易开放条件下的区域集聚力效应，推动区域经济系统发展。

在克鲁格曼（1999）的理论分析框架中，假设经济区域分为国内和国外两个系统，其中国内由两个产业组成，且初始条件的产业劳动力要素配置是均衡状态，且满足条件 $L_j^1 + L_j^2 = 0.5$。在国内两个产业的劳动力要素配置遵循名义工资差异的流动原则，因此国内区域不同产业的价格指数可表示如下：

$$(G_j^l)^{1-\delta} = \sum_{k=0,1,2} L_k^i (\omega_k^i)^{1-\beta\delta} (T_{kj}^i)^{1-\delta} \qquad (3-11)$$

其中，β 和 T_{kj}^i 分别表示国内区域产业的劳动力要素比例和 i 到 j 区域的运输成本。基于此，可以推导出各区域的名义工资指数如下：

$$(\omega_j^i)^{1-\delta} (G_j^i)^{\alpha\delta} = \beta \sum_{k=0,1,2} (G_k^l)^{\delta-1} (T_{kj}^i)^{1-\delta} \qquad (3-12)$$

其中，α 表示国内区域产业的中间产品比例。

产业支出指数表示如下：

$$E_j^i = \left(\frac{\omega_j^1 L_j^1 + \omega_j^2 L_j^2}{2} \right) + \frac{\alpha \omega_j^i L_j^i}{\beta} \qquad (3-13)$$

结合上述价格指数、名义工资指数和产业支出指数可以计算出模型中的均衡点，表示如下：

$$\frac{\mathrm{d}\omega}{\mathrm{d}\lambda}\cdot\frac{\lambda}{\omega}=\frac{Z}{\Delta}\left\{(2\delta-1)\alpha-Z\left[\delta(1+\alpha^2)-1\right]\right\}=\frac{Z}{\Delta}\left[\frac{\alpha(1+\rho)-Z(\alpha^2+\rho)}{1-\rho}\right]$$

$$Z=L\left(\frac{G}{\omega}\right)^{\beta\delta-i}(1-T^{1-\delta})$$

与上文分析一致，Z 函数中，G 和 ω 分别表示国内价格和工资水平，当贸易成本 T_0 增加时，G 和 ω 分别成正比例和反比例变化，最终导致 Z 值增加，传导至 $\mathrm{d}\omega/\mathrm{d}\lambda$ 变大，因此形成劳动力要素资源配置的非均衡状态。

根据图 3-4 可以看出，贸易成本 T_0 随着 $\mathrm{d}\omega/\mathrm{d}\lambda$ 均衡点的取值发生变化时，存在 $L_0=1,2,10$ 三种不同结论。当一个国家或区域的开放程度发生改变后，贸易成本 T_0 随之改变，因此消费的前后向关联效应随自由化程度的变高（贸易成本的降低）与国内市场的黏性降低，从而导致 $\mathrm{d}\omega/\mathrm{d}\lambda$ 均衡点的不稳定，产生产业集聚现象。

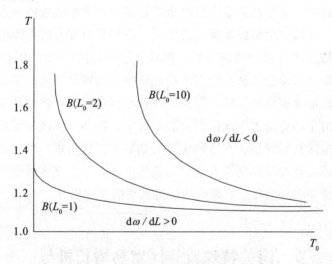

图 3-4　$\mathrm{d}\omega/\mathrm{d}\lambda$ 的突变量

除了克鲁格曼之外，弗里德曼（Friedman）也对"中心—外围"理论有着深刻的研究。弗里德曼以创新问题为核心，从区域经济学视角分析了"中心"和"外围"的基本逻辑，他认为区域发展是一个逐步积累下的创新过程造就的，而创新又源于这一区域中少量的"变革中心"，创新活动和行为由这些为数不多的"变革中心"向周围区域扩散，这样区域中少数的变革中心先发展起来，周围的区域在中心区的带动和依附下也得到发展。在弗里德曼理论体系中，发展就是一个中心区极化的过程，根本核心的创新变革只存在于相对数量少的城市中心区，其余的区域都属于外围区域。当然，在弗里德曼的"中心—外围"理论中对中心和外围的界定并不是一成不变的，随着"中心区域"创新向外围扩散，中心和外围会因为这种扩散在各种资源要素方面逐步走向无差异化，将不存在明显的界限，当中心区的创新功能越来越匮乏，可能导致在外围区产生新的创新中心区。这一理论一定程度上解释了传统口岸在发展中被新兴口岸赶超的基本逻辑。

三、对本书研究的应用

克鲁格曼的"国际贸易—城市—区域"三位一体理论以自由贸易条件为前提，当国家与国家之间的某种贸易协定过于松散，或因外部政治、经济局势的影响而不能发挥很有效的作用时，为实现本国的贸易成本最小化和收益最大化，在本国范围内建立海关特殊监管区，不断扩大这一区域的贸易开放程度，形成创新和示范效应，通过政策手段促进全要素资源流动形成规模效应，推动产业化和专业化的区域聚集形成集聚经济效应，在聚集力和分散力作用下形成该区域和周边区域经济发展的均衡布局，形成开放型经济空间结构优化效应。中国当前设立的海关特殊监管区会因其不断优化的自由贸易环境，带来相关产业联动集聚，从而形成贸易增长极，带动所在核心城市发展。在此基础上，核心城市发展的经济中心会向周围区域形成溢出效应，带动周围区域发展，最终促使中心区与外围区共同发展。在这种实验的基础上，运用辐射理论原理，将自由贸易园区的成功经验推广到符合条件的其他地区，形成更多的中心区增长极，可以带动各自外围区发展，实现全国经济水平的普遍提升。

第三节　海关特殊监管区贸易增长极与诺斯制度变迁理论的运用

在中国，2013年以后海关特殊监管区被赋予探索扩大开放制度创新的功能。海关特殊监管区根据增长极与点轴理论，贸易增长极空间单元以各类交通线为"轴"进行生产要素的再集聚和扩散行为。在此过程中，企业是经济活动的"明线"主体，而制度是经济活动的"暗线"主体。中国海关特殊监管区的设立本质上是一种强制性的制度变迁，是政府在特殊区域实施金融、投资、交通运输等服务业强制性扩大开放制度变迁（"暗线"主体），与被激励的微观企业（"明线"主体）产生的市场经济行为取向型诱致性制度变迁相结合的产物。因此，诺斯的制度变迁理论是本书研究中国海关特殊监管区贸易增长极空间效应的又一重要支撑理论。

一、强制性与诱致性制度变迁理论

中国海关特殊监管区的设立在一定程度上是扩大对外开放制度的变革，本书对海关特殊监管区贸易增长极空间效应的研究本质就是研究该对外开放制度对空间效应的影响。作为一种影响经济主体行为的外生性要素，制度要素的历史继承性和实践创造性决定了其能够对经济主体发展的路径选择、过程控制和绩效变化等产生直接或间接影响，因此本书对海关特殊监管区贸易增长极空间效应研究的另一重要支撑理论是诺斯的制度变迁理论。诺斯最早于 20 世纪 70 年代前后，在对海洋运输技术进步、航运制度与组织方式及运输成本的研究中发现了制度因素的重要地位，之后诺斯将制度因素纳入新经济史论和制度变迁理论中的经济增长变量中，构成了新制度经济学中制度变迁理论的基本框架。诺斯在制度变迁理论中把一系列的规则和行为规范统一定义为"制度安排"，并认为"制度安排"的本质是用来限制经济单位之间各种经济行为的一种方式。舒尔茨（1968）在诺斯基本理论框架的基础上提出了制度变迁的"供给—需求"分析框架。戴维斯和诺斯（1971）基于该分析框架提出了任何时候都可能存在制度均衡的观点，并根据制度不均衡时的成本与收益变动提出了制度变迁框架。林毅夫（1989）对舒尔茨的"供给—需求"分析框架适用性进行总结，认为制度选择和制度变迁中均能够通过该框架进行问题分析。

根据舒尔茨（1968）、戴维斯和诺斯（1971）和布罗姆利（1996）的制度变迁理论框架，制度变迁带来的生产效率提升与变迁成本是否满足潜在的帕累托改进是关键，通过数值表示的制度变迁如下：

$$V = -C_M + \sum_{t=1}^{T} \frac{(B_t - C_t)_M + (B_t - C_t)_L}{(1+i)^t} \tag{3-14}$$

其中，V 为制度变迁后带来生产效率提升减去变迁成本的净现值；C_M、$(B_t - C_t)_M$ 和 $(B_t - C_t)_L$ 分别表示 t 时期的制度变迁初始成本、为企业和劳动者带来的净收入。在制度变迁发生后，净现值函数将满足以下条件：

$$\sum_{t=1}^{T} \frac{(B_t - C_t)_L}{(1+i)^t} > C_M - \sum_{t=1}^{T} \frac{(B_t - C_t)_M}{(1+i)^t} \tag{3-15}$$

上述条件可以理解为企业在制度变迁中投入改变成本改变劳动者的制度环境，只有当劳动者在制度变迁中获得的净收益高于企业实施制度变迁的净收益条件成立，制度变迁过程才是有效的帕累托改进。

制度变迁理论中根据制度变迁的实施主体不同分为"自上而下"的强制性制度变迁和"自下而上"的诱致性制度变迁。强制性制度变迁一般是指政府机构通过强制性的行政命令或者立法等形式，对管辖范畴内实施的具有外部强制作用的一种自上而下的制度变迁。基于强制性制度变迁的实施主体和模式特征可以归纳出该类制度变迁的优势：一方面，国家政府机构实施的制度本质上可以作为一种特殊的公共品，政府层面的实施主体较私人层面的实施主体更有效率；另一方面，对于维护生产安全和社会稳定的相关制度安排降低了全社会的交易费用。强制性制度变迁的实施条件是当某领域或区域出现制度非均衡时，政府机构对制度这一公共品的"生产"成本低于制度安排后的收益，而"生产"成本包括经济成本和非经济成本（社会稳定和政治影响等）。诱致性制度变迁一般指制度接受的微观企业基于制度不均衡引致的潜在利润机会而采取的对现存制度安排进行替换的一种变迁方式，是一种由个体发起的自下而上的方式，其出现需要满足特定的条件：一方面，现有的制度不均衡对微观企业产生了可能获取潜在利润的机会；另一方面，微观企业自下而上发起的制度变迁成本低于进行制度变迁后的预估收益，这里的成本主要指企业的经济成本。基于诱致性制度变迁的实施主体和模式特征，可以归纳出该类制度变迁的优势和缺点，其优势在于微观企业在政府机构强制性制度变迁的拉动下，能够从内部自发产生对制度非均衡的变革动力，且充分发挥个体的主观能动性来强化内生变量的效果，最终提高自下而上的诱致性制度变迁的有效性；其缺点在于微观企业的盈利性决定了诱致性制度变迁实现企业预期收益后，企业将缺乏进一步制度变迁的动力，导致变迁效率的降低和进程的放缓。

二、对本书研究的应用

中国海关特殊监管区的设立本质上是一种强制性的制度变迁，是政府在特殊区域实施金融、投资、交通运输等服务业强制性扩大开放制度变迁与被激励的微观企业产生的市场经济行为取向型诱致性制度变迁相结合的产物。制度变迁理论对本书中国海关特殊监管区贸易增长极空间效应的研究具有深刻的理论指导意义。首先，强制性制度变迁中的政治制度和经济制度构成了中国海关特殊监管区贸易增长极经济增长非均衡演进的重要制度架构，而该制度架构是中国海关特殊监管区所在地方政府或直接通过中央政府以区域资源环境变化隐含的要素回报率差异为现实约束条件，对监管区内各主体做出的动机与行为规范安排（埃塞姆格鲁　等，2006）。强制性制度变迁中的政治制度包含地方政府和中央政府在扩大开放中的治理权和经济资源的收益权，经济制度包含政府对监管区内要素资源的分配权和产权界定归属，当经济制度无法实现既定的一致性偏好时，强制性政治制度的参与能够有效地对各种利益冲突做出仲裁，这样就保证了海关特殊监管区内既定政治发展战略下经济发展模式的顺利形成。其次，强制性制度变迁兼具"掠夺者"与"扶持者"的双重身份（卢现祥，2004）。政府基于成本收益原则对海关特殊监管区的强制性制度变迁具有公共品的性质，由此看来，强制性制度变迁在监管区中的税收、租金、服务等行为能够达到理性的权衡。然而，强制性制度变迁有可能引起微观企业对"潜在利润"预期的变化，导致制度需求与诱发性制度供给存在失衡。该供需矛盾形成了对微观企业主体的不规则外部冲击，且随着累积效应的强化有可能触发不可逆的"自然淘汰"过程（哈耶克，1997）。最后，强制性制度与诱致性制度的适宜性变迁在海关特殊监管区内相互博弈，共同决定了海关特殊监管区经济转型增长的路径。基于有限理性的适宜性制度变迁能够有意识地进行"策略构建"，对相对稳定状态的制度框架进行适宜性的调整（王津津，2018）。该调整是海关特殊监管区经济增长的开启条件，在反复的制度变迁实验后，适宜性的制度能够实现以扩散机制构建为基础的主观认知模型修正，并促进制度偏离达到根本性制度变迁的临界点，从而促进海关特殊监管区增长和扩散路径的实现，并表现为贸易增长极的开放型经济空间结构优化效应。综上所述，中国海关特殊监管区贸易增长极的发展路径是新一轮制度构架进行适宜性调整的开始，而发展路径能否顺利完成取决于制度变迁在自增强机制作用下能否完成偏离积累，并跨过"临界"锁定均衡状态。

第四节　海关特殊监管区贸易增长极与边界效应理论的运用

根据增长极与点轴理论，中国海关特殊监管区贸易增长极具有空间单元极点的要素集聚效应。在国家特殊的对外开放制度体系下，中国海关特殊监管区贸易增长极的"点"培育和发展的功用之一是破除省区行政干预屏蔽，在空间布局中更有利于各种资源要素市场取向的优化配置，发挥增长极突出的中介效应。因此，边界效应理论是本书对中国海关特殊监管区贸易增长极空间效应研究的重要支撑理论。

一、中介效应与屏蔽效应理论

中国海关特殊监管区的设立是一项兼并对外扩大开放与对内深化改革的重要举措，作为外向型经济的增长极，海关特殊监管区在"经济距离"和"地理距离"范畴上都能够发挥增长极的空间效应。边界效应理论来源于传统的区位理论，Losch（1944）、Giersch（1949）、Guo（1996）和 Heigl（1978）等学者在区位优势研究中指出了边界地区的不利因素，之后美国区域经济学家 Herzog、Arremla 和 Curtis（1993），Cappellin（1993）对该理论进行了深化，提出了区域边界从封闭型向半封闭型再到开放型的理论演变过程。边界效应实证模型的提出最早源于国际贸易的引力模型。Brcker（1984）在研究欧共体边界效应中引入重力模型分析了边界地区缩减引起的贸易流减少；McCallum（1995）也运用引力模型研究了美国和加拿大的双边贸易关系。此外，通过引力模型或拓展的引力模型对边界效应研究的国外代表性学者还有 Nitsch（2000）、Nitsch（2002）、Toshihiro Okubo（2004）、Valentina Raimondi（2005）、Matthias Helble（2006）、Angela Cheptea（2010）、Peter Huber（2011） 等。国内外学者皆认为边界效应理论可以分为"中介效应"和"屏蔽效应"，并认为边界效应理论中的两种效应可以通过国家、地区和企业进行转换，持这一观点的国内代表性学者有方维慰（1999）、杨汝万和胡天新（1999）、汤建中（2002）、李铁立（2005）等。

Anderson（1979）提出的"纯粹支出系统模型"[①]是引力模型的雏形，而引力模型后来被广泛应用在边界效应的实证研究中。在纯粹支出系统模型中，假设只存在单一国家且生产单一产品，该地区的产品消费偏好一致，模型的最初形式表示为

$$M_{ij} = Y_i Y_j / Y^\omega \qquad (3-16)$$

其中，Y_i，Y_j 为 i，j 国的经济总量，Y^ω 为全球经济总量。Anderson 在此基础上将国际贸易中的关税壁垒成本等纳入了理论分析框架中，但仍未对距离因子变量进行考察。"纯粹支出系统模型"之后在 Bergstrand（1985）、Tinbergen（1962）及 Pohonen（1963）等学者的研究下形成了比较完善的引力模型：

$$M_{ij} = a_0 Y_i^{a1} Y_j^{a2} D_{ij}^{a3} A_{ij}^{a4} \qquad (3-17)$$

其中，增加的 D_{ij} 和 A_{ij} 分别表示两国之间的距离和其他能够对两国贸易产

---

① ANDERSON J E. A theoretical foundation for the gravity equation[J].American Economic Review, 1979, 69(1): 106-116.

生边界效应的因素。

边界效应理论中的边界是指人为划分的，对不同语言、文化和历史等进行区别的边界线。边界对两侧地区交易成本的影响十分明显，当两侧的语言、文化和历史相似程度较高时，交易成本则较低。此外，边界在保护国家和地区经济主体利益方面也发挥着作用，通过制度约束等手段提升边界双方交往的契约执行成本能够有效降低跨边界经济活动的频率。可以看出，边界效应对跨边界合作的国家和地区具有双重作用，既能提高合作双方的资源配置效率（中介效应），又能提升双方合作的交易执行成本（屏蔽效应）。边界效应理论中的中介效应主要指区域相邻的双方在空间上具备互惠的交流和接触效应。中介效应来源于边界的区位优势，由于国家或地区在边界交往中存在接近的或容易被边界两侧接受的文化、语言和贸易历史等，这些有利的边界区位优势促使边界地区成为相邻地区经济行为交往和接触最频繁的地带。边界两侧地区类似的人文地理特征和自然环境的连续性都是边界交往和接触无法隔断的重要因素，因此边界效应中的中介效应有效地促进了地理邻近国家或地区之间的合作发展，并且在语言、文化和历史等层面的近似性降低了边界双方合作的交易成本（Head and Mayer，2002；Anderson and Van Wincoop，2003；Matthias Helble，2006）。

中介效应根据边界地带的封闭程度不同发挥的效果存在差异，越是开放型和半封闭型的边界地带发挥出的中介效应越明显，这是因为开放型和半封闭型边界两侧地区在文化、语言和经贸交流中的开放程度更高，而在封闭型的边界地带，中介效应一般表现为非公开的行为（方维慰，1999；杨汝万、胡天新，1999；汤建中，2002；李铁立，2005）。屏蔽效应是边界效应理论的另一重要组成，主要指边界地带在相邻国家或地区的空间交往和接触中产生的一种阻碍或抑制效应。边界的屏蔽效应来源因素较多，如边界相邻地区的空间距离、边界两侧消费市场的偏好、相邻地区的贸易制度壁垒及交易成本等都能够引发屏蔽效应。基于边界两侧地区经济主体在信息掌握水平和信息搜寻成本上的不同，信息不对称对边界双方在经贸交往中的认同感和信任感会产生抑制效应，从而提升双方的交易成本，因此交易成本相关的变量是边界效应理论中引发屏蔽效应的关键因素。交易成本理论属于制度经济学范畴，前面已经对与本书中国海关特殊监管区贸易增长极空间效应研究相关的制度变迁理论进行了归纳和分析，在此对交易成本理论的制度经济学分析不再赘述。

二、对本书研究的应用

中国海关特殊监管区的设立是一项对外扩大开放与对内深化改革的重要举

措，边界效应中的理论对中国海关特殊监管区贸易增长极的内外联动具有深刻的启发。基于"经济距离"和"地理距离"范畴的海关特殊监管区与相邻区域均存在明显的中介效应：第一，海关特殊监管区在对外开放政策激励下与普通经济区域相比更容易吸引外资企业的进驻，海关特殊监管区在中介效应下通过产业的前向、后向和侧向产业关联效应带动外资企业向"经济距离"和"地理距离"的区域进行投资，形成良好的监管区内外投资联动效果，凸显海关特殊监管区贸易增长极的创新与示范效应；第二，中介效应带来的外资企业投资内外联动提升了生产要素在海关特殊监管区内外的流通水平，原因是外资企业跨国投资行为中的生产原材料、中间产品和最终产品等都实行全球化配置，海关特殊监管区在关税壁垒和交易成本方面的优势促进了贸易便利化水平的提高，原材料等贸易成本的降低促进了园区内外生产要素的流通，表现为增长极的规模效应和集聚经济效应；第三，海关特殊监管区吸引了大批的优质国内外企业的进驻，而优质企业先进的生产技术和管理方式通过园区的中介效应能够实现对邻近地区的正向溢出，提高腹地资源的配置效率（毕占天、王万山，2009；Wang，2013；叶修群，2016；吴一平、李鲁，2017），进一步体现出中国海关特殊监管区的开放型经济空间结构优化效应。

第五节　港口和腹地关系理论的运用

根据增长极与点轴理论对"点"和"轴"的特征描述："点"自身及周围具备一定的基础设施水平；"轴"位于发达的水、陆、空交通干线上，即作为生产要素或产品的流通载体需要发达的交通运输网络进行相互连接。可以看出，中国海关特殊监管区贸易增长极的空间效应离不开"点"和"轴"便利的交通条件，这一点也明显地体现在了中国海关特殊监管区设立的区位选择事实中。港口历来是中国重要的交通枢纽，发达的港口辅助支持功能和延伸服务功能更能有效地发挥增长极的点轴开发效果。因此，港口与腹地关系理论是本书研究中国海关特殊监管区贸易增长极空间效应的又一重要理论支撑。

随着国际贸易的深入发展，港口成为各个国家发展对外贸易的重要桥头堡。在贸易的带动下，港口城市经济迅速发展，并逐步拉开了与腹地其他区域之间的经济发展差距。在这一现实情况下，关于港口和腹地关系的研究得到重视，慢慢形成了不同视角下的港口与腹地关系理论。港口与腹地的区域经济发展关系理论和研究文献大部分收录在 B. S. Hoyle 和 D. Hilling 编著的著作之中[①]，该书探讨了城市发展与港口的空间与时间互动关系，把港口发展和区域开发的交互作用作为研究主题，并对腹地竞争机制、港口体系演化模式等进行了计量经济学剖析。港口和腹地是一组空间上的相对概念，港口是门户，腹地是港口的后院，两者在经济发展中互相依存。一方面，腹地要通过港口实现对外贸易，发挥腹地资源的比较优势；另一方面，港口经济发展又促进了腹地经济的发展和腹地范围的不断扩大，并且随着腹地与港口之间的相互发展，腹地经济、交通基础网络完善等会促进港口规模的扩大。

港口与腹地关系的理论分析框架可以借助 Boarnet 模型来具体描述。假设港口与腹地是一个城市中独立的两个部门，资本和劳动是投入生产要素，根据柯布—道格拉斯生产函数，则有 $Q = a(K_p)\beta(K_l)f(K_c, L)$。其中，$K_p$、$K_l$ 和 K_c 分别表示港口部门、腹地部门和私人部门的资本要素存量，L 为劳动力要素存量，且资本和劳动力满足以下条件：

$$\begin{cases} a'(K_p) > 0; & \beta'(K_l) > 0 \\ f_k > 0; & f_{KK} < 0; \ f_L > 0; \ f_{LL} < 0 \end{cases} \quad (3\text{-}18)$$

在上述条件下，假设港口与腹地部门的资本要素是私人部门的资本补充，则通过讨论资本要素的变动可以反映部门间的溢出关系。在完全竞争市场条件下，资本和劳动力等生产要素可以自由流动，则港口和腹地的部门资本边际收益为

$$\begin{cases} \dfrac{\partial Q}{\partial L} = a(K_p)\beta(K_l)f_L(L, \ K) \\ \dfrac{\partial Q}{\partial K} = a(K_p)\beta(K_l)f_K(L, \ K) \end{cases} \quad (3\text{-}19)$$

则可以推导出该城市的生产要素价格如下：

$$\begin{cases} \omega_1 = Pa(K_{pi})\beta(K_l)f_L(L, \ K) \\ \gamma_i = Pa(K_{pi})\beta(K_l)f_L(L, \ K) \end{cases} \quad (3\text{-}20)$$

当港口部门的资本投入增加时，会带动该地区私人部门资本和劳动力价格的上涨，而自由流动条件下的生产要素会在价格变动中在不同部门之间流动。根据地区产出函数：$Q_i = a(K_{pi})\beta(K_{li} + \Delta K_l)f(L_i + \Delta L, \ K_i + \Delta K)$，生产要素的空间转移将带来港口和腹地两个部门产出的变动，而相对于该地区的初始产出而言，资本和劳动力的变动则取决于边际技术替代率。

① HOYLE B S, HILLING D. Seaport systems and spatial change: technology, industry and development strategies [M]. Wiley: Chichesterm, 1984.

一、经济地理学视角的港口—腹地经济发展

经济地理学将经济活动放入地理和空间视角下，以区位为基础从微观角度分析经济发展中的地理布局、区位关系等现实问题。例如，冯·屠能（Von Thünen，1826）的农业区理论、韦伯（Wever，1909）工业区位论、W.Christaller（1933）的中心地理论等都是典型代表。随着现代计量数据方法在地理空间中的发展应用（Fred K. Schaefer's，1950），以及地理信息系统（GIS）等技术的完善发展，经济地理学对空间区位与经济发展之间关系的研究手段越来越丰富，研究范围也更加宽泛。港口与腹地之间在经济发展过程中的空间安排与布局问题、经济发展区域化、区域间资源流通、区域城镇化等都成为其研究的重要对象。在现代经济全球化和区域经济一体化发展的新阶段，经济地理学者逐步将空间要素聚集、分散和区域一体化等视角与产业贸易等现象结合（Krugman and Fujita，1998），阐释了经济发展活动在不同区位空间的不均衡分布和区域经济增长聚集的分析框架。港口经济作为一种规模经济的典型表现形式，港口与腹地之间的相辅相成关系问题的研究需要有经济地理学理论和方法的支撑。

二、运输经济学视角的港口—腹地经济发展

社会经济资源的空间流通产生的空间运输和配置现象是运输经济学的主要研究内容。国际生产生活资料的跨区域运输是贸易经济的基础，运输成本与效率、运输资源力量的空间布局、运输与区域发展规划等是运输经济学必须考虑的实际问题（Winston，1985；Metaxas，1983；Heaver，1993；Goss，2002）。在现代运输经济学视角下，国际供应链建构下的国际航运、港口经济发展、腹地交通网络条件、运输的环境条件、运输的供给与需求等更引起了人们的高度重视。尤其是在国际供应链日益受到重视的今天，从物流学角度关注物资运输中的存储、配送、装卸、组织、信息处理等将运输经济学问题逐步纳入国际物流供应链之中，对运输问题的供应链整合能力要求大大提高，提高运输效率、加快货物周转率、缩短交货提前期等实际问题成为至关重要的关键点。港口是一个国家海陆连接的重要物流节点，在各个国家的自由贸易政策下，港口往往是具有组织、存储、配送、交接、调节等运输功能的区域化复杂系统，其连接腹地与域外，对促进腹地经济发展作用意义重大（Notteboom and Rodrigue，2005；Robinson，2002）。

三、城市经济学视角下的港口—腹地经济发展

城市经济学是区域经济学与微观经济学的重要分支，主要对城市空间结构、城市公共职能与市政、城市体系演化、城市发展与增长等内容进行具体研究（Quigley，2008）。港口与腹地经济发展与城市经济发展密不可分，也是近年来全球范围内各个国家的共同实践（周伟林、严冀，2007）。冯·屠能的农业区位理论是城市经济学的最早发源，后经过 William Alonso（1960）、Richard Muth（1969）和 Edwin Mills（1972）等学者的完善发展，构成现行的城市经济学理论。城市经济学中诸多理论和方法对分析港口经济发展、港口区位与竞争、港口与腹地空间关系等具有良好支撑，如中心地带理论、随机增长模型、城市企业选址、同心圆—扇形理论等都可以用来分析港口经济发展。此外，具有港口的城市和无港口城市在经济发展中表现出的差异非常明显，一般情况下，港口型城市经济活力旺盛，对周边腹地区域的辐射带动效应明显（仇保兴，2003；徐维祥，2015；葛立成，2004；魏后凯，2014）。

四、港口区位论视角下的港口—腹地经济发展

港口区位理论是港口—腹地经济发展研究的基础性理论依托（Erich A. Kautz，1934）。随着港口经济的快速发展，腹地综合因素形成了对港口区位的决定性支撑作用。Erich A. Kautz 在研究中指明，港口区位理论源于腹地经济发展对港口经济发展的支撑力，与其相关的要素包括腹地经济规模、腹地经济区域面积及腹地经济活力等。学术界不断丰富 Erich A. Kautz 的研究，从而形成了"港口—腹地区域经济一体化"概念。第二次世界大战之后，伴随着国际经济和贸易活动的恢复和壮大，港口—腹地经济一体化在世界范围内得以迅速加快，港口在不同国家对外贸易中功能明显突出，对港口单元存在的经济功能研究也随之形成热潮，促进港口区位理论进一步深化。其中，对腹地在港口形成中的作用及功能研究，港口作为区域经济增长极研究、港口规划建设视角下的港口区位研究等都是重要切入点。20 世纪 70 年代，技术进步等新的生产要素逐渐被广大学者纳入港口与腹地之间的发展及竞争研究中，新技术条件的引入促使港口—腹地之间的关系更加系统化，形成了复杂的要素系统体系。21 世纪，随着亚洲地区港口经济的快速发展，港口和海运业综合发展受到重视，港口在国际物流供应链体系中的地位越来越重要（Notteboom，2005；A. Pallis，2010）。2001 年，中国加入 WTO 之后，港口物流迅速发展，理论研究也紧密跟随，对港口物流、

港口与腹地空间经济发展关系、港口经济发展体系等港口经济热点开展大量研究，对指导中国港口经济发展产生了重要的价值意义。

五、对本书研究的应用

港口与腹地关系理论在中国海关特殊监管区贸易增长极空间效应研究中的应用体现在以下两方面：一方面，中国海关特殊监管区的设立受益于经济地理学、运输经济学、城市经济学和港口区位论等不同视角下的港口与腹地理论。从经济地理学的视角看，海关特殊监管区受益于港口独特的地理区位与便捷的交通网络；从运输经济学视角看，海关特殊监管区受益于港口发达的航运物流基础设施和完善的港口物流服务；从城市经济学的视角看，海关特殊监管区受益于港口与城市紧密的空间互动关系，即港口通过投资乘数效应和产业关联效应促进城市经济发展，城市为港口发展提供地理物流空间和外部服务（姜丽丽，2011；赵鹏军、吕斌，2005；Lee Tsung-Chen，2012）；从港口区位论的视角看，海关特殊监管区受益于港口独特的货流、人流、资金流和信息流集聚点区位优势。另一方面，海关特殊监管区是中国扩大对外开放的重要举措，港口历来是中国对外开放的前沿阵地，在吸引外部资本和技术转移中能够产生港口极化效应（姜东明，2010），中国海关特殊监管区借助港口的极化效应可以进一步深化园区内优质企业、外部资本和先进技术的创新和示范效应、规模效应、开放型经济空间结构优化效应以及集聚经济效应，推动区域经济一体化的发展。

第六节　本章小结

本章以中国海关特殊监管区外向型经济空间结构体系中的贸易增长极与点轴开发理论为基础，通过空间结构的集聚力和扩散力以及"点""线""面"空间延伸，引入克鲁格曼的"三位一体"理论；通过增长极空间单元以"轴"进行的生产要素集聚和扩散行为，延伸出经济活动中的企业"明线"主体与制度"暗线"主体，引入诺斯制度变迁理论，并指出中国海关特殊监管区是政府在特殊区域实施强制性扩大开放制度变迁与被激励的微观企业产生诱致性制度变迁相结合的产物；通过对外开放制度体系下，中国海关特殊监管区贸易增长极的"点"培育和发展不再受行政干预屏蔽，引入边界效应理论，并指出去省份屏蔽效应更有利于中国海关特殊监管区发挥贸易增长极突出的中介效应，在空间布局中更有利于各种资源要素的优化配置；通过对增长极与点轴理论中"点"和"轴"在交通载体和基础设施的特征描述，指出中国海关特殊监管区贸易增长极的空间效应离不开"点"和"轴"便利的交通条件，并由此引入港口与腹地关系理论。综上所述，本书的理论脉络分析可以归纳为图3-5。

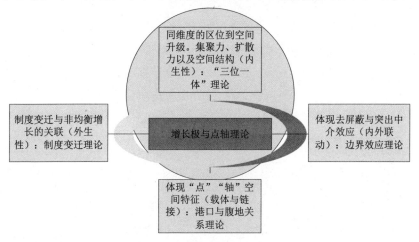

图 3-5　理论脉络归纳图

在研究应用方面，根据增长极与点轴开发理论，本书把海关特殊监管区作为点状分布的外向型经济增长极，其在国家特殊园区制度和政策的扶持下发展明显优于周边地区，借助生产要素流动形成了特殊监管区间主导产业或优势产业的轴线集聚效应，进而构成了海关特殊监管区外向型经济空间结构体系。根据克鲁格曼的"国际贸易—城市—区域"三位一体理论，笔者认为在中国当前设立的海关特殊监管区，其不断提升的自由贸易环境，会带来相关产业联动集聚而形成贸易增长极，带动所在核心城市发展，在此基础上核心城市发展的经济中心会向周围区域形成溢出效应，带动周围区域发展，最终形成中心区与外围区的共同发展。根据制度变迁理论，强制性制度变迁构成了中国海关特殊监管区贸易增长极经济增长非均衡演进的重要制度架构，且兼具"掠夺者"与"扶持者"的双重身份，强制性制度与诱发性制度的适宜性变迁在海关特殊监管区内的路径创造力和路径依赖力相互博弈，共同决定了海关特殊监管区经济转型增长的路径。根据边界效应理论，海关特殊监管区通过中介效应带动产业的前向、后向和侧向产业关联效应，中介效应带来的外资企业投资内外联动提升了生产要素在海关特殊监管区内外的流通水平，体现出中国海关特殊监管区的开放型经济空间结构优化效应。根据港口与腹地关系理论，中国海关特殊监管区的设立受益于经济地理学、运输经济学、城市经济学和港口区位论等不同视角下的港口与腹地理论，借助港口的极化效应可以进一步深化园区内优质企业、外部资本和先进技术的创新和示范效应、规模效应、开放型经济空间结构优化效应以及集聚经济效应。

第四章 中国海关特殊监管区的空间布局优化与集聚扩散作用

基于前文中国海关特殊监管区理论分析中得出的相关结论：中国海关特殊监管区贸易增长极对我国地区经济增长具有集聚和溢出的作用，并表现为创新和示范效应、规模效应、开放型经济空间结构优化效应、集聚经济效应等。本章进一步定性分析中国海关特殊监管区的空间布局优化与集聚扩散作用，以佐证开放型市场经济中培育和发展中国海关特殊监管区的重要性，并提供一定的事实解释。本章内容安排如下：第一节从时间和空间两个维度探讨中国海关特殊监管区的空间布局优化进程；第二节对中国海关特殊监管区空间布局中的集聚扩散作用进行具体的定性描述，并通过案例进行强化；第三节根据中国海关特殊监管区空间布局优化进程和集聚扩散作用，结合《国务院办公厅关于加快海关特殊监管区域整合优化方案》，讨论中国海关特殊监管区在进一步空间布局优化中的功能现代整合；第四节是结论。

第一节　中国海关特殊监管区的空间布局优化

一、时代同步性的空间布局优化

海关特殊监管区是在中国对外贸易发展过程中逐步被本土化的一个重要概念，它的提出既是对中国对外贸易开放下不同形式的一个总结，又是对中国参与国际贸易竞争走向更加成熟化的重要推进。随着中国改革开放的深入和特有对外贸易场所的增多，相关职能管理部门对不同功能及形式的贸易保税区域进行了统一的归类管理。中国海关总署于 2005 年对海关特殊监管区首次进行了官方界定[①]，并将保税区等六大类园区统一纳入海关特殊监管区的范畴，提出海关特殊监管区承担着承接国际产业转移和连接国内外市场等特殊功能，并享有海关管辖内实施封闭式监管的特殊优惠政策。结合中国海关特殊监管区的提出与发展情况来看，其提出和发展有着特殊的时代发展背景。

（一）改革开放国家战略的需要

1978年，在一波高密度的领导人外出考察基础上，观念更新带来的改革思想，与之同时的问题倒逼，尤其以广东沿海一带贫困问题带来的"逃港"问题十分迫切，一方面是开放思维的改革冲动，另一方面是现实问题的倒逼，两者碰撞的结果产生了良好效果，在广东当地政府提出建立特定区域吸引外资，克服就业困难等措施基础上，国家产生了建设经济特区的战略决策。经济特区的建立为中国其他特殊监管区的设立提供了重要经验，如后来开始在经济特区中设立保税区，形成了"特区中的特区"。在陆续的经济特区、沿海开发区、经济技术开发区之后，海关特殊监管区作为继续深化改革和扩大对外开放程度的诉求而陆续提出并设立，逐步形成了国内最开放的区域，以此推动区域发展。

（二）中国承接世界产业转移的历史机遇

中国自改革开放以来，对外贸易逐步加强，开放程度空前提高，并开始逐步融入国际产业链。适逢全球化急剧加速，在中国探索加入WTO的过程中，国际产业转移为中国对外贸易发展带来了巨大的市场机会。在第二次世界大战后较长时期的国际和平秩序环境下，全球分工体系和对外贸易格局不断深化变革。一方面，西方发达国家经济发展逐步向高附加值的研发和市场端转移，大量的中间环节和附加值较低的生产环节向具有一定经济活力和劳动力成本优势的国家和区域转移，纵向一体化模式逐渐被外包主流的供应链模式所取代，从而给了中国承接产业转移的重要机会，如日本在产业转移中带动了亚洲经济活力，尤其是"亚洲四小龙"重要的发展机遇。在全球化趋势下，发达国家的产业转移是其本身利益追求的必然选择，也是发展中国家承接产业转移的重要时机，具有集中土地资源、低廉劳动力成本、丰富原材料等优势的中国成为发达国家选择转移的目的地。因此，加工贸易成为中国参与国际分工的重要手段，改革开放使中国极大地发挥了自身的比较优势，较快地参与到了全球的国际分工中。另一方面，承接产业转移和发展加工贸易，需要有自身的优惠政策来驱动，进而保税制度作为其中的主要形式之一开始形成。国家海关批准设立特定的区域，在其内进行储存、加工、装配，并暂缓缴纳各种进口税费，极大地吸

---

① 2005年11月28日颁布的《中华人民共和国海关对保税物流园区的管理办法》。

引了国家转移产业的涌入。中国在探索中形成了对企业的保税政策，激发了贸易企业发展的积极性，同时设立了较为集中的保税监管区域，通过封闭式区域功能设置促进对外贸易的发展。总之，中国改革开放打开了经济对外发展的大门，多种海关特殊监管区在不同对外贸易发展阶段的设立促使中国在全球产业转移发展中一枝独秀。

（三）区域地方经济竞相发展的需要

中国改革开放极大地带动了区域地方经济发展的活力，一个重要表现就在于地方政府对新的经济特区和对外贸易政策的争取。从经济特区设立的竞争到保税区的设立，各地方政府积极争取，希望在政策漏斗作用下吸引外资。例如，综合保税区的设立源于南京海关关长给当时省委书记的一封关于设立内陆型保税港区的信。一时之间，地方之间竞争成为一种政府主导下的内生机制，各级政府乃至普通民众都被动员起来，在执政层以发展为要义和经济放权两个重要意识形态转变下，经济决策权向各区域地方转移，导致区域干部考核与吸引外资等紧密结合，极大地发挥了地方力量在经济发展中的重要作用。而海关特殊监管区是促进区域地方经济发展的重要经济工具，这一背景为中国海关特殊监管区的形成与发展奠定了基础。

二、空间递进性的空间布局优化

（一）经济特区发展下的萌芽

海关特殊监管区本质是特殊的经济区域，最早形成的是"区中区"的情形，因此经济特区是中国海关特殊监管区历史演变的起点。改革开放前，在香港资本和技术的影响下，广东探索发展出口加工工业，最终得到中央的支持，起初拟建立的特别区域名称具有"特别出口区""贸易合作区""工业加工区"等选择意向，最终被邓小平拍板为"特区"。1980年，国务院将各类"出口特区"改为"经济特区"，具体包括深圳、汕头、厦门和珠海等特区，并对这四个经济特区设置了必要的隔离设施，对特区内经济活动根据内紧外松原则，采用双重海关监管模式。从该历史起点看，中国海关特殊监管区的最初始形态来源于中国的经济特区，也可以说是借鉴了国际自由贸易园区的发展经验和模式发展而来的。

（二）保税区的形成和发展

保税区是中国海关特殊监管区的重要形式，是在经济特区建设中产生的。1987年，深圳特区在沙头角设立了中国第一个保税区，当时称为"保税工业区"，形成了"特区中的特区"。1990 年，福田保税区也自行设立，成为经济特区中独有的海关特殊监管区形态。1990 年 6 月，国务院考虑上海浦东地区在对外开放发展中的实际需要，批准设立了上海外高桥保税区。1991 年，天津、沙头角、福田保税区获得正式批准。1992 年，邓小平南方谈话后，中国保税区设立进入了快速发展阶段，大连、青岛、海口等 8 个保税区在当年设立。截至到 1996 年，共设立 15 个保税区，同时经济技术开发区开始享受保税区政策，如海南洋浦经济技术开发区。与此同时，在对外贸易的快速发展中，海关根据形势需要设立了保税仓库和出口监管库，并逐步突破单一保税功能发展成为集商流、物流、信息流和其他延伸服务于一体的物流组织。由于保税区成立之初存在不成熟、走私等问题，改变了保税区建立之初的良好初衷，自 1996 年之后国务院未再批准设立新的保税区。

（三）保税物流园区的大力发展

由于保税区存在的种种问题，国家税务部门从 1995 年逐步取消了入区退税优惠，保税区开始向保税物流园区转型升级。基于保税区发展而来的保税物流园区更加强调与腹地经济的联动发展，尤其是与邻近港口合作形成"港区联动"成为保税物流园区的主要特征，在联动港口的特殊空间区域内实行与保税区和出口加工区一致的政策，在封闭式管理模式中主要发展园区物流产业。1998 年，亚洲金融危机后，中国政府为进一步扩大外向型经济的建设，国务院和对外贸易经济合作部（2003 年与国家经济贸易委员会负责贸易的部门合并成商务部）等开始引导出口加工企业向保税区和出口加工区集中发展，基于该实践形成了保税物流园区设立的政策背景，之后提出了设立出口加工区并采取规范封闭式管理的战略。2003 年 12 月，国务院批准成立的上海外高桥区港联动保税物流园区成为中国第一个保税物流园区，之后保税物流园区建设在中国东部沿海地区开始全面复制发展，天津、大连、青岛、宁波、张家港、厦门、深圳等地纷纷建设保税物流园区。与此同时，边境地区开始探索建设另一种新型的中国海关特殊监管区——跨境工业区，中国海关特殊监管区中仅有的两个跨境工业区（珠澳跨境工业区珠海园区和中哈霍尔果斯国际边境合作中心）就是在这一时期设立的。在港区联动保税物流园区设立的带动下，内陆地区也开始了类似的布局，设立内陆型保税物流中心。2004 年，海关总署设立了苏州工业园区保税物流中心试点，也就是保税物流中心 B 型。

（四）保税港区的形成与发展

保税区与保税物流园区在发展中出现了政策和定位发展的差异化，它们在运行中由于相互之间封闭和独立，出现了不协调的问题。例如，出口加工区以加工制造为主，保税物流园区以物流贸易为主，保税区虽然具备以上两种功能，但 1995 年被停止了退税优惠政策，与港口之间的结合也不太紧密，从而制约了对外贸易和配套物流的发展。鉴于这种情况，国家对以上海关特殊监管区进行了区域和功能上的整合，开始着手建立保税港区，将港口的功能和海关特殊监管区功能进行综合。2005 年 6 月，中国首个保税港区——上海洋山保税港区成立；2006 年 8 月，大连大窑湾保税港区和天津东疆保税港区成立。保税港区模式发展成熟后已经成为功能最齐全、政策最优惠的一类海关特殊监管区，一时间成为各地方政府积极争取的目标，也牵动了内陆地区。于是，内陆地区提出了将出口加工区、保税物流中心（B 型）等进行整合建立"无水保税港"的诉求，最终确定为"综合保税区"。国务院在 2006 年末批准设立了苏州工业园综合保税区，虽然不临港口，但也具备处理口岸作业的功能区。

（五）自由贸易试验区的形成

2008 年的全球经济危机将世界经济发展带入新的发展周期，中国经济发展也进入新常态，对外贸易迎来了新的发展环境。中国政府为应对新的局势和环境变化，开始探索新的海关特殊监管区功能区：2013 年 9 月，上海自由贸易试验区设立；2014 年，天津、广东、福建自由贸易试验区设立；2016 年，辽宁、河南、湖北、陕西、浙江、重庆、四川七个自由贸易试验区陆续设立。自由贸易试验区对原有的中国海关特殊监管区域进行了功能和区域上的整合，其设立代表了中国海关特殊监管区对外开放的最新和最高形态。至此，中国海关特殊监管区域在发展演变体系上形成了现有的构成体系，如图 4-1 所示。

图 4-1　中国海关特殊监管区构成体系

第二节 中国海关特殊监管区空间布局中的集聚扩散作用

截止到 2016 年，中国已批准设立海关特殊监管区 123 个（部分有合并）、自由贸易试验区 11 个。数量众多、分布在各区域的海关特殊监管区在中国经济发展中通过空间优化布局发挥了重要的产业集聚和经济扩散作用，尤其体现在承接国际产业转移、扩大对外开放和发挥贸易增长极等方面。

一、海关特殊监管区的设立促进产业承接与产业升级

（一）作用体现

改革开放以来，中国在全球化发展中较为成功地承接了两次国际产业大转移：第一次是 20 世纪 80 年代以来，以香港以及香港为中转的台资为代表的"亚洲四小龙"在珠三角区域的产业转移，主要以低端消费品为主。改革开放之初，我国设立了深圳经济特区，其直接目的是就近吸引香港资金进入，其中以加工制造业为主。20 世纪 80 年代初，香港制造业已经接近饱和，恰好需要转移承接。第二次是 20 世纪 90 年代末，"亚洲四小龙"和欧美发达国家向中国长三角区域进行产业转移，其中主要代表性的产业有电子信息和装备制造业。这两次产业转移的完美承接过程，一方面受益于中国对外开放的不断扩大，另一方面离不开中国海关特殊监管区的设立。中国海关特殊监管区在改革开放和国际产业转移的历史关口走向世界视野，极大地吸引了外部资源和产业的涌入，尤其对跨国公司在全球的产业转移起到了良好的承接功能。2000—2016 年，中国实际利用外商投资总额从 593.6 亿美元增长到 1 260 亿美元，年均增长率为 6.1%，其中 2008 年金融危机后中国的外商直接投资出现了明显的下滑，2008—2016 年外商投资增速降至 4.3%。与此同时，中国海关特殊监管区的外商投资总额出现逆势增长，2008—2016 年的增速为 8.2%，其中保税区的年均外商投资总额增速为 5.1%，出口加工区的年均增速为 11.6%，综合保税区和保税港区的年均增速为 10.5%，保税物流园区的年均增速为 6.3%。可以看出，中国海关特殊监管区尤其是综合保税区、保税港区和出口加工区在全国外商直接投资增速放缓的大环境下表现出了强劲的逆势增长动力，体现了产业承接功能。

中国海关特殊监管区除了有效地发挥产业承接功能外，在促进产业升级

方面也具有突出的作用。2000—2016 年，中国产业结构由 15∶45∶40 变为 8.6∶39.8∶51.6（图 4-2），在贸易红利从货物贸易转向服务贸易领域的全球经贸背景下，货物贸易红利逐步消失，中国经济结构转型已经开始，第二产业比重总体呈现先升后降走势，第二产业的地位出现明显的下滑，第三产业比重总体呈现明显加速上升趋势，第三产业在中国经济增长中的地位越发重要。中国海关特殊监管区的设立有效地推动了园区产业从传统的贸易、保税物流和出口加工向商贸服务、金融和航运等第三产业转型发展。2016 年，中国海关特殊监管区完成工业总产值为 31 553.9 亿元，同比增长 4.9%，同期的物流产值和贸易服务产值为 13 098.3 亿元和 33 041.2 亿元，同比增长 9.2% 和 8.4%。其中，保税区完成工业产值 7 225.6 亿元，同比增长 6.3%，物流企业经营收入 6 799.9 亿元，同比增长 8.9%；综合保税区和保税港区共完成工业产值 9 188.6 亿元，同比增长 6.1%，物流企业经营收入 2 411.9 亿元，同比增长 10.1%；出口加工区完成工业产值 6 006.4 亿元，同比增长 3.1%，物流企业经营收入 55.2 亿元，同比降低 19.9%。由此可以看出，中国海关特殊监管区在推进产业升级上引导园区产业结构从出口加工向加工、贸易、物流三大产业并举。中国海关特殊监管区促进产业升级受益于两方面因素：一方面，中国海关特殊监管区在保税物流、商贸服务和出口加工等产业的重点发展举措有效地发挥了产业关联效应，通过一些优质企业在园区内的功能示范和共享，带动了同质企业的学习效应；另一方面，中国海关特殊监管区在产业结构优化升级方面的税收和财政扶持政策吸引了外资企业的进驻，而外商投资水平的提高带来了更多先进的生产技术和前沿的管理经验，促进了地区产业结构升级。

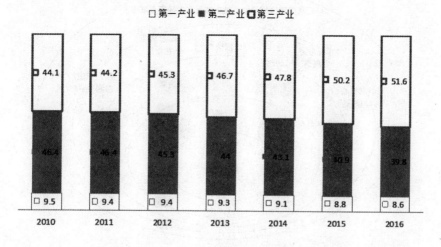

图 4-2　2010—2016 年中国产业结构变化趋势（单位：%）

综上分析，中国海关特殊监管区有效地体现了产业承接功能，并推进了产业升级，但该方面成就的取得存在明显的阶段性特征。2013 年，国务院批准成立了中国首个自由贸易试验区——中国（上海）自由贸易试验区。同年，党的十八届三中全会对海关特殊监管区的功能与整合进行了重新定位，自此中国海关特殊监管区开始从原有货物贸易、出口加工等延伸到物流中转、保税仓储及服务业领域等多个范畴。自由贸易试验区内的海关特殊监管区（尤其是综合保税区和保税港区）与非监管区和试验区以外的海关特殊监管区相比，在服务业产值增加值和外资投资增加值等方面的优势十分明显。可以看出，中国海关特殊监管区贸易增长极的产业承接与促进上取得的成就在 2013 年之前主要受益于园区内的贸易自由化制度和特殊监管政策，2013 年之后更多地来自国家"开放型市场经济"建设中的扩大开放及试验区建设等方面。

（二）案例分析：天津东疆海关特殊监管区建设与产业升级

京津冀地区产业协同升级是中国京津冀地区经济协同发展的重要内容。根据国务院颁布的《京津冀协同发展规划纲要》，京津冀地区的发展目标是形成以北京为核心的世界级城市群，并在全国范围内形成创新驱动经济增长的新引擎和区域经济协同发展的改革引领区。在《京津冀协同发展规划纲要》指引下，京津冀地区的空间布局形成了"功能互补、区域联动、轴向集聚、节点支撑"的思路，并确定了"一核、双城、三轴、四区、多节点"的空间骨架结构，构建以北京、天津和石家庄等城市为支点，以中国海关特殊监管区战略性功能区平台为载体，以交通干线为纽带的网络型空间格局。具体如图 4-3 所示。

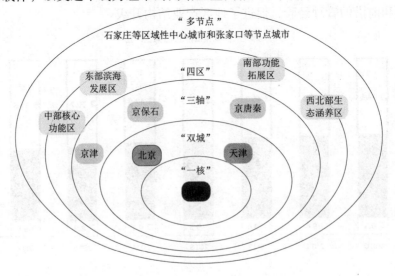

图 4-3　京津冀空间布局规划示意图

根据《京津冀协同发展规划纲要》中关于中国海关特殊监管区战略性功能区平台建设的规划，天津东疆海关特殊监管区被战略规划为京津冀地区重要的国际贸易、航运物流和融资租赁中心。作为全国面积最大的保税港区，天津东疆保税港区对《京津冀协同发展规划纲要》中提出的国际贸易、航运物流和融资租赁等现代服务业发展规划采取了一系列改革开放措施，已经成为京津冀地区租赁、航运及物流等特色产业的示范区，并有力地促进了天津自由贸易试验区的建设。东疆海关特殊监管区自 2015 年 4 月 21 日挂牌至年底，已经实现企业注册资本金 1 607.3 亿元（人民币，下同），监管区内的注册企业达 2 763 家，8 个月的企业注册总数和注册资本金超过了该地区 2012 年、2013 年和 2014 年三年的总和。从投资增速看，东疆海关特殊监管区成立后的 8 个月实现注册资本金超 10 亿元的企业 29 家，超亿元的企业 441 家，超 5 000 万元的企业 296 家，注册资本金超千万的企业占园区内企业总数比例高达 60.2%。与此同时，东疆海关特殊监管区内的外资企业数量也大幅提升，仅 2015 年实现注册资本金超 3 000 万美元的外资企业就有 280 家，超过了 2008 年至 2014 年所有年份同类规模企业的总合。从租赁业务发展看，自挂牌后一年内，东疆海关特殊监管区新增租赁公司 599 家，新增注册资本金达 886 亿元人民币；自挂牌至 2016 年底，东疆海关特殊监管区累计注册租赁公司 1 449 家，累计注册资本金达 1 317.6 亿元人民币。目前，东疆海关特殊监管区已经成为全国航空航运租赁行业的领头羊，在飞机租赁、国际航运船舶租赁及海上石油钻井平台租赁等业务上实现了快速发展。截止到 2016 年底，东疆海关特殊监管区已经累计完成飞机租赁业务超过 600 架，国际航运船舶 80 艘，海上石油钻井平台租赁 8 座，实现租赁业务资产累计高达 358 亿美元，成为融资租赁业务的"中国中心"。

二、海关特殊监管区的培育扩大对外开放

（一）作用体现

改革开放是中国外向型经济发展的起步，海关特殊监管区是改革开放下的重要战略举措，也是中国开放型经济和对外贸易制度创新与改革前沿。自 1990 年中国第一个海关特殊监管区（上海外高桥保税区）设立以来，中国海关特殊监管区经历了从探索式起步到发展、崛起的重要历程，在这个"摸着石头过河"的过程中，国家、地方政府、其他利益组织都投入了众多心血，逐步形成了开放经济发展模式，成为促进外贸方式转变与扩大进出口的重要手

段。在中国开放型经济发展中，海关特殊监管区成为国际贸易的重要枢纽，中国产品从此走向世界；成为先进制造业重要载体，是吸引国际资本与入驻跨国公司投资的高密集区，尤其在笔记本电脑、液晶显示器、智能手机等产品方面已成为全球主要加工基地；成为现代物流分拨集散中心和核心区，在中国重要的进口货物保税物流分拨、配送、仓储集散等方面不可或缺；成为新增劳动力就业平台，中国海关特殊监管区在全国范围内的复制推广解决了地方大量的劳动力就业问题，并吸引了国外优秀的专业技术人才和管理人才，为中国产业转型升级中的技术研发、现代企业管理和创新服务提供了智力支持。中国海关特殊监管区的设立过程是从东南沿海向中西部逐步漫延的过程，承接产业转移也是一个由东到中西部的梯度转移过程，在当前国家推进"一带一路"倡议、扩大开放战略中，中国海关特殊监管区将对中国开放型经济的增速发展发挥重要作用。因此，中国海关特殊监管区贸易增长极的培育过程具有扩大贸易开放的重要功能。

包群等（2003）提出了中国贸易对外开放的五类测算指标，通过实证分析检验了能够有效解释中国经济增长与扩大对外开放的指标是外贸依存度。赖庆晟等（2016）在自由贸易区扩大开放研究中引入了外贸依存度指标，发现自由贸易区在扩大对外开放中，通过差异化的产业关联效应带动国外优质企业、资金等生产要素进入园区，实现扩大对外开放的目的。借鉴包群等（2003）、叶修群（2016）和赖庆晟等（2016）的研究思路，本书引入外贸依存度来刻画中国海关特殊监管区对外贸易开放度（ $open_{it}^{0}$ ），具体公式如下：

$$open_{it}^{0} = \frac{IM_{it}^{0} + EX_{it}^{0}}{GDP_{it}}$$

其中， IM_{it}^{0} 和 EX_{it}^{0} 分别表示地区 i 第 t 年的对外贸易进口总额与对外贸易出口总额， GDP_{it} 则表示地区 i 第 t 年的国内生产总值。数据来源方面，基于中国海关特殊监管区贸易增长极扩大贸易开放中对监管区内部和地方贸易经济具有双重带动作用，进出口贸易额、GDP 等数据来源于《中国统计年鉴》和各省份统计局网站。考虑到中国自 2000 年开始设立出口加工区，时间样本的选择为2000—2016 年。基于对外贸易开放度公式测算的中国对外贸易开放度结果如表 4-1 所示。

表4-1　中国对外贸易开放度估算结果

单位：%

	2000	2001	2002	2003	2004	2005	2006	2007	2008	2009	2010	2011	2012	2013	2014	2015	2016
北京	130	115	101	113	130	148	155	149	170	121	145	155	144	136	139	141	146
天津	83	79	88	94	112	118	115	104	83	58	60	59	57	55	54	58	61
河北	9	9	9	11	13	13	13	14	17	12	14	14	12	12	14	13	15
辽宁	34	33	33	37	43	42	41	41	37	28	30	28	26	26	27	27	29
上海	95	97	105	139	178	165	172	172	159	126	146	147	137	127	129	133	130
江苏	44	45	55	76	91	100	104	102	88	67	76	71	64	58	61	60	60
浙江	38	39	43	52	61	66	70	72	68	56	62	62	57	55	58	58	61
福建	47	46	53	56	65	68	66	62	54	44	50	53	50	48	47	48	49
山东	25	25	27	31	32	34	34	36	36	28	33	34	31	30	31	30	32
广东	131	124	138	148	157	155	158	152	129	106	115	111	109	109	106	107	106
广西	8	7	8	10	10	10	11	12	13	13	13	13	14	14	13	12	12
海南	20	25	24	28	35	23	30	45	49	37	35	33	32	29	29	30	31
东部	61	59	65	76	85	88	90	89	80	63	90	88	84	91	89	89	91
吉林	11	12	13	19	18	15	15	15	14	11	13	13	13	12	13	12	12
黑龙江	8	8	10	11	12	14	16	19	19	13	17	20	17	17	18	17	18
安徽	10	9	10	12	12	14	16	16	16	11	13	13	14	15	13	14	14

续 表

	2000	2001	2002	2003	2004	2005	2006	2007	2008	2009	2010	2011	2012	2013	2014	2015	2016
江西	7	6	6	7	8	8	10	12	14	11	15	17	16	16	15	16	17
河南	4	4	4	6	6	6	6	6	7	5	5	8	11	12	11	10	7
山西	7	8	7	9	10	11	11	12	12	9	11	11	12	12	11	11	11
湖北	8	8	8	9	10	11	12	12	13	9	11	11	9	9	8	9	10
湖南	6	6	6	7	8	7	8	8	8	5	6	6	6	6	6	7	6
中部	7.3	7.6	7.9	9.9	10	10	11	12	12	9.3	11	12	12	12	11	12	11
内蒙古	11	12	13	11	11	11	10	9	7	5	5	5	4	4	4	4	5
重庆	9	9	7	9	12	10	11	12	11	8	11	19	51	34	39	42	45
四川	5	6	8	9	9	9	10	10	12	12	13	15	16	15	15	16	16
云南	7	8	8	9	10	11	12	14	12	9	13	12	13	14	12	12	14
陕西	11	9	8	10	10	10	9	9	8	7	8	8	6	8	7	7	8
宁夏	7	8	8	9	11	11	11	11	12	9	10	14	14	16	15	16	16
贵州	7	6	8	9	10	11	11	12	11	8	9	12	13	12	11	14	13
新疆	14	10	14	21	21	25	24	30	37	22	21	22	21	20	21	20	21
西部	8.9	8.4	9.2	10	11	12	12	13	13	9.9	11	13	17	15	15	16	17
全国	28	27	29	34	39	40	41	41	39	40	44	45	44	42	42	43	43

根据表 4-1 对外贸易开放度的估计结果，绘制全国样本与东部、中部、西部样本估计结果的分区域对比图，如图 4-4 所示。

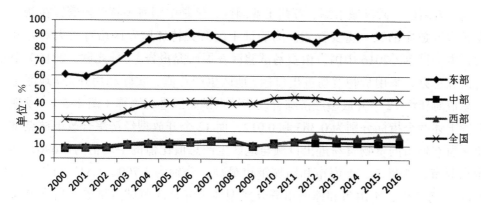

图 4-4　中国海关特殊监管区贸易增长极提升贸易开放趋势

结合表 4-1 和图 4-4 可以看出：①中国对外贸易开放度的总体趋势表现为先上升后稳定，其中 2000—2007 年处于快速上升阶段，2008 年金融危机爆发后有所回落，2009 年增速回升后处于高位震荡状态。原因是自 2000 年中国推行海关特殊监管区的出口加工区试点开始，对外开放度不断提高，再加上 2001 年加入 WTO 等重大对外开放事件的影响，导致 2007 年之前的对外开放提升明显，而金融危机对国际贸易市场产生了深刻的影响，体现在 2009—2016 年的对外开放滞涨状态。②东部地区对外开放度增长趋势与全国总体保持一致，但东部地区通过海关特殊监管区贸易增长极提升的对外开放度明显高于全国水平，尤其是北京、上海和广东等省市的对外开放度大部分年份高于 100%。原因是海关特殊监管区主要集中在东部沿海地区，其培育过程对东部沿海地区贸易开放度提升作用较大，导致东部沿海地区贸易开放程度较高，而北京、上海和广东作为京津冀、长三角和珠三角的经济开放中心城市，其区域内的海关特殊监管区数量优势十分明显，因此体现出非常高的对外开放水平。③中西部地区的对外贸易开放度均低于全国均值，基本维持在 20% 开放度之下，且增长和下滑趋势均不明显。原因是中西部地区港口城市数量和海关特殊监管区数量较少，其对贸易开放度的提升影响不明显，总体表现为中西部对外贸易开放程度普遍偏低。

（二）案例分析：12 个开放型经济综合改革试点试验区培育与扩大对外开放

国务院在 2016 年 5 月集中批复了 12 个开放型经济综合改革试点试验区，

以促进中国开放型经济体制的建设，其中包含济南市、南昌市、唐山市、漳州市、东莞市、防城港市，以及上海浦东新区、重庆两江新区、陕西西咸新区、大连金普新区、武汉城市圈、苏州工业园区，这是中国海关特殊监管区在新一轮扩大开放中的又一重要探索。为验证中国海关特殊监管区培育扩大对外开放，本书借鉴《2016 中国自由贸易试验区发展研究报告》（孙元欣，2016）中的研究思路，采用货物贸易进出口额 / 地区生产总值、实际利用外资 / 地区生产总值对新增 12 个开放型经济综合改革试点试验区进行测算（图 4-5），发现全国上述两个指标分别为 0.363 和 0.012，而 12 个开放型经济综合改革试点试验区所在城市的货物贸易进出口额与地区生产总值比值的平均值为 0.696，其中东莞市、苏州市、上海市和防城港市最高，分别为 1.709、1.348、1.124 和 0.887，南昌市、唐山市和漳州市等开放型经济综合改革试点试验区所在城市对外开放度低于全国均值。从实际利用外资与地区生产总值比值看，12 个开放型经济综合改革试点试验区所在城市的同类平均值为 0.034，均高于全国平均值 0.012，而每个城市同类值均高出全国平均值，排序在前的有东莞市 0.054、上海市 0.047、防城港市 0.047、武汉市 0.043、南昌市 0.043 等。可以看出，开放型经济综合改革试点试验区所在城市是外商投资的主要目标，并领先于全国平均水平。

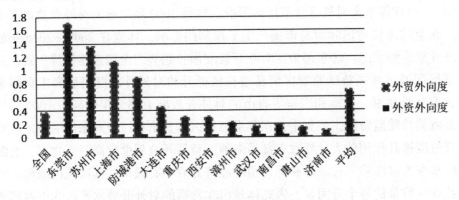

图 4-5　12 个开放型经济综合改革试点试验区所在城市外向度

三、海关特殊监管区发挥贸易增长极作用

（一）作用体现

中国海关特殊监管区的主要功能之一是进行出口加工，加工贸易成为其主要经济活动，从进口原材料到加工成品出口的过程直接推动了中国对外贸易

的增长。中国海关特殊监管区将加工贸易由原来的松散式监管模式引向"画圈式"，极大地推动了加工贸易的规范化管理，逐步实现了中国加工贸易的区域集中化监管，在加工贸易集聚区内通过资源的集约化利用，切实促进了加工贸易的转型升级。同时，中国海关特殊监管区在对外贸易发展中形成了制造业和物流业的集聚效应，在此影响下，港口、公路、铁路及通信等基础设施得到大规模投资发展，进而带动了相关配套产业的发展升级。从这一逻辑而言，中国海关特殊监管区的贸易增长极作用体现在两个层面：一是直接带动产业的发展，从所承接的主要国际转移产业直接发展，进而带动了相关产业的发展，形成了围绕"出口加工产业—联动产业"的增长极作用；二是与腹地经济协同发展，中国海关特殊监管区作为区域经济中心对周边腹地经济产生辐射带动作用，形成了"海关特殊监管区中心—外围区域经济"的发展模式。

中国海关特殊监管区的贸易增长极作用在发展实践中体现明显。从对外贸易规模来看，中国对外贸易规模在 2009—2016 年一直保持着稳定的高速增长状态，进出口贸易总额从 22 075 亿美元增长到 36 850 亿美元，其中在 2014 年达到最高的 43 015 亿美元。与此同时，中国海关特殊监管区对外贸易规模从 2 880.80 亿美元增长至 5 928.93 亿美元，峰值为 2013 年的 7 141.31 亿美元；保税区从 1 142.98 亿美元增长至 1 907.49 亿美元，峰值为 2013 年的 3 170.25 亿美元；保税物流园区从 61.72 亿美元增长至 116.49 亿美元，峰值为 2012 年的 165.39 亿美元；保税港区从 192.30 亿美元增长至 607.51 亿美元，峰值为 2014 年的 911.85 亿美元；出口加工区从 776.31 亿美元增长至 985.90 亿美元，峰值为 2014 年的 1 305.07 亿美元；跨境合作区由于霍尔果斯国际边境合作中心仅有 2015 年和 2016 年的数据，且目前仅有 2 个统计地区，基于数据的统计时间样本和地区样本不足的考虑，该类海关特殊监管区在此不进行讨论；综保区从 829.67 亿美元增长至 2 303.22 亿美元，峰值为 2015 年的 2 417.15 亿美元。具体如表 4-2 所示。

表4-2　2009—2016年中国海关特殊监管区进出口总额统计表

单位：亿美元

年　份	海关特殊监管区	保税区	保税物流园区	保税港区	出口加工区	跨境合作区	综保区	外贸进出口总额
2009	2 880.80	1 142.98	61.72	192.30	776.31	0.83	829.67	22 075

年　份	海关特殊监管区	保税区	保税物流园区	保税港区	出口加工区	跨境合作区	综保区	外贸进出口总额
2010	3 429.09	1 103.12	95.00	135.76	1 065.67	0.95	1 028.59	29 740
2011	4 691.61	1 952.47	125.90	226.18	1 139.23	1.55	1 246.28	36 418
2012	6 333.85	2 537.11	165.39	348.51	1 190.84	1.21	2 090.79	38 671
2013	7 141.31	3 170.25	153.51	587.10	1 126.91	1.99	2 101.55	41 589
2014	6 962.21	2 320.77	159.45	911.85	1 305.07	2.86	2 262.21	43 015
2015	6 396.04	2 011.75	133.44	618.74	1 209.11	5.87	2 417.15	39 530
2016	5 928.93	1 907.49	116.49	607.51	985.90	8.32	2 303.22	36 850

资料来源：2010—2016年《中国保税区出口加工区年鉴》《中国统计年鉴》和中国开发区网。

　　基于中国海关特殊监管区对外贸易规模统计数据，绘制出其对外贸易发展波动趋势（图4-6）。可以看出，中国海关特殊监管区在对外贸易中发挥着贸易增长极的重要作用。中国海关特殊监管区作为中国开放程度最高的区域，其对外贸易规模增长或减小趋势较对外贸易趋势变化更为明显：2010年中国对外贸易进出口总额同比增长34.7%，海关特殊监管区贸易总额同比增长49.3%，其中保税物流园区的贸易总额增长高达53.9%；2011年对外贸易进出口总额同比增长22.4%，海关特殊监管区贸易总额同比增长36.8%，其中保税区增长77%，保税物流园区增长32.5%，保税港区增长66.6%，跨境合作区增长63.3%，综保区增长21.16%；2012年对外贸易进出口总额同比增长6.18%，海关特殊监管区贸易总额同比增长35%，其中保税区增长29.94%，保税物流园区增长31.36%，保税港区增长54.08%，综保区增长67.76%；2013年对外贸易进出口总额同比增长7.54%，海关特殊监管区贸易总额同比增长12.74%，其中保税区增长24.95%，保税港区增长68.46%，跨境合作区增长64.56%；2014年对外贸易进出口总额同比增长3.42%，海关特殊监管区贸易总额同比下滑2.51%，其中保税区下滑26.8%，保税物流园区增长3.86%，保税港区增长55.31%，出口加工区增长15.8%，跨境合作区增长43.4%，综保区增长7.64%；2015年对外贸易进出口总额同比下滑8.1%，海关特殊监管区贸易总额同比下滑8.13%，其中保税区下滑13.31%，保税物流园区下滑16.31%，保税港区下滑32.14%，出口加工区下滑 7.35%；2016 年对外贸易进出口总额同比下滑 6.77%，海关特殊监管区贸易总额同比下滑 7.31%，其中保税区下滑 5.18%，保税物流园区下滑 12.7%，保税港区下滑 1.81%，出口加工区下滑 18.46%。

　　基于中国海关特殊监管区在扩大对外开放与发挥贸易增长极方面的作用体现，监管区比较集中的东部沿海地区尤其是京津冀、长三角和珠三角在 2009—2016 年取得了较高的对外开放度和贸易增长极成就，而监管区较少的中西部地区自 2013 年开始对外开放度和贸易增长极成就才有所提升。该现象产生的原因与中国海关特殊监管区的空间布局结构密不可分。自 2013 年上海自由贸易试验区设立以来，2014 年广东、福建和天津自由贸易试验区设立，2016 年辽宁、浙江、河南、湖北、重庆、四川和陕西 7 省市的自由贸易试验区相继设立，在全国范围内形成了"1+3+7"的新格局，空间布局由东部沿海向中西部内陆地区纵深延伸，实现了中国海关特殊监管区下不同类型自由贸易园区的集成式创新。

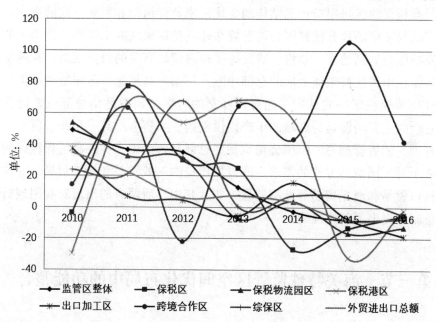

图 4-6　中国海关特殊监管区及对外贸易发展的波动趋势

（资料来源：作者根据历年《中国保税区出口加工区年鉴》和《中国统计年鉴》自制）

（二）案例分析：外高桥保税区发展与贸易自由化

　　1990 年设立的上海外高桥保税区是中国第一个海关特殊监管区，其设立的历史背景是 20 世纪 90 年代国家推进的浦东开放。在当时的时代背景、经济背景和政治背景下,"市场经济"和"计划经济"成为国家发展的方向尚未定调,从东部沿海到内陆地区的对外开放程度都偏低,中国政府决定对上海浦东进行开发开放,促进上海成为改革开放的窗口。而上海外高桥保税区是上海浦东开发开放的平台,国家期待通过上海外高桥保税区的率先对外开放,为推动整个国家的改革开放提供试验田和试点基础。上海外高桥保税区成立之后,进出口产品结构不断发生变化。一方面,进出口产品以中高技术水平产品为主,产品复杂度不断提升。根据 Lall(2000)对不同产品技术水平的分类方法,2016 年上海外高桥保税区的高技术产品(HT)和中等技术水平产品(MT)进出口贸易额占全部进出口额的比重分别为 61.26% 和 33.15%,低技术水平产品(LT)比重仅为 5.59%。另一方面,进出口产品品种多样化,资源产品(RP)和初级产品(PP)进出口占比有所提高,大宗商品的国内转口和国际转口贸易功能逐步得到体现。

外高桥保税区进出口产品结构的变化带来贸易组织和贸易方式的变化。进出口产品复杂度的提升使跨国公司配置在外高桥保税区的工序环节从单一的贸易批发功能拓展到结算、销售、研发等多种与贸易有关的服务功能,并逐步扮演了集团在中国区甚至亚太区的总部功能。根据外高桥保税区年度发展报告统计,外高桥保税区一共认定了超过 500 家的跨国公司贸易型总部或者运营中心,它们的主要功能是为区域的生产提供支撑,如资金结算、采购、研发、供应链管理、销售管理等。跨国公司贸易型总部和营运中心在外高桥保税区的集聚带来了对不同贸易方式的需求,既包括传统的一般贸易和加工贸易,又包括国际转口贸易和离岸贸易等新型贸易方式。其中,后两者的出现对我国现行贸易监管制度提出了新的挑战。

第三节　海关特殊监管区空间优化布局中的功能整合

海关特殊监管区是中国改革开放对外贸易发展中逐步形成并健全体系化的,在时代同步与空间递进的空间优化布局中经历了功能体系的演变与现代整合。

一、海关特殊监管区空间优化布局的功能演变

中国海关特殊监管区是在国家改革开放政策下不断探索形成的,培育过程

中的大部分类型是以试验区的性质慢慢成长起来，因此在功能方面也经历了从小到大的逐步演变过程，通过不断的探索延伸才形成目前中国海关特殊监管区的功能体系。

（一）功能延伸过程

中国海关特殊监管区作为扩大对外开放的试验区，其功能界定是一个逐步由模糊到清晰、由粗略到精细的延伸过程。最初，中国海关特殊监管区的功能定位是散略地体现在不同的保税区管理条例中的。例如，1987 年设立的深圳沙头角保税区以充分利用地理条件优势发展加工装配和经济技术合作为主；1990 年国家正式批准设立保税区，由上海开始到深圳，再扩展至其他区域，其功能定位以仓储、转口贸易、加工装配等为主。保税区的功能定位最早在《上海市外高桥保税区管理办法》中被明确提出，指明保税区承担着对外转口贸易、出口加工、港口仓储及金融服务等相关功能。此后，1994 年全国保税区工作会议对保税区的功能进行了更准确的定位，其中规定出口加工、国际贸易、保税仓储是保税区的三大基本功能，会议将保税区定位为推动中国外向型经济发展的桥头堡。全国保税区工作会议之后，保税区功能得到不断开发，呈现多元化发展，如物流分拨、高科技加工等功能也逐步得到重视。2005 年全国出口加工区工作会议提出了转型方向，之后拓展了物流、研发、维修和检测等功能。保税物流园区形成之后，《国务院办公厅关于同意上海外高桥保税区与外高桥港区联动试点的复函》中对保税区向保税物流园区转型升级的功能延伸进行了指导，明确了保税物流园区应发挥港区联动优势，重点发展园区内的物流仓储产业功能。保税港设立之后，国务院重新开放了保税物流园区中被禁止开展的加工贸易功能，同时增加了加工制造功能。综合保税区基于保税港的功能基础设立而来，在功能上与保税港基本一致，只是其属于内陆性质不临港口而已。2019 年，《国务院关于促进综合保税区高水平开放高质量发展的若干意见》中提出了海关特殊监管区高水平开放和高质量发展的"五大中心"：统筹两个市场，打造加工制造中心；推动创新创业，打造研发设计中心；推进贸易便利化，打造物流分拨中心；延伸产业链条，打造检测维修中心；培育新动能新优势，打造销售服务中心。

综合以上中国海关特殊监管区功能演变过程可以看出，除了保税物流园区限制了加工制造功能之外，其他的形态（保税区、保税港、综合保税区等）在功能上基本趋于一致，主要有加工制造、仓储物流、分销配送、转口贸易、研发、口岸作业、国际中转及商品展示等功能，并根据国家发展战略需要承担海关批准的其他业务^①。

（二）现实功能

中国海关特殊监管区通过不断地探索延伸形成了目前的功能体系，如下所述。

第一，国际贸易功能。海关特殊监管区的设立是中国对外贸易发展的需要，因此国际贸易功能是其主要功能。在国际贸易功能方面，主要有进出口贸易、转口贸易、过境贸易三个基本功能，其中转口贸易包括国内外转口贸易、国际转口贸易、离岸转口贸易、准离岸转口贸易等几种情况。

第二，加工制造功能。海关特殊监管区既是贸易区又是加工区，具有加工贸易功能。由于海关特殊监管区域具有保税和其他灵活的优惠政策，区内实现加工制造出口是企业提高效率、降低成本主要追求的目标，因此在一定程度上出口加工是中国大多数海关特殊监管区域发展的主导功能。

第三，保税仓储功能。由于商品进入海关特殊监管区之后，在确定其去向之前是不用缴纳关税的，这就实现了保税仓储的功能。同时，由于商品可以长期存放，就同时赋予了海关特殊监管区存储、运输、分拨、配送等物流一体化功能。

第四，国际中转功能。国际中转功能是世界范围内各类自由港的主要功能业务，是海上港口航运中心的体现，主要实现国外货物在港口进行分拆、拼装或者保税存放后转运到境外其他目的地的基本功能。

第五，研发设计功能。研发功能是中国海关特殊监管区在功能延伸中逐步明晰的功能之一，但当前此项功能的发挥并不完善，大多数研发设计功能依附在海关特殊监管区内的生产企业，专营研发设计的区内企业还不多，此项功能还有很大的发展空间，需要国家大量政策引导。

第六，维修检测功能。海关特殊监管区的维修业务主要包括中国制造销往境外的产品入区维修、中国制造的境外产品入区维修、中国制造的内销产品入区维修。在全球分工加剧情况下，跨国企业在中国设立外包性质的专业化维修中心成为一种重要现象，同时在国家大力支持再制造产业发展背景下，全球维修及再制造在未来具有广阔的发展空间，因此维修检测功能将是中国海关特殊监管区的重要开发功能之一。

第七，商品展示功能。在海关特殊监管区内商品保税情况下实现国内外市

---

① 总结于《中华人民共和国海关对保税物流园区的管理办法》《中华人民共和国海关保税港区管理暂行办法》。

场商品之间的交互展示具有重要意义。目前，中国主要的海关特殊监管区都允许开展商品展示业务，这有利于国内商品在区内实现展销、批发出售、寄售和拍卖等。

第八，离岸金融结算功能。海关特殊监管区在推动对外贸易发展中，产生了大量离岸平台开立信用证、出口担保等贸易结算和离岸出口押汇等金融结算需求。尽管中国海关特殊监管区域在此项功能方面发展并不完善，但随着中国对外贸易程度的进一步深化，以及全球物流供应链的发展需要，这将是中国海关特殊监管区未来进一步扩大活力的重要功能。

二、海关特殊监管区空间优化布局的功能现代整合

改革开放几十年来，中国对外贸易开放度随着进出口贸易规模的增长得到了空前的提升。新一轮的经济危机打破了原有的世界经济发展格局，全球贸易环境随之变化，"一带一路"倡议、京津冀协同发展和长江经济带等的提出和推进对中国海关特殊监管区提出了新的历史性要求，现代经济环境下的整合、优化和创新势在必行。

（一）海关特殊监管区功能现代整合的实践与意义

全球贸易在后金融危机时代陷入低迷，美国经济快速恢复实施的美国优先单边自我保护主义盛行，对陷入低迷恢复期的世界经济产生了新的影响，贸易摩擦大于共赢。与此同时，中国经济发展也处于转型期和换挡期，对外贸易经历了快速发展后的明显下滑，对中国开放型经济的发展布局产生了不利影响。在国际环境新变迁和国内环境新挑战下，中国政府提出了"一带一路"倡议，以及京津冀协同发展、粤港澳一体化及长江经济带等重大国家战略，在经济发展进入新常态背景下推动中国开放型经济体制的建设。在此背景下，党中央和国务院提出以中国海关特殊监管区的功能整合为契机，促进对外加工贸易的转型升级，并在整合中解决中国海关特殊监管区存在的种类重复和功能单一等现实问题，明确中国海关特殊监管区承担着承接加工贸易转移中的"高端入区、周边配套、辐射带动、集聚发展"等功能。2012年，中国首次从国家层面明确提出了中国海关特殊监管区的功能整合，要求在稳步推进区域一体化发展下科学整合中国海关特殊监管区的布局和功能分类[1]。2013年8月，国务院批复设立中国（上海）自由贸易试验区，这是中国海关特殊监管区功能整合实践的开

---

[1]　国务院出台的《国务院关于促进海关特殊监管区域科学发展的指导意见》（国发〔2012〕58号）。

始。上海自由贸易试验区对原有外高桥保税区、张江保税区等大部分上海海关特殊监管区进行了基本功能的整合。2013年11月，党的十八届三中全会在《中共中央关于全面深化改革若干重大问题的决定》中进一步提出了"加快海关特殊监管区域整合优化"的重要举措。2014年，天津、广东、福建三个自由贸易试验区相继设立，整合范围进一步扩大。2015年8月，国务院开始全面部署中国海关特殊监管区的区域整合与优化工作①。2016年，全国进一步新增了7个省份作为自由贸易试验区。2019年，《国务院关于促进综合保税区高水平开放高质量发展的若干意见》中提出了海关特殊监管区高水平开放和高质量发展的"五大中心"。

中国海关特殊监管区空间优化布局中的功能现代整合实践具有多方面的意义，具体如下所述。

第一，以整合促增长。对外贸易是中国经济发展的"三驾马车"之一，中国海关特殊监管区的现代整合通过优化扩大开放有利于进一步改善出口结构和促进外贸增长。2016年，中国海关特殊监管区对外贸易规模高达6 928.93亿美元，较2000年增长42倍之多，其年均复合增长率也远远高于中国的整体对外贸易增速。尽管中国海关特殊监管区是对外贸易发展的"火车头"，但是在金融危机之后其对外贸易的增速下滑幅度也远远高于中国的整体对外贸易下滑幅度。基于中国海关特殊监管区对外贸易规模随着国际经济环境出现的"大起大落"现象，中国海关特殊监管区进行功能整合优化，通过完善政策、优化管理、创新制度、拓展功能等激发新的内生动力，促进区内企业参与国际市场竞争，从而稳定贸易增长。

第二，以整合育优势。尽管中国海关特殊监管区的功能体系建设较为完整，但大部分功能是针对劳动或技术密集型的产业链低端，全球价值链高端的研发、销售、结算、维修、再制造等功能比重还十分有限。中国海关特殊监管区功能的现代整合有利于集中优势资源发展园区内高端和高增值产业，实现区内产业转型升级，培育自身优势，进而提高在国际产业分工中的竞争力。

第三，以整合改格局。中国海关特殊监管区的发展历程是一个"摸着石头过河"的过程，在具体实践中受培育地区的自然环境、社会因素和经济发展等影响明显，因此存在监管区的布局不均衡、功能不协调和发展不可持续等问题，不利于中国全域经济平衡发展。中国海关特殊监管区的现代整合有助于在

---

① 《国务院办公厅关于印发加快海关特殊监管区域整合优化方案的通知》（国办发〔2015〕66号）。

全国范围内形成均衡的空间布局，形成从东部沿海到中西部内陆，功能和资源优势互补的监管区平衡式分布，探索形成从沿海到内陆的渐进式开放型经济发展模式，并借助和服务国家"一带一路"、长江经济带和京津冀协同发展等战略，实现区域经济协调发展。

第四，以整合图创新。在中国外向型经济向开放型经济的转型发展中，诸如跨境电子商务和外贸综合服务平台等新型贸易业态不断创新并发展成熟，极大地促进了中国对外贸易的发展。新业态需要新的服务制度和功能，中国海关特殊监管区在保税、物流等方面的基本功能难以适应新贸易业态的发展需要。因此，中国海关特殊监管区功能的现代整合有利于促进新业态、新商业模式的发展，从而实现产业的供应链延伸和创新发展。

（二）海关特殊监管区功能现代整合的内容

自 2013 年上海自由贸易试验区设立，2014 年广东、福建和天津自由贸易试验区设立，2016 年辽宁、浙江、河南、湖北、重庆、四川和陕西 7 省市自由贸易试验区设立，形成了"1+3+7"共 11 个自由贸易试验区的新格局，空间布局由东部沿海向中西部内陆地区纵深延伸，实现了中国海关特殊监管区下不同类型自由贸易园区的集成式创新。中国海关特殊监管区功能不仅在原有的区域上实现了整合，还由原有货物贸易、出口加工、物流中转、保税仓储等产业功能延伸到服务业领域等多个范畴，更在顶层设计、对外开放模式、市场经济制度等方面逐步建立了与国际接轨的管理制度整合。例如，中国（上海）自由贸易试验区不仅从面积上整合了原有的上海市外高桥保税区、上海外高桥保税物流园区、洋山保税港区和上海浦东机场综合保税区、金桥出口加工区、张江高科技园区和陆家嘴金融贸易区，从 2013 年成立之初的 28.78 平方千米扩展到 120.72 平方千米，在功能上也将原保税区、保税物流园区等中国海关特殊监管区的国际贸易、仓储物流、出口加工、商品展示等功能向高新技术研发、高端制造、现代金融服务、世博会展和文化创意等延伸，在区内试验金融、航运、商贸、文化、专业和社会服务领域的全面开放，实现上海自由贸易试验区产业功能的综合化（王冠凤，2015）。党的十九大报告中更是进一步提出要赋予自由贸易试验区更大改革自主权，如探索建设自由贸易港。

在整合内容方面，中国政府为增强中国海关特殊监管区的科学发展内生动力、促进加工贸易转型升级、发挥要素集聚和辐射带动作用，对中国海关特殊监管区的整合和优化出台了指导性的政策[1]，明确了以市场、问题、法治和效能为四个导向的中国海关特殊监管区整合优化方向。笔者查阅了中共中央和国务院的相关政策法规，对中国海关特殊监管区的功能整合归纳为"四个整合"和"四方面优化"。"四个整合"分别为类型整合、功能整合、政策整合和管理整合。①类型整合：整合现有符合条件的不同类型的中国海关特殊监管区为综合保税区，并对后续再设立的中国海关特殊监管区统一纳入综合保税区范畴。②功能整合：整合中国海关特殊监管区现开展的各类业务（如保税物流、保税加工等），并以此为基础开展新型"保税+"模式，如整合传统的生产性服务功能与新型的跨境电商、期货保税交割及融资租赁等业务。③政策整合：根据中国海关特殊监管区的"外向为主、兼顾两个市场"的功能定位，完善新形势下《加快海关特殊监管区域整合优化方案》后的相关税收和市场管理配套政策，促进海关特殊监管区实现两个市场的内外联动功能转型。④管理整合：根据《加快海关特殊监管区域整合优化方案》中对中国海关特殊监管区全面管理整合的指导意见，实施"相关管理部门信息互换、监管互认、执法互助""简化整合、新设海关特殊监管区域的审核和验收程序""加快完善管理部门间的合作机制""加强事中事后监管"等举措，总体上对中国海关特殊监管区的管理实现"放得开"和"管得住"。"四个优化"分别为产业结构优化、业务形态优化、贸易方式优化和监管服务优化。①产业结构优化：推进中国海关特殊监管区内的制造业纵向发展，强化园区内相关生产服务产业，如销售、物流、维修和结算等业务与制造业的联动一体化发展；鼓励具有强辐射带动能力的工业或服务业项目入驻中国海关特殊监管区。②业务形态优化：在中国海关特殊监管区内推进贸易多元化发展模式，鼓励园区内的企业利用剩余产能承接境内区外委托加工业务。③贸易方式优化：促进中国海关特殊监管区内的新型业态发展，鼓励园区内企业积极开展跨境电商、期货交割、融资租赁及仓单质押融资等业务，推进"保税+"新发展模式。④监管服务优化：国务院办公厅印发《加快海关特殊监管区域整合优化方案》和《进一步深化自由贸易试验区改革开放方案》中提出要加快复制、推广中国海关特殊监管区试点成熟的创新制度，在监管服务优化方面重点强调"一线放开""二线安全高效管住"贸易便利化改革，并在大通关建设中落实"三互"推进，通过监管优化增加中国海关特殊监管区与口岸及腹地经济的联动发展。

---

[1] 《国务院办公厅关于印发加快海关特殊监管区域整合优化方案的通知》（国办发〔2015〕66号）。

第四节 本章小结

本章通过回顾中国海关特殊监管区的发展实践和查阅大量的政策文件，对中国海关特殊监管区的空间优化布局与集聚扩散作用进行了归纳分析，得出的主要结论如下：

（1）中国海关特殊监管区的空间布局优化具有时代同步性和空间递进性。在与时代同步发展的角度上，中国海关特殊监管区从提出到发展成熟经历了"改革开放国家战略的需要—中国承接世界产业转移的历史机遇的需要—区域地方经济竞相发展的需要"这一时间主线；在空间布局优化的递进发展上，中国海关特殊监管区呈现为"经济特区发展下的萌芽—保税区的形成和发展—保税物流园区大力发展—保税港区的形成与发展—自由贸易试验区的形成"这一空间结构。

（2）中国海关特殊监管区的集聚扩散作用主要体现在促进产业承接与产业升级、扩大对外开放和贸易增长极等方面。在促进产业承接与产业升级上，中国海关特殊监管区在外商直接投资增速放缓的大环境下表现出了强劲的逆势增长动力，体现了产业的承接功能，并在推进产业升级上引导园区产业结构从出口加工向加工、贸易、物流三大产业并举；在扩大对外开放上，中国海关特殊监管区从东南沿海向中西部的逐步漫延设立过程，对中国开放型经济增速发展起到了重要的推动作用；在发挥贸易增长极上，中国海关特殊监管区一方面从所承接的主要国际转移产业直接发展，形成围绕"出口加工产业—联动产业"之间的增长极作用，另一方面作为区域经济中心带动了周边区域经济的发展，形成了"海关特殊监管区中心—外围区域经济发展"模式。

（3）中国海关特殊监管区空间优化布局中伴随着功能体系的演变与现代整合。中国海关特殊监管区在功能演变上经历了由模糊到清晰，由粗略到精细的延伸过程；中国海关特殊监管区功能的现代整合具有以整合促增长、以整合育优势、以整合改格局和以整合图创新等多方面的实践意义；中国海关特殊监管区的现代整合内容可以归纳为类型、功能、政策和管理四个方面的整合，以及产业结构、业务形态、贸易方式和监管服务四个方面的优化。

第五章　中国海关特殊监管区贸易增长极的空间集聚效应研究

　　根据增长极与点轴理论和"三位一体"理论，中国海关特殊监管区贸易增长极具有发展开放型经济空间单元极点的生产要素集聚功能，并通过要素的集聚力和扩散力形成空间集聚效应。中国海关特殊监管区是开放型市场经济的制度创新，能够促进生产要素集聚在一定区域形成外向型产业集群。因此，中国海关特殊监管区贸易增长极的空间集聚效应主要体现在对产业的空间集聚过程上，即中国海关特殊监管区的培育通过创新和示范效应及集聚经济效应促进区域产业的空间集聚，进一步带动区域经济一体化发展。

　　前文定性分析了中国海关特殊监管区的空间布局优化与集聚扩散作用，并通过事实解释佐证了开放型市场经济中培育和发展中国海关特殊监管区的重要性。本章通过定量分析方法研究中国海关特殊监管区贸易增长极空间效应中的集聚效应，以中国 269 个地级市 2010—2016 年的面板数据为基础，构造空间计量经济模型进行实证研究。本章内容安排如下：第一节为实证研究设计，主要包括空间计量模型构建与空间权重矩阵选择；第二节为指标选择和变量描述性统计，对中国海关特殊监管区贸易增长极空间计量模型中的增长极进出口总额和个数等核心变量、解释变量产业区位熵及城市化水平等控制变量进行描述性统计；第三节为空间计量实证变量的相关检验，对本章实证各变量数据进行单位根与多重共线性等相关检验；第四节为中国海关特殊监管区贸易增长极空间集聚效应的实证分析，针对第二产业和第三产业展开总体和时序研究，并对实证结论进行核心变量替换的稳健性检验；第五节为中国海关特殊监管区贸易增长极空间集聚非线性效应的实证分析，构建时变面板平滑转换回归模型来刻画中国海关特殊监管区贸易增长极产业空间集聚的非线性特征；第六节为结论，总结中国海关特殊监管区空间集聚效应的研究结论，并基于结论提出对本研究的启示。

第一节　实证研究设计

一、空间计量模型构建

为了分析中国海关特殊监管区贸易增长极的空间集聚效应，本书设定的空间面板回归模型如下：

$$\begin{cases} y_{it} = \tau y_{i,t-1} + \rho w_i' y_t + x_{it}' \beta + d_i' x_t \delta + u_i + \gamma_t + \varepsilon_{it} \\ \varepsilon_{it} = \lambda m_i' \varepsilon_t + v_{it} \quad (i=1,\cdots,n; t=1,\cdots,T) \end{cases} \tag{5-1}$$

式（5-1）中，y_{it} 是被解释变量，采用第二产业集聚、第三产业集聚两个变量分别研究集聚效应。$y_{i,t-1}$ 为被解释变量的滞后一阶项，即考虑动态面板的情形，当系数 τ 为 0 时，则为非动态面板。空间权重矩阵 W，反映了各地级市之间的空间相互关系；w_i' 代表空间权重矩阵 W 的第 i 行，$w_i' y_t = \sum_{j=1}^{n} w_{ij} y_{jt}$，$w_{ij}$ 代表空间权重矩阵的第 i 行、第 j 列元素。x_{it}' 为解释变量包含一系列在年度 t 可能影响到空间集聚的因素，x 包括各地级市的海关特殊监管区个数、海关特殊监管区进出口总额、财政紧张度、城市化水平、储蓄水平、市场化程度、市场开放度、工业发展水平、税负水平、工资水平、生活水平、基础设施建设等变量。$d_i' x_t \delta$ 代表了解释变量的空间滞后项，d_i' 代表空间权重矩阵 D 的第 i 行元素，u_i 为地级市 i 的个体效应，当 u_i 与解释变量相关时，为空间面板固定效应模型；反之，则为空间面板随机效应模型。γ_t 代表时间效应，ε_{it} 为随机干扰项。m_i' 为随机干扰项的空间权重矩阵 M 的第 i 行元素。

式（5-1）为一般的空间面板模型，通常空间面板模型可以分为以下几种情形：①当 $\lambda = 0$ 时，则转化为空间杜宾模型（SDM）；②当 $\lambda = 0$，并且 $\delta = 0$ 时，则转化为空间自回归模型（SAR）；③当 $\tau = 0$，并且 $\delta = 0$ 时，则转化为空间自相关模型（SAC）；④当 $\tau = \rho = 0$，并且 $\delta = 0$ 时，则转化为空间误差模型（SEM）。具体采用哪种模型要通过检验选择确定。根据本研究需要，最终构建的分析模型表达如下：

第二产业集聚（SIA）分析模型为

$$\begin{cases} SIA_{it} = \tau SIA_{i,t-1} + \rho w_i' SIA_t + x_{it}' \beta + d_i' x_t \delta + u_i + \gamma_t + \varepsilon_{it} \\ \varepsilon_{it} = \lambda m_i' \varepsilon_t + v_{it} \quad (i=1,\cdots,n; t=1,\cdots,T) \end{cases} \tag{5-2}$$

第三产业集聚（TIA）分析模型为

$$\begin{cases} TIA_{it} = \tau TIA_{i,t-1} + \rho w_i' TIA_t + x_{it}'\beta + d_i' x_t \delta + u_i + \gamma_t + \varepsilon_{it} \\ \varepsilon_{it} = \lambda m_i' \varepsilon_t + v_{it} \quad (i=1,\cdots,n; t=1,\cdots,T) \end{cases} \quad (5\text{-}3)$$

式（5-2）和（5-3）中 x 包含的解释变量和控制变量具体描述在表 5-1 中列出。

二、空间权重矩阵选择与估计方法解释

经济活动单元的空间集聚水平受相邻辖区"邻居"空间集聚水平的影响，每一个"邻居"对活动单元的影响程度都不同。空间计量经济学提出了通过构建空间矩阵来衡量不同"邻居"对活动单元的具体影响水平，同时刻画出对相同单元而言其他活动单元的相对重要程度。基于中国海关特殊监管区贸易增长对产业空间集聚的实际需要，地理空间权重矩阵更能深刻地反映出集聚水平，即中国海关特殊监管区贸易增长极的培育对所在地区和周边地区均带来了产业集聚效应。因此，在考虑空间地理因素条件下，本章实证研究以各地级市之间的地理距离来构建集聚效应的空间权重矩阵，其中矩阵数值越大，表示地区地理距离越近。

空间计量模型的估计方法需要根据面板模型的固定效应或随机效应来判断。当空间面板模型为固定效应时，估计方法是首先对空间矩阵组内进行离差变换，从而剔除面板模型中的个体效应 u_i，然后按照横截面的空间回归模型采用最大似然估计（MLE）法对模型进行估计。当空间面板模型为随机效应时，首先做广义离差变换，从而剔除模型中的个体效应 u_i，接下来按照横截面的空间回归模型采用 MLE 法对模型进行估计。在具体的空间面板模型估计中，选择随机效应或者固定效应模型是通过 hausman 检验方法进行确定的。本研究对中国海关特殊监管区贸易增长极集聚效应的实证分析采用 Stata15.1 软件中的 xsmle 命令，对构建的空间面板模型（包括 SDM、SAR、SAC、SEM 模型）进行估计。

第二节　指标选择和变量描述性统计

一、指标选择

本书构建空间计量模型的研究对象选择第二产业集聚（SIA）和第三产业

集聚（TIA）。笔者通过研究近年来相关空间集聚的实证类文献发现，空间集聚水平的测度可以通过多指标来衡量，如人口密度、E-G 指数、Do 指数和区位熵等。本书在第四章分析中已经证实了中国海关特殊监管区在产业承接与升级、扩大对外开放及贸易增长极等方面的发展成就，其中产业发展是取得成就的直接或间接成果体现。本研究将产业集聚效应作为中国海关特殊监管区贸易增长极空间集聚效应的研究对象，第一产业与中国海关特殊监管区贸易增长极的关联性较弱，因此具体研究对象选为第二产业集聚（SIA）和第三产业集聚（TIA），以第二产业和第三产业的 GDP 区位熵表示集聚水平，区位熵的具体计算公式如下：

$$IA_{i,j} = \frac{h_i / \sum h_i}{H_i / \sum H_i} \tag{5-4}$$

式（5-4）中的 h_i 为地区 j 中第 i 个部门的相关指标，一般可以包括产值、从业人数等，H_i 代表了比 h_i 更高层面的地区的相关指标，$IA_{i,j}$ 数据越大，说明该产业的空间集聚水平越高。本章采用各地级市的第二产业产值占各地级市的总产值，除以全国第二产业产值占国内生产总值的比重，代表各地级市第二产业集聚（SIA）；以各地级市的第三产业产值占各地级市的总产值，除以全国第三产业产值占国内生产总值的比重，代表各地级市第三产业集聚（TIA）。

本研究第三章对中国海关特殊监管区的理论分析得出，海关特殊监管区作为点状分布的外向型经济增长极，在国家特殊园区制度和政策的扶持下发展明显优于周边地区，而园区之间借助交通、信息和能源等载体的生产要素流动形成了特殊监管区间主导产业或优势产业的轴线集聚效应，进而构成了海关特殊监管区外向型经济空间结构体系，体现出了海关特殊监管区贸易增长极的开放型经济空间结构优化效应。基于该结论，中国海关特殊监管区贸易增长极的空间集聚效应在外向型经济空间结构体系依赖海关特殊监管区贸易增长极"点"数量和生产要素流动引起的进出口贸易总额变化上，再加上中国海关特殊监管区贸易增长极主要影响的是与外向型产业息息相关的第二、三产业发展，因此本书构建空间计量模型的核心解释变量选择中国海关特殊监管区贸易增长极的进出口总额（TEI）和监管区个数（NM）。其中，中国海关特殊监管区贸易增长极进出口总额（TEI）用各地级市监管区进口金额加出口总金额取自然对数表示；中国海关特殊监管区个数（NM）用各地级市海关特殊监管区数量表示。

地区产业发展是一个系统性的经济体现，本研究借鉴广大学者在研究产业发展和产业集聚中的相关实证方法（刘辉群，2005；孟广文，2015；叶修群，2016；郭晓合，2016），选择以下变量作为实证分析的控制变量：①各地级市的财政紧张度（*FM*），采用科学教育支出占预算内收入的比重代表，财政紧张说明经济发展水平并不高，不利于产业集聚；②城市化水平（*UBL*），采用职工总人数占总人口的比重代表，城市化水平越高，说明经济发展水平越高，从而对产业集聚产生影响；③储蓄水平（*SL*），采用城乡居民储蓄年末余额占总人口的比重代表，储蓄水平代表了各地的消费能力，消费能力越强，产业将向该地集中，从而有利于产业集聚；④市场化程度（*TTA*），采用城镇个体劳动者总人数占总人口的比重代表，市场化程度越高，民营经济越发达，越有利于投资活动的开展，从而利于产业集聚；⑤市场开放度（*MOP*），采用外商实际投资金额占各市 GDP 的比重代表，市场开放程度越高，外商投资越活跃，对经济增长的带动作用越明显，有利于产业集聚；⑥工业发展水平（*IDL*），采用限额以上工业总产值占各市 GDP 的比重代表，工业发展水平代表了生产资源的集中程度，显然会对产业集聚产生影响；⑦税负水平（*AGC*），采用地方财政预算内收入占各市 GDP 的比重代表，税负水平代表了企业的负担程度，税负水平越高的地区对企业投资越没有吸引力，对产业集聚产生不利影响；⑧工资水平（*WL*），采用职工平均工资占全国职工平均工资的比重代表，工资水平越高，吸引职工就业的可能性越高，有利于产生集聚；⑨生活水平（*QOL*），采用社会消费品零售总额占总人口的比重代表，生活水平越高，消费能力超强，资源越容易向该地集中，从而影响产业集聚；⑩基础设施建设（*ICN*），采用各市固定资产投资占全社会固定资产投资的比重代表，基础设施建设代表了投资的便利度和对企业投资的吸引力，基础设施建设越发达，越有利于产业集聚。计量模型的相关变量符号、名称和含义具体如表5-1所示。

表5-1　中国海关特殊监管区贸易增长极空间集聚效应模型变量表

类　别	符　号	名　称	含　义
被解释变量	*SIA*	第二产业集聚	第二产业 GDP 区位熵
	TIA	第三产业集聚	第三产业 GDP 区位熵
解释变量	*NM*	海关特殊监管区个数	各地级市海关特殊监管区数量
	TEI	海关特殊监管区进出口总额	进口金额加出口金额取自然对数
控制变量	*FM*	财政紧张度	科学教育支出 / 预算内收入
	UBL	城市化水平	职工人数 / 总人口

续　表

类　别	符　号	名　称	含　义
控制变量	SL	储蓄水平	城乡居民储蓄年末余额 / 总人口
	TTA	市场化程度	城镇个体劳动者人数 / 总人口
	MOP	市场开放度	外商实际投资额 / 各市 GDP
	IDL	工业发展水平	限额以上工业总产值 / 各市 GDP
	AGC	税负水平	地方财政预算内收入 / 各市 GDP
	WL	工资水平	职工平均工资 / 全国职工平均工资
	QOL	生活水平	社会消费品零售总额 / 总人口
	ICN	基础设施建设	各市固定资产投资 / 全社会固定资产投资

二、变量描述性统计与数据来源

本节对中国海关特殊监管区贸易增长极集聚效应的解释变量、被解释变量和控制变量进行了描述性统计，具体结果如表 5-2 所示。

表5-2　空间集聚效应模型变量基本统计量表

变　量	N	mean	sd	min	p50	max
SIA	1 883	1.134	0.217	0.494	1.153	1.622
TIA	1 883	0.806	0.183	0.456	0.781	1.415
NM	1 883	0.375	1.087	0.000	0.000	10.000
TEI	1 883	−1.292	6.568	−4.605	−4.605	15.901
FM	1 883	0.496	0.279	0.152	0.429	1.688
UBL	1 883	0.116	0.091	0.028	0.089	0.587
SL	1 883	3.466	3.060	0.565	2.482	18.319
TTA	1 883	0.126	0.114	0.011	0.093	0.653
MOP	1 883	29.113	26.042	0.356	21.121	118.282

变　量	N	mean	sd	min	p50	max
IDL	1 883	1.490	0.576	0.338	1.431	3.272
AGC	1 883	7.783	2.861	3.316	7.277	18.399
WL	1 883	0.862	0.173	0.554	0.830	1.451
QOL	1 883	1.777	1.458	0.323	1.292	7.685
ICN	1 883	33.927	31.115	3.211	23.703	169.076

在数据来源方面，中国海关总署自 2010 年开始全面对中国海关特殊监管区贸易增长极的进出口总额进行统一口径的统计，为保证本书实证研究的严谨性，时间样本选择 2010—2016 年；地区截面选择中国 269 个地级市；被解释变量中产业区位熵测算中 GDP 和控制变量数据来源于历年的《中国统计年鉴》《中国城市统计年鉴》和国泰安数据库，核心解释变量数据来源于中国开发区网和历年的《中国保税区出口加工区年鉴》。在实证分析前对数据的处理如下：①对存在数据缺失的地级市样本做删除处理；②为了解决样本中的异常数值对回归结果造成的影响，对采用的数据进行缩尾处理，缩尾标准为 1% 水平；③进一步将数据处理为平行面板，因此若某地级市在某一年度数据存在缺少，则该地级市也做删除处理。对数据进行处理后，共得到 269 个地级市的 1 883 个观察值，构成的面板数据为非平行面板，涉及除西藏外的 30 个省（市、区）。

第三节　变量的相关检验

一、面板单位根检验

在运用空间面板模型进行实证分析前，需要确保模型变量的平稳性。如果模型涉及的变量是非平稳的，则会影响空间面板回归模型的结果，即存在"伪回归"的现象。检验空间面板模型变量的平稳性，即通过检验方法检定模型变量中是否包含单位根。如果没有单位根，则说明变量是平稳的，否则就是非平稳的。检验空间面板模型变量有无单位根的方法，可以分为同质性检验与异质性检验，本书选择 LLC 检验方法对面板单位根进行同质检验，选择 Fisher-

ADF 和 Fisher-PP 检验方法对面板单位根进行异质检验，具体的检验结果如表 5-3 所示。

表5-3　空间集聚效应面板单位根检验结果表

变　量	LLC 检验	Fisher-ADF	Fisher-PP	平稳性
SIA	−23.984***	2 709.235***	761.205***	平稳
	（0.003）	（0.015）	（0.025）	
TIA	−31.554***	940.297***	1 492.06***	平稳
	（0.001）	（0.000）	（0.000）	
TEI	−43.724***	256.566***	898.601***	平稳
	（0.003）	（0.015）	（0.011）	
FM	−63.817***	1 202.986***	1 148.107***	平稳
	（0.042）	（0.030）	（0.035）	
UBL	−19.011***	1 115.728***	1 689.912***	平稳
	（0.000）	（0.001）	（0.001）	
SL	−75.012***	2 137.951***	1 417.92***	平稳
	（0.015）	（0.002）	（0.001）	
TTA	−11.218***	982.995***	970.112***	平稳
	（0.001）	（0.000）	（0.000）	
MOP	−110***	1 925.341***	1 662.412***	平稳
	（0.004）	（0.014）	（0.013）	
IDL	−41.245***	2 301.879***	1 379.07***	平稳
	（0.011）	（0.008）	（0.007）	
AGC	−38.012***	1 556.932***	1 236.026***	平稳
	（0.009）	（0.013）	（0.011）	
WL	−32.328***	1 328.818***	1 350.381***	平稳
	（0.000）	（0.000）	（0.001）	

变　量	LLC 检验	Fisher–ADF	Fisher–PP	平稳性
QOL	−77.825***	2 473.55***	1 119.371***	平稳
	（0.001）	（0.001）	（0.005）	
ICN	−43.666***	2 657.699***	5 009.662***	平稳
	（0.002）	（0.007）	（0.035）	

注："***"代表在1%的显著性水平下拒绝原假设，括号内的数据为显著性 *P* 值。

由表5-3同质性检验和异质性检验结果可知，模型涉及的相关变量，包括第二产业集聚（*SIA*）、第三产业集聚（*TIA*）、海关特殊监管区进出口总额（*TEI*）、各地级市的财政紧张度（*FM*）、城市化水平（*UBL*）、储蓄水平（*SL*）、市场化程度（*TTA*）、市场开放度（*MOP*）、工业发展水平（*IDL*）、税负水平（*AGC*）、工资水平（*WL*）、生活水平（*QOL*）、基础设施建设（*ICN*）等均是平稳的，可以进一步进行空间面板模型分析。

二、共线性检验

为保证空间计量分析的准确性，需要对变量进行多重共线性检验。本书采用计算解释变量之间方差膨胀因子（*VIF*）的方法来进行相关检验，*VIF* 越大，说明变量的共线性程度越高；一般情况下，变量的 *VIF* 小于10说明共线性不严重。通过计算 *VIF* 来解释变量的共线性检验结果，如表5-4所示。

表5-4　空间集聚效应共线性检验结果表

变　量	*VIF*	1/*VIF*
QOL	6.66	0.150
SL	5.47	0.183
UBL	4.20	0.238
TTA	2.72	0.368
TEI	2.59	0.386
NM	2.48	0.403

变　量	VIF	1/VIF
ICN	2.26	0.442
WL	2.24	0.446
FM	2.04	0.490
AGC	1.98	0.505
MOP	1.61	0.621
IDL	1.27	0.787
Mean VIF	3.21	

由表5-4可知，第二产业集聚（SIA）、第三产业集聚（TIA）、海关特殊监管区进出口总额（TEI）、各地级市的财政紧张度（FM）等各变量的方差膨胀因子数值均低于7的临界值，说明实证变量不存在共线性问题，可以对变量进行集聚效应的实证分析。

三、空间相关性检验

在进行空间面板模型回归之前，首先需要判定各地级市政府的空间集聚变量在空间上有无互动性，本书采用Moran's I指标进行检验。Moran's I指数在全局空间自相关中能够体现总体空间的关联程度，是空间观测值与滞后项之间的相关系数，具体计算公式如下：

$$I = \frac{\sum_{i=1}^{n}\sum_{j\neq1}^{n} w_{ij}(x_i - \bar{x})(x_j - \bar{x})}{s^2 \sum_{i=1}^{n}\sum_{j=1}^{n} w_{ij}} \tag{5-5}$$

其中，x_i和x_j分别表示i地区和j地区的空间观测值，地级市个数用n表示，空间权重矩阵为w_{ij}，空间观测值的方差：

$$s^2 = \frac{\sum_{i}(x - \bar{x})^2}{n} \tag{5-6}$$

平均值：

$$\bar{x} = \frac{\sum_{i=1}^{n} x_i}{n} \tag{5-7}$$

根据空间权重矩阵选择的不同，全局Moran's I指数也存在多种相邻条件值，该指数取值范围为 [−1,1]。$Moran's\ I$ 指数的绝对值越大，说明空间关联程度越高，反之亦然；$Moran's\ I$ 取值为正，说明各空间观测值之间存在正相关，反之亦然；$Moran's\ I$ 取值为 0 时，说明不存在空间相关性。$Moran's\ I$ 指数检验的原假设是不存在空间相关性，如果通过检验得到的显著性 P 值小于 0.05，则说明原假设被拒绝，同时得到的 $Moran's\ I$ 指数值大于期望数值，就说明存在正的空间相关性的；如果通过检验得到的显著性 P 值小于 0.05，则说明原假设被拒绝，同时得到的 $Moran's\ I$ 系数值小于期望数值，就说明存在负的空间相关性。如果通过检验得到的显著性 P 值大于 0.05，则原假设没有被拒绝，说明空间相关性并不存在。反距离的空间相关性检验如表 5−5 所示。

表5−5　空间集聚全局$Moran's\ I$指数

年　份	第二产业集聚			第三产业集聚		
	全局 $Moran's\ I$	期望值	显著性 P	全局 $Moran's\ I$	期望值	显著性 P
2010	0.027	−0.004	0.000	0.039	−0.004	0.000
2011	0.027	−0.004	0.000	0.047	−0.004	0.000
2012	0.028	−0.004	0.000	0.051	−0.004	0.000
2013	0.028	−0.004	0.000	0.050	−0.004	0.000
2014	0.031	−0.004	0.000	0.046	−0.004	0.000
2015	0.029	−0.004	0.000	0.043	−0.004	0.000
2016	0.035	−0.004	0.000	0.043	−0.004	0.000

由表 5−5 可知，第二产业集聚的 $Moran's\ I$ 指数在样本区间内基本呈现出增长的趋势，自 2010 年的 0.027 增长至 2016 年的 0.035，其中仅 2015 年出现了略微的下滑；第三产业集聚的 $Moran's\ I$ 指数在样本区间内基本呈"倒 U型"，自 2010 年的 0.039 增长至 2012 年峰值 0.051 后开始回落。从总体上看（图 5−1），第二产业集聚的全局 $Moran's\ I$ 指数在 2013 年之间较为平稳，维持在 0.027 ~ 0.028，在 2014 年开始出现明显的增长趋势；第三产业集聚的全局 $Moran's\ I$ 指数在 2010—2013 年增速明显，之后也回落明显，在 2015 年之后保持平稳。2010—2016 年第二产业集聚和第三产业集聚变量的 $Moran's\ I$ 指数在各年度均高于它的期望数值，显著性水平 P 值均小于 0.05，表明各地级市间

的第二产业集聚和第三产业集聚在距离空间上存在正的空间相关性，需要进一步通过空间计量来检验集聚效应。

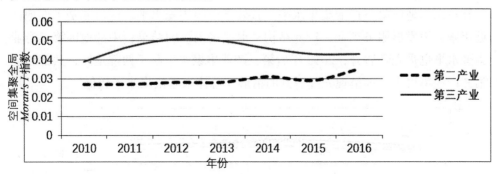

图 5-1　空间集聚全局 *Moran's I* 指数趋势图

四、产业集聚时序检验

根据区位熵的计算公式（5-4）对本研究所需要的第二产业和第三产业集聚发展水平进行测算，具体计算结果和发展趋势图分别如表5-6和图5-2所示。

表5-6　第二产业和第三产业集聚水平

年　份	第二产业				第三产业			
	全　国	东	中	西	全　国	东	中	西
2010	1.099	1.099	1.114	1.073	0.813	0.882	0.765	0.785
2011	1.122	1.101	1.149	1.109	0.795	0.884	0.734	0.755
2012	1.139	1.111	1.166	1.14	0.789	0.882	0.729	0.739
2013	1.158	1.128	1.177	1.175	0.784	0.873	0.733	0.724
2014	1.142	1.114	1.152	1.171	0.809	0.894	0.764	0.747
2015	1.147	1.124	1.148	1.183	0.817	0.891	0.783	0.751
2016	1.133	1.101	1.139	1.175	0.834	0.908	0.802	0.767

根据表 5-6 和图 5-2 可以看出，2010—2016 年全国第二产业集聚水平先增后降；东部地区第二产业集聚水平除 2010 年外，一直低于全国、中部和西部；中部地区第二产业集聚水平在 2013 年前处于全国领先，2013 年后第二产

业集聚水平仅低于西部地区；西部地区第二产业集聚水平增长较快，2013 年后集聚水平超越了东部与中部地区。2010—2016 年全国第三产业集聚水平先降后升；东部地区第三产业集聚水平一直处于全国领先水平，这可能是东部地区近年来大力发展服务产业，产业结构"退二进三"的结果；中部地区第三产业集聚水平也是先降后升，2013 年后第三产业集聚水平高于西部地区；西部地区第二产业集聚水平也呈现先降后升的情形，总体来看集聚水平较低。

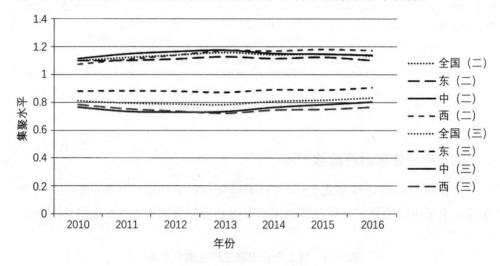

图 5-2 第二产业和第三产业集聚平均发展趋势

第四节 产业空间集聚效应的实证分析

一、第二产业空间集聚效应

（一）总体估计结果

本书分别构建中国海关特殊监管区贸易增长极与产业集聚的空间杜宾（SDM）、空间自回归（SAR）、空间自相关（SAC）和空间误差（SEM）四种空间计量模型进行实证研究，最终结果根据实证后的 AIC 与 BIC 数值、R^2 和极大似然值等标准确定。通过软件 Stata15.1 对中国海关特殊监管区贸易增长极与第二产业集聚的 SDM、SAR、SAC 和 SEM 模型估计后的结果如表 5-7 所示。

表5-7　第二产业集聚总体空间面板回归结果

SIA	SDM 模型	SAR 模型	SAC 模型	SEM 模型	空间滞后项
NM	−0.005	−0.007	−0.011	−0.008	0.008***
	（0.01）	（0.01）	（0.01）	（0.01）	（0.23）
TEI	0.002**	0.002*	0.002**	0.002**	0.085**
	（0.00）	（0.00）	（0.00）	（0.00）	（0.04）
FM	−0.138***	−0.112***	−0.129***	−0.133***	−0.398
	（0.04）	（0.04）	（0.04）	（0.04）	（0.30）
UBL	0.109	0.174***	0.196***	0.193***	−0.331
	（0.08）	（0.06）	（0.07）	（0.07）	（0.62）
SL	−0.001	0.000	−0.001	−0.002	−0.023
	（0.00）	（0.00）	（0.00）	（0.00）	（0.02）
TTA	−0.062	−0.036	−0.042	−0.041	−1.394
	（0.08）	（0.09）	（0.05）	（0.06）	（1.48）
MOP	0.014*	0.025*	0.031*	−0.027*	1.004*
	（0.08）	（0.00）	（0.05）	（0.07）	（0.01）
IDL	0.117***	0.108***	0.115***	0.116***	−0.534*
	（0.01）	（0.00）	（0.00）	（0.21）	（0.25）
AGC	−0.007***	−0.007***	−0.007***	−0.007***	0.005
	（0.00）	（0.00）	（0.00）	（0.00）	（0.02）
WL	−0.132***	−0.173***	−0.152***	0.158***	0.053***
	（0.04）	（0.04）	（0.02）	（0.04）	（0.75）
QOL	0.001	0.005	0.002	0.001	0.136
	（0.13）	（0.00）	（0.16）	（0.19）	（0.11）
ICN	0.001**	0.001*	0.001	0.001*	0.002
	（0.05）	（0.11）	（0.19）	（0.00）	（0.01）

SIA	SDM 模型	SAR 模型	SAC 模型	SEM 模型	空间滞后项
Spatial rho	2.062***	2.160***	1.581***		
	（0.11）	（0.14）	（0.54）		
lambda			1.990***	2.303***	
			（0.15）	（0.06）	
Variance sigma2_e	0.002***	0.002***	0.003***	0.002***	
	0.000	0.000	0.000	0.000	
N	1 883	1 883	1 883	1 883	
r2_w	0.372	0.202	0.259	0.267	
AIC	−6 141.878	−6 048.201	−6 093.971	−6 065.997	
BIC	−6 397.822	−5 970.633	−6 010.862	−5 988.428	
ll	3 096.939	3 038.101	3 061.986	3 046.998	

注：括号内的数据为标准差 P 值，* $P<0.1$，** $P<0.05$，*** $P<0.01$。

由表 5-7 可知，SDM 模型与 SEM 模型的拟合度最高，根据 AIC 和 BIC 最小化原则和极大似然值最大化原则，确定 SDM 模型估计结果为中国海关特殊监管区贸易增长极对第二产业的空间集聚效应。根据估计结果，回归显著的变量有海关特殊监管区进出口总额（TEI）、各地级市的财政紧张度（FM）、工业发展水平（IDL）、税负水平（AGC）、工资水平（WL）、市场开放度（MOP）和基础设施建设（ICN），不显著的变量为海关特殊监管区个数（NM）、城市化水平（UBL）、储蓄水平（SL）和生活水平（QOL）。可以看出，中国海关特殊监管区进出口总额（TEI）在 10% 的水平下对第二产业集聚的影响系数为0.002，即海关特殊监管区进出口总额（TEI）每增长 1%，带动第二产业集聚水平提高 0.2%。该变量的正向促进效应说明海关特殊监管区在扩大进出口额方面有利于第二产业的集聚，其原因是海关特殊监管区中的出口加工区、保税物流园区、跨境工业园区、保税港区等主要业务是为第二产业尤其是为制造业贸易服务的，贸易总额的增加刺激了以外向型产业为主的第二产业生产规模的扩大，有利于第二产业空间集聚的形成。中国海关特殊监管区个数的回归系数为负，但未能通过显著性检验，在一定程度上反映了海关特殊监管区在数量上的增加对第二产业空间集聚效果不明显，这可能是由于近年来新增海关特殊监管区在功能上逐渐从工业加工出口与原材料采购开始向贸易服务、商贸展示和金融投资等领域延伸，从而导致海关特殊监管区数量的增加与第二产业发展和集聚的关联性较弱。

在其他控制变量方面，工业发展水平、市场开放度和基础设施建设均对第二产业的空间集聚产生显著影响。其中，各地级市的财政紧张度、税负水平、工资水平等对第二产业空间集聚产生负向影响，说明地级市的财政越紧张、税负水平越高、工资水平越高，越不利于第二产业的空间集聚。其原因是财政紧张度的提升可能刺激地方政府通过过多的行政干预来引导第二产业的发展，而在中国现行财政分权体制下，政府行政干预对产业和企业的发展是一把双刃剑，有可能对第二产业的生产和投资产生一定的风险；工资水平是劳动力成本的象征，工资水平的增加反映出第二产业在劳动力要素中的投资比例增大，而第二产业的集聚发展在近年来融资和土地成本不断上升的背景下对劳动力成本的上升表现出较强的负相关性；税负水平的提升对第二产业集聚发展的负向影响比较容易理解，税负的提升增加了企业生产经营的成本，不利于第二产业的集聚发展。工业发展水平、市场开放度和基础设施建设等变量对第二产业空间集聚产生显著正向效应，说明地区工业发展水平越高、市场开放度越大、基础设施越完善，越有利于第二产业的空间集聚。其原因是工业化水平反映地区工业的发展程度，随着近年来低端制造业的转型升级，工业化水平的提升对新型工业发展集聚产生了有利的促进效果；市场开放程度反映了中国对外资的利用水平，第二产业发展集聚中的外资利用水平提升说明中国第二产业在参与国际生产分工中的参与度不断提升，从侧面反映出中国工业在生产技术水平上的提高，而高端工业化更有利于形成空间集聚；基础设施建设的完善对第二产业空间集聚具有正向促进效应，说明基础设施建设的完善改善了第二产业的交通运输条件，从而有效降低了第二产业生产原材料采购和产品销售的运输成本，对第二产业发展的空间集聚形成了基础条件。

从 SDM 模型解释变量的空间滞后项来看，海关特殊监管区个数对第二产业集聚在 1% 的水平下存在显著正向影响，影响系数为 0.008，说明周边地区海关特殊监管区个数越多，越有利于提升第二产业集聚水平；海关特殊监管区进出口总额对第二产业集聚在 5% 的水平下存在显著正向影响，影响系数为0.085，表明周边地区海关特殊监管区进出口总额的提高有利于第二产业集聚水平的提高。其原因是第二产业的空间集聚依赖规模经济，生产投入中间品的成本越低，集聚效应越明显，周边地区海关特殊监管区的培育和发展为第二产业的出口加工贸易带来了极大的便利，在园区内进行的生产加工原料的国际采购降低了第二产业的生产和交易成本，从而促进了第二产业集聚水平的提升。在其他控制变量方面，周边地区各地级市的财政紧张度、城市化水平、储蓄水平、市场化程度等对第二产业集聚不存在显著影响。周边地区工业发展水平对第二产业集聚在10%的水平下存在显著负向影响，影响系数为 −0.534，周边地区工业发展水平的提高不利于第二产业集聚，周边地区工资水平对第二产业集聚（SIA）在1%的水平下存在显著正向影响，影响系数为0.053，周边地区工资水平的提升有利于第二产业集聚。

（二）空间时序估计结果

完成总体估计后，本研究进一步检验了第二产业集聚效应的时序性并以2013年为节点。其原因主要有三个方面。第一，根据第二产业空间集聚全局 Moran's I 指数趋势（图5-1）、第二产业集聚平均发展趋势（图5-2）等研究，2013年前后的第二产业空间集聚水平出现较为明显的时间节点。第二，根据第四章中国海关特殊监管区贸易增长极集聚扩散作用中的研究发现，中国对外贸易进出口总额与海关特殊监管区进出口总额均在2013年附近出现了峰值，随后开始回落（表4-2），这一时间节点与第二产业集聚节点高度一致。第三，2013年党的十八届三中全会对中国海关特殊监管区的功能与整合进行了重新定位，该时间点也是中央顶层设计出台的重要转折节点。

1. 2013年以前的估计结果

利用软件Stata15.1进行2013年以前中国海关特殊监管区贸易增长极与第二产业集聚的 SDM、SAR、SAC 和 SEM 模型估计，结果如表5-8所示。

表5-8　2010—2012年第二产业集聚空间面板回归结果

SIA	SDM 模型	SAR 模型	SAC 模型	SEM 模型	空间滞后项
NM	0.005***	−0.004	−0.008	−0.005	0.007***
	（0.01）	（0.01）	（0.01）	（0.16）	（0.23）
TEI	0.011***	0.001	0.002	0.001	0.109***
	（0.00）	（0.00）	（0.00）	（0.00）	（0.03）
FM	−0.053*	−0.03	−0.051	−0.046	0.522
	（0.03）	（0.03）	（0.03）	（0.05）	（0.41）

SIA	SDM 模型	SAR 模型	SAC 模型	SEM 模型	空间滞后项
UBL	0.058*	0.008	−0.031	−0.016	0.058**
	（0.24）	（0.49）	（0.15）	（0.13）	（3.39）
SL	0.000	0.000	0.000	0.000	0.012
	（0.00）	（0.00）	（0.00）	（0.00）	（0.42）
TTA	−0.025	0.031	0.001	0.016	1.42
	（0.06）	（0.41）	（0.51）	（0.55）	（1.96）
MOP	0.000	0.000	0.000	0.000	−0.001
	（0.00）	（0.00）	（0.00）	（0.00）	（0.00）
IDL	0.055**	0.056**	0.056**	0.056**	−0.085
	（0.22）	（0.02）	（0.03）	（0.03）	（0.71）
AGC	0.012**	0.002	−0.001	0.000	0.069
	（0.44）	（0.00）	（0.00）	（0.00）	（0.14）
WL	0.069*	0.106**	0.084**	0.093**	0.012***
	（0.05）	（0.00）	（0.38）	（0.42）	（0.91）
QOL	−0.005	−0.002	−0.007	−0.011	−0.005**
	（0.15）	（0.11）	（0.55）	（0.13）	（0.20）
ICN	0.001	0.001	0.001*	0.001*	−0.007
	（0.00）	（0.00）	（0.00）	（0.00）	（0.01）
Spatial rho	2.030***	2.358***	2.124***		
	（0.14）	（0.04）	（0.09）		
lambda			2.158***	2.374***	
			（0.02）	（0.05）	
Variance sigma2_e	0.001***	0.001***	0.001***	0.001***	
	0.000	0.000	0.000	0.000	
N	807	807	807	807	

续 表

SIA	SDM 模型	SAR 模型	SAC 模型	SEM 模型	空间滞后项
r2_w	0.434	0.069	0.043	0.050	
AIC	−3 751.043	−3 701.485	−3 731.044	−3 697.502	
BIC	−3 729.016	−3 635.779	−3 660.644	−3 631.795	
ll	1 901.521	1 864.743	1 880.522	1 862.751	

注：括号内的数据为标准差 P 值，* $P<0.1$，** $P<0.05$，*** $P<0.01$。

　　根据模型拟合度最优、AIC 和 BIC 最小及极大似然值最大的原则，最终确定 SDM 模型估计结果为 2013 年之前中国海关特殊监管区贸易增长的第二产业的空间集聚效应。根据表 5-8 中 SDM 模型估计和解释变量的空间滞后项结果，中国海关特殊监管区个数（NM）和海关特殊监管区进出口总额（TEI）对第二产业集聚均产生正向促进效应，影响系数分别为 0.005 和 0.011；周边中国海关特殊监管区个数和进出口总额对第二产业集聚均产生正向促进效应，影响系数分别为 0.007 和 0.109。实证结论表明，中国海关特殊监管区贸易增长极的培育在 2010—2013 年间促进了第二产业的集聚水平，表现为对周边地区"面"的集聚促进效应高于所在地区"点"的集聚促进效应，且中国海关特殊监管区贸易增长极个数培育比进出口总额增加更有效地促进了第二产业集聚。其原因是中国海关特殊监管区的进出口总额在 2010—2013 年间属于高速增长阶段，从 2 880.8 亿美元快速增长至 7 141.31 亿美元，尤其是以工业（制造业）加工出口贸易为核心的出口加工区从 776.31 亿美元增长至 1 126.91 亿美元，保税区从 1 142.98 亿美元增长至 3 170.25 亿美元，海关特殊监管区在第二产业进出口贸易额的大幅增长促进了第二产业的发展集聚；在 2010—2013 年间，海关特殊监管区在制造业出口加工中的外资利用增幅十分明显，而外商投资水平的提高意味着中国制造业生产的技术水平和生产能力的提高，以及在国际市场中的供给能力的提高，因此有利于第二产业的空间集聚。

　　2. 2013 年以后（含 2013 年）的估计结果

　　利用软件 Stata 15.1 进行 2013 年以后中国海关特殊监管区贸易增长极与第二产业集聚的 SDM、SAR、SAC 和 SEM 模型估计，结果如表 5-9 所示。

表5-9 2013—2016年第二产业集聚空间面板回归结果

SIA	SDM 模型	SAR 模型	SAC 模型	SEM 模型	空间滞后项
NM	0.001*	−0.013	−0.019*	−0.018*	0.002***
	（0.01）	（0.01）	（0.01）	（0.01）	（0.28）
TEI	0.001	0.001	0.001	0.001	0.005
	（0.00）	（0.00）	（0.00）	（0.00）	（0.04）
FM	−0.117***	−0.082**	−0.106**	−0.108**	−0.056
	（0.05）	（0.36）	（0.44）	（0.49）	（0.71）
UBL	0.262*	0.136	0.187	0.195	0.105***
	（0.14）	（0.15）	（0.11）	（0.31）	（2.76）
SL	−0.036***	−0.024***	−0.036***	−0.037***	−0.151
	（0.01）	（0.01）	（0.00）	（0.01）	（0.21）
TTA	−0.004	0.003	−0.001	−0.001	0.008*
	（0.49）	（0.44）	（0.23）	（0.23）	（1.40）
MOP	0.000	0.000	0.000	0.000	0.002
	（0.00）	（0.00）	（0.00）	（0.00）	（0.00）
IDL	0.115**	0.108**	0.114**	0.115***	−0.508
	（0.31）	（0.21）	（0.02）	（0.02）	（0.41）
AGC	−0.005**	−0.005**	−0.005**	−0.005**	0.068
	（0.04）	（0.01）	（0.41）	（0.41）	（0.03）
WL	0.160***	0.178***	0.169***	0.170***	0.047**
	（0.04）	（0.05）	（0.05）	（0.05）	（0.98）
QOL	0.037***	0.046***	0.041***	0.042***	0.38
	（0.01）	（0.01）	（0.01）	（0.01）	（0.34）
ICN	0.001	0.001**	0.001**	0.001**	−0.007
	（0.14）	（0.48）	（0.44）	（0.41）	（0.01）

SIA	SDM 模型	SAR 模型	SAC 模型	SEM 模型	空间滞后项
Spatial rho	1.661***	1.842**	0.389		
	（0.26）	（0.38）	（1.20）		
lambda			1.997***	2.102***	
			（0.25）	（0.15）	
Variance sigma2_e	0.001***	0.001***	0.002***	0.001***	
	0.000	0.000	0.000	0.000	
N	1076	1076	1076	1076	
r2_w	0.387	0.263	0.310	0.315	
AIC	−4 068.62	−4 019.788	−4 033.695	−4 034.754	
BIC	−3 979.113	−3 950.054	−3 958.98	−3 965.02	
ll	2 060.310	2 023.894	2 031.848	2 031.377	

注：括号中的数据为标准 P 值，* P<0.1，** P<0.05，*** P<0.01。

根据模型拟合度最优、AIC 和 BIC 最小和极大似然值最大的原则，最终确定 SDM 模型估计结果为 2013 年以后中国海关特殊监管区贸易增长对第二产业的空间集聚效应。根据表 5-9 SDM 模型估计和解释变量的空间滞后项结果，中国海关特殊监管区个数（NM）对第二产业集聚（SIA）在 10% 的水平下存在微弱的正向影响，影响系数为 0.001；中国海关特殊监管区进出口总额（TEI）对第二产业集聚（SIA）影响结果不显著；周边地区的中国海关特殊监管区个数（NM）对第二产业集聚（STA）在 1% 的水平下存在微弱正向影响，影响系数为 0.002；周边地区的中国海关特殊监管区进出口总额（TEI）对第二产业集聚（SIA）影响结果不显著。由表 5-9 可以看出，2013—2016 年间，中国海关特殊监管区贸易增长极的培育和发展对第二产业集聚水平的提升程度有限，表现为从所在地区"点"到周边地区"面"的效果弱化，且中国海关特殊监管区贸易增长极进出口总额的空间集聚衰减效应更明显。其原因有以下两方面：一方面，自 2013 年开始，中国对外贸易进出口总额开始出现明显的下滑，从 2014 年的 4.3 万亿美元下滑至 2016 年的 3.685 万亿美元，与此同时，中国海关特殊监管区进出口总额的下滑更为明显，从 2013 年峰值 7 141.31 亿美元下滑至 2016 年的 5 928.93 亿美元，同比下降 17%，其中保税区从 3 170.25 亿美元下滑至 1 907.49 亿美元，同比下降 40%，保税物流园区同比下降 29.7%，保税港区同比下降 33.3%，出口加工区同比下降 24.5%，等等。中国海关特殊监管区进出口总额的快速下滑主要体现在第二产业进出口产品及其中间品等贸易方面，对当地及周边地区的第二产业发展产生了不利的影响，直接导致了第二产业集聚水平的下降。另一方面，2013 年十八届三中全会通过的《中共中央关于全面深化改革若干重大问题的决定》提出了"加快海关特殊监管区域整合优化"的重要举措，中国海关特殊监管区从单一的对外加工贸易功能开始向贸易服务、金融投资和物流服务等多元化功能方向转变，因此对第二产业的发展集聚影响不显著。

（三）稳健性检验

为验证实证结果的稳健可靠性，本研究进一步替换核心解释变量进行稳健性检验。基于中国海关特殊监管区贸易增长极借助于交通、信息和能源等载体促进生产要素流动形成特殊监管区间主导产业或优势产业的轴线集聚效应，而中国海关特殊监管区贸易增长极的面积是载体的重要体现，因此本研究选择面积变量作为核心解释变量的替代变量进行稳健性检验，即利用中国海关特殊监管区面积替换个数重新构造核心解释变量，并利用空间杜宾模型（SDM）进行重新拟合，估计结果如表 5-10 所示。可以看出，在核心解释变量替换后的稳健性检验中，中国海关特殊监管区从面积和进出口总额上对第二产业的阶段性空间集聚促进效应仍十分明显，且表现出与前文实证一致的结果。因此，替换核心解释变量不会对空间集聚效应产生实质性影响，进而说明本研究集聚效应实证检验结论的稳健可靠性。

表5-10　中国海关特殊监管区贸易增长极第二产业空间集聚效应的稳健性检验

第二产业总样本（2010—2016 年）			第二产业样本（2010—2012 年）			第二产业样本（2013—2016 年）		
	SDM模型	滞后项		SDM模型	滞后项		SDM模型	滞后项
ARE	−0.004	0.011**	ARE	0.006***	0.007***	ARE	−0.012**	0.009**
	（0.01）	（0.24）		（0.05）	（0.17）		（0.15）	（0.22）
TEI	0.004**	0.005**	TEI	0.012**	0.027***	TEI	0.007	0.044
	（0.28）	（0.33）		（0.09）	（0.06）		（0.01）	（0.05）

续　表

第二产业总样本 （2010—2016 年）			第二产业样本 （2010—2012 年）			第二产业样本 （2013—2016 年）		
	SDM 模型	滞后项		SDM 模型	滞后项		SDM 模型	滞后项
FM	−0.108***	−0.061	*FM*	−0.053*	0.522	*FM*	−0.117***	−0.056
	（0.01）	（0.05）		（0.05）	（0.21）		（0.16）	（0.16）
UBL	0.019	−0.604	*UBL*	0.008*	0.004*	*UBL*	0.124*	0.118***
	（0.09）	（0.61）		（0.04）	（0.32）		（0.04）	（0.03）
SL	−0.002	−0.024	*SL*	0.000	0.011	*SL*	−0.016***	−0.129
	（0.02）	（0.05）		（0.00）	（0.72）		（0.12）	（0.12）
TTA	−0.065	−2.004	*TTA*	−0.006	1.436	*TTA*	−0.003	0.006*
	（0.05）	（0.61）		（0.15）	（0.36）		（0.06）	（0.12）
MOP	0.014*	1.004*	*MOP*	0.000	−0.001	*MOP*	0.000	0.002
	（0.08）	（0.08）		（0.00）	（0.00）		（0.00）	（0.00）
IDL	0.117***	−0.534*	*IDL*	0.055**	−0.085	*IDL*	0.115***	−0.508
	（0.01）	（0.25）		（0.02）	（0.17）		（0.31）	（0.44）
AGC	−0.007***	0.005	*AGC*	0.012**	0.069	*AGC*	−0.005**	0.068
	（0.00）	（0.02）		（0.04）	（0.04）		（0.00）	（0.40）
WL	−0.132***	0.053***	*WL*	0.069*	0.012***	*WL*	0.160***	0.047**
	（0.04）	（0.75）		（0.05）	（0.09）		（0.04）	（0.02）
QOL	0.001	0.136	*QOL*	−0.005	−0.005**	*QOL*	0.037***	0.38
	（0.13）	（0.75）		（0.05）	（0.28）		（0.01）	（0.04）
ICN	0.001**	0.002	*ICN*	0.001	−0.007	*ICN*	0.001	−0.007
	（0.05）	（0.07）		（0.24）	（0.01）		（0.14）	（0.01）
Spatial rho	2.766***		*Spatial rho*	2.145***		*Spatial rho*	2.615***	
	（0.01）			（0.06）			（0.06）	

续　表

第二产业总样本 （2010—2016 年）			第二产业样本 （2010—2012 年）			第二产业样本 （2013—2016 年）		
	SDM 模型	滞后项		SDM 模型	滞后项		SDM 模型	滞后项
Variance	0.014***		*Variance*	0.001***		*Variance*	0.002***	
sigma2_e	0.000		*sigma2_e*	0.000		*sigma2_e*	0.000	
N	1883		*N*	807		*N*	1076	
r2_w	0.401		*r2_w*	0.434		*r2_w*	0.492	
AIC	−6 622.831		*AIC*	−3 014.883		*AIC*	−3 067.655	
BIC	−6 618.804		*BIC*	−3 722.198		*BIC*	−3 938.183	
ll	3 145.204		*ll*	1 989.673		*ll*	2 025.239	

注：Standard errors in parentheses，* $P<0.1$，** $P<0.05$，*** $P<0.01$。

二、第三产业空间集聚效应

（一）总体估计结果

中国海关特殊监管区贸易增长极与第三产业集聚的 SDM、SAR、SAC 和 SEM 模型估计结果如表 5-11 所示。

表5-11　第三产业集聚总体空间面板回归结果

TIA	SDM 模型	SAR 模型	SAC 模型	SEM 模型	空间滞后项
NM	0.004**	−0.01	−0.008	−0.009	0.003***
	（0.14）	（0.28）	（0.13）	（0.03）	（0.15）
TEI	0.012***	−0.001	−0.001*	−0.001*	0.022**
	（0.00）	（0.00）	（0.00）	（0.00）	（0.00）
FM	0.082***	0.065***	0.077***	0.076***	−0.019
	（0.03）	（0.02）	（0.01）	（0.03）	（0.21）

TIA	SDM 模型	SAR 模型	SAC 模型	SEM 模型	空间滞后项
UBL	−0.03	−0.102*	−0.096*	−0.099*	−0.776
	（0.04）	（0.05）	（0.01）	（0.26）	（0.19）
SL	0.001	0.002*	0.002	0.002	0.025
	（0.00）	（0.00）	（0.00）	（0.00）	（0.02）
TTA	0.041	0.034	0.032	0.031	1.497
	（0.05）	（0.98）	（0.47）	（0.47）	（0.93）
MOP	0.000	0.000	0.000	0.000	0.001
	（0.00）	（0.00）	（0.00）	（0.00）	（0.00）
IDL	−0.061***	−0.053***	−0.061***	−0.061***	0.355*
	（0.01）	（0.01）	（0.01）	（0.01）	（0.21）
AGC	0.006***	0.006***	0.006**	0.006**	−0.011
	（0.00）	（0.00）	（0.00）	（0.00）	（0.02）
WL	−0.090***	−0.119***	−0.104***	−0.108***	0.016***
	（0.03）	（0.02）	（0.01）	（0.03）	（0.04）
QOL	−0.019***	−0.009**	−0.017**	−0.018***	−0.022
	（0.11）	（0.00）	（0.13）	（0.11）	（0.93）
ICN	0.000	−0.000*	0.000	−0.001*	−0.004
	（0.00）	（0.00）	（0.00）	（0.00）	（0.16）
Spatial rho	1.895***	2.284***	1.410*		
	（0.18）	（0.06）	（0.79）		
lambda			2.073***	2.305***	
			（0.24）	（0.66）	
Variance sigma2_e	0.001***	0.001***	0.002***	0.001***	
	0.000	0.000	0.000	0.000	
N	1883	1883	1883	1883	

TIA	SDM 模型	SAR 模型	SAC 模型	SEM 模型	空间滞后项
r2_w	0.300	0.020	0.043	0.088	
AIC	−7 059.116	−6 975.013	−7 010.866	−6 995.566	
BIC	−6 995.06	−6 897.444	−6 927.757	−6 917.998	
ll	3 555.558	3 038.101	3 520.433	3 511.783	

注：括号中的数据为标准差 p 值，* $P<0.1$，** $P<0.05$，*** $P<0.01$。

　　根据模型拟合度最优、AIC 和 BIC 最小和极大似然值最大的原则，最终确定 SDM 模型估计结果为中国海关特殊监管区贸易增长级对第三产业的空间集聚效应。根据表 5–11 SDM 模型估计和解释变量的空间滞后项结果，中国海关特殊监管区个数（NM）和进出口总额（TEI）对第三产业集聚（TIA）均存在显著正向影响，影响系数分别为 0.004 和 0.012；周边地区的中国海关特殊监管区个数（NM）和进出口总额（TEI）对第三产业集聚（TIA）均存在显著正向影响，影响系数分别为 0.003 和 0.022，总体来看，中国海关特殊监管区的培育和发展有利于当地及周边地区第三产业空间集聚水平的提升。本研究认为，随着国家经济结构的转型，中国海关特殊监管区作为制度改革高地在园区功能优化上保持了与宏观经济结构转型的同步，海关特殊监管区的培育和发展有效地推动了园区产业从传统的贸易、保税物流和出口加工等第二产业向商贸服务、金融和航运等第三产业转型发展。有数据显示，2016 年，中国海关特殊监管区完成工业总产值为 31 553.9 亿元，同比增长 4.9%，同期的物流产值和贸易服务产值分别为 13 098.3 亿元和 33 041.2 亿元，同比增长 9.2% 和 8.4%。其中，保税区完成工业产值 7 225.6 亿元，同比增长 6.3%，物流企业经营收入 6 799.9 亿元，同比增长 8.9%；综合保税区和保税港区共完成工业产值 9 188.6 亿元，同比增长 6.1%，物流企业经营收入 2 411.9 亿元，同比增长 10.1%；出口加工区完成工业产值 6 006.4 亿元，同比增长 3.1%。由此可以看出，中国海关特殊监管区在推进产业升级上引导园区产业结构从出口加工向加工、贸易、物流三大产业转变。因此，中国海关特殊监管区的功能转型对第三产业的集聚发展起到了明显的促进作用。

　　在控制变量方面，各地级市的财政紧张度（FM）对第三产业集聚（TIA）在 1% 的水平下存在显著正向影响，影响系数大小为 0.082，财政紧张的地区有利于第三产业集聚，反映出财政紧张的地区倾向于发展第三产业；城市化水平

（UBL）、区储蓄水平（SL）等对第三产业集聚（TIA）影响不显著；工业发展水平（IDL）对第三产业集聚（TIA）在1%的水平下存在显著负向影响；税负水平（AGC）对第三产业集聚（TIA）在1%的水平下存在显著正向影响；工资水平（WL）对第三产业集聚（TIA）在1%的水平下存在显著负向影响；生活水平（QOL）对第三产业集聚（TIA）在1%的水平下存在显著负向影响。从解释变量的空间滞后项来看，周边地区的各地级市的财政紧张度（FM）、城市化水平（UBL）、储蓄水平（SL）和市场化程度（TIA）等对第三产业集聚（TIA）影响不显著；周边地区工业发展水平（IDL）对第三产业集聚（TIA）在10%的水平下存在显著正向影响，影响系数大小为0.355，周边地区工业发展水平（TDL）的提高有利于第三产业集聚（TIA）；周边地区的工资水平（WL）对第三产业集聚（TIA）在1%的水平下存在显著正向影响，影响系数大小为0.016，周边地区的工资水平（WL）的提升有利于第三产业集聚（TIA）。

（二）空间时序估计结果

本研究在第三产业进行空间时序估计并选择从2013年为时间节点的原因与第二产业一致。一是根据第三产业空间集聚全局 *Moran's I* 指数趋势（图5-1）和第三产业集聚平均发展趋势（图5-2）研究，2013年前后的第三产业空间集聚水平出现较为明显的时间节点。二是2013年十八届三中全会对中国海关特殊监管区的功能与整合进行了重新定位，明确提出了中国海关特殊监管区功能向第三产业延伸的发展战略。鉴于此，本研究以2013年为节点对第三产业空间集聚效应进行空间时序估计分析。

1. 2013年以前估计结果

2013年之前中国海关特殊监管区贸易增长极与第三产业集聚的SDM、SAR、SAC和SEM模型估计结果如表5-12所示。

表5-12　2010—2012年第三产业集聚空间面板回归结果

TIA	SDM 模型	SAR 模型	SAC 模型	SEM 模型	空间滞后项
NM	0.001	0.000	0.004*	0.002	0.001
	（0.15）	（0.08）	（0.01）	（0.17）	（0.12）
TEI	0.002*	−0.002	−0.002	−0.002	0.002
	（0.00）	（0.00）	（0.00）	（0.00）	（0.36）

TIA	SDM 模型	SAR 模型	SAC 模型	SEM 模型	空间滞后项
FM	0.022	0.012	0.022	0.018	−0.155
	（0.22）	（0.04）	（0.02）	（0.04）	（0.12）
UBL	0.105	0.04	0.072	0.061	0.047
	（0.11）	（0.12）	（0.18）	（0.23）	（0.74）
SL	0.000	0.000	0.000	0.000	−0.016
	（0.00）	（0.00）	（0.00）	（0.00）	（0.02）
TTA	0.052	0.003	0.023	0.014	−0.325
	（0.05）	（0004）	（0.04）	（0.04）	（0.63）
MOP	0.000	0.000	0.000	0.000	0.004
	（0.00）	（0.00）	（0.00）	（0.00）	（0.00）
IDL	−0.039**	−0.039**	−0.039**	−0.040**	0.004
	（0.02）	（0.02）	（0.02）	（0.02）	（0.15）
AGC	0.000	−0.001	0.000	−0.001	−0.027
	（0.00）	（0.00）	（0.00）	（0.00）	（0.04）
WL	−0.042	−0.070**	−0.052*	−0.059**	0.046*
	（0.03）	（0.02）	（0.03）	（0.03）	（0.67）
QOL	−0.014	−0.005	−0.004	−0.003	0.296*
	（0.14）	（0.01）	（0.03）	（0.01）	（0.16）
ICN	0.001	−0.001*	−0.001**	−0.001***	0.006
	（0.00）	（0.00）	（0.00）	（0.00）	（0.01）
Spatial rho	2.204***	2.339***	2.130***		
	（0.06）	（0.03）	（0.09）		
lambda			2.113***	2.346***	
			（0.11）	（0.05）	

TIA	SDM 模型	SAR 模型	SAC 模型	SEM 模型	空间滞后项
Variance sigma2_e	0.000***	0.000***	0.001***	0.000***	
	0.000	0.000	0.000	0.000	
N	807	807	807	807	
r2_w	0.349	0.131	0.104	0.083	
AIC	−3 952.246	−3 920.883	−3 950.403	−3 916.1	
BIC	−3 890.22	−3 855.177	−3 880.003	−3 850.393	
ll	2 002.123	1 974.442	1 990.202	1 972.050	

注：括号内的数据为标准差，* $P<0.1$，** $P<0.05$，*** $P<0.01$。

根据模型拟合度最优、AIC 和 BIC 最小和极大似然值最大的原则，最终确定 SDM 模型估计结果为中国海关特殊监管区贸易增长级对第三产业的空间集聚效应。根据表 5-12 SDM 模型估计和解释变量的空间滞后项结果，中国海关特殊监管区个数（NM）对第三产业集聚（TIA）影响不显著，中国海关特殊监管区进出口总额对第三产业集聚（TIA）有微弱的正向影响，影响系数为0.001；周边中国海关特殊监管区个数（NM）和进出口总额（TEI）对第三产业集聚（TIA）影响均不显著。从总体上看，2013 年之前，中国海关特殊监管区贸易增长极对第三产业的集聚促进效应微弱，表现为对所在地区"点"集聚的微弱正向效应和对周边地区"面"集聚促进效应的不显著，且仅体现出中国海关特殊监管区贸易增长极进出口总额对"点"集聚的微弱正向效应。本研究认为，一方面，2013 年以前的中国海关特殊监管区主要以第二产业的国际贸易、加工制造和保税仓储功能为主，该期间的保税区和出口加工区的发展成果十分明显，海关特殊监管区在贸易服务等第三产业中的发展不足导致其影响第三产业集聚不显著。另一方面，2013 年以前成立的中国海关特殊监管区以保税区、保税物流园区和出口加工区为主，综合保税区的大规模建设是从 2012 年开始的，而保税区、保税物流园区和出口加工区与第二产业的对接更为明显。

2. 2013 年以后（含 2013 年）估计结果

2013 年以后中国海关特殊监管区贸易增长极与第三产业集聚的 SDM、SAR、SAC 和 SEM 模型估计结果如表 5-13 所示。

表5-13　2013—2016年第三产业集聚空间面板回归结果

TIA	SDM 模型	SAR 模型	SAC 模型	SEM 模型	空间滞后项
NM	0.021**	−0.005	−0.004	−0.002	0.024***
	（0.14）	（0.11）	（0.05）	（0.01）	（0.26）
TEI	0.028***	−0.001	−0.001	−0.001	0.025**
	（0.00）	（0.00）	（0.00）	（0.00）	（0.03）
FM	0.077***	0.051**	0.055*	0.067**	−0.464
	（0.05）	（0.08）	（0.09）	（0.02）	（0.51）
UBL	−0.156	−0.1	−0.103	−0.107	−0.025***
	（0.14）	（0.04）	（0.02）	（0.01）	（0.09）
SL	0.028***	0.030***	0.030***	0.031***	0.367**
	（0.01）	（0.01）	（0.14）	（0.04）	（0.05）
TTA	0.000	−0.009	−0.009	−0.008	1.448
	（0.04）	（0.22）	（0.06）	（0.07）	（0.09）
MOP	0.000	0.000	0.000	0.000	−0.003
	（0.00）	（0.00）	（0.00）	（0.00）	（0.00）
IDL	−0.050***	−0.044***	−0.045***	−0.050***	0.567**
	（0.07）	（0.07）	（0.01）	（0.01）	（0.08）
AGC	0.004**	0.003**	0.003**	0.003**	0.017
	（0.00）	（0.00）	（0.00）	（0.00）	（0.29）
WL	−0.130***	−0.148***	−0.146***	−0.142***	−1.085
	（0.03）	（0.03）	（0.04）	（0.03）	（0.46）
QOL	−0.044***	−0.047***	−0.046***	−0.047***	−0.536**
	（0.01）	（0.01）	（0.01）	（0.01）	（0.24）
ICN	−0.000*	−0.001**	−0.001**	−0.001**	0.003
	（0.00）	（0.00）	（0.00）	（0.00）	（0.01）
Spatial rho	1.811***	2.217***	2.120***		
	（0.22）	（0.12）	（0.41）		

TIA	SDM 模型	SAR 模型	SAC 模型	SEM 模型	空间滞后项
lambda			0.489	2.290***	
			（1.87）	（0.08）	
Variance sigma2_e	0.001***	0.001***	0.001***	0.001***	
	0.000	0.000	0.000	0.000	
N	1076	1076	1076	1076	
r2_w	0.457	0.200	0.242	0.227	
AIC	−4 695.137	−4 652.971	−4 651.546	−4 646.656	
BIC	−4 595.631	−4 583.237	−4 576.831	−4 576.922	
ll	2 373.569	2 340.485	2 340.773	2 337.328	

注：括号中的数据为标准差 p 值，* $P<0.1$，** $P<0.05$，*** $P<0.01$。

根据模型拟合度最优、AIC 和 BIC 最小和极大似然值最大的原则，最终确定 SDM 模型估计结果为中国海关特殊监管区贸易增长级对第三产业的空间集聚效应。根据表 5-13 SDM 模型估计和解释变量的空间滞后项结果，中国海关特殊监管区个数（NM）对第三产业集聚（TIA）水平提升显著，影响系数为0.021；中国海关特殊监管区进出口总额（TEI）对第三产业集聚（TIA）水平提升显著，影响系数为 0.028；周边地区中国周边海关特殊监管区个数（NM）对第三产业集聚（TIA）水平提升显著，影响系数大小为 0.024，周边地区的中国海关特殊监管区进出口总额（TEI）对第三产业集聚周边地区的水平提升显著，影响系数大小为 0.025。从总体上看，2013 年之后，中国海关特殊监管区贸易增长极对第三产业的集聚促进效应十分明显，表现为对所在地区"点"与周边地区"面"的集聚促进效应相当，且中国海关特殊监管区贸易增长极进出口总额的贡献度微弱领先于增长极个数的贡献度。本研究认为，一方面，2013年上海自由贸易试验区的设立和《中共中央关于全面深化改革若干重大问题的决定》中"加快海关特殊监管区域整合优化"方案的提出对中国海关特殊监管区赋予了新的功能定位，从单一的对外加工贸易功能开始向贸易服务、金融投资和物流服务等多元化功能方向整合，因此中国海关特殊监管区的培育和发展显著地促进了第三产业的集聚水平；另一方面，自 2013 年开始，新成立的中国海关特殊监管区主要以综合保税区为主，与出口加工区、保税区及保税物流园区相比，该类海关特殊监管区与贸易服务、金融服务和物流服务等第三产业发展的衔接更紧密，因此对第三产业的集聚产生了积极促进效果。

（三）稳健性检验

在前文实证检验中国海关特殊监管区贸易增长极的第三产业集聚效应发现，海关特殊监管区的培育和发展对第三产业存在阶段性的空间集聚效应。为验证实证结果的稳健可靠性，本研究进一步从替换变量方面进行稳健性检验。基于中国海关特殊监管区贸易增长极借助交通、信息和能源等载体促进生产要素流动形成特殊监管区间主导产业或优势产业的轴线集聚效应，而中国海关特殊监管区贸易增长极的面积是载体的重要体现，本研究选择面积变量作为核心解释变量的替代变量进行稳健性检验，即利用中国海关特殊监管区面积替换个数重新构造核心解释变量，并利用空间杜宾模型（SDM）进行重新拟合，具体结果如表5-14所示。可以看出，在核心解释变量替换后的稳健性检验中，中国海关特殊监管区从面积和进出口总额上对第三产业的阶段性空间集聚促进效应仍十分明显，且表现出与前文实证一致的结果。因此，替换海关特殊监管区个数的核心解释变量不会对中国海关特殊监管区贸易增长极第三产业空间集聚效应产生实质性影响，进而说明本研究集聚效应实证检验结论的稳健可靠性。

表5-14　中国海关特殊监管区贸易增长极第三产业空间集聚效应的稳健性检验

第三产业总样本 （2010—2016 年）			第三产业样本 （2010—2012 年）			第三产业样本 （2013—2016 年）		
	SDM 模型	滞后项		SDM 模型	滞后项		SDM 模型	滞后项
ARE	0.002**	0.002**	*ARE*	0.001	−0.004*	*ARE*	0.002*	0.005***
	（0.08）	（0.07）		（0.05）	（0.02）		（0.02）	（0.01）
TEI	0.002**	0.021*	*TEI*	0.057	−0.008*	*TEI*	0.014***	0.023**
	（0.31）	（0.09）		（0.05）	（0.02）		（0.05）	（0.18）
FM	0.082***	−0.019	*FM*	0.022	−0.155	*FM*	0.077***	−0.464
	（0.02）	（0.02）		（0.02）	（0.32）		（0.02）	（0.05）
UBL	−0.006	−0.871	*UBL*	0.123	0.044	*UBL*	−0.152	−0.023***
	（0.04）	（0.54）		（0.24）	（0.03）		（0.16）	（0.08）

续　表

第三产业总样本（2010—2016 年）			第三产业样本（2010—2012 年）			第三产业样本（2013—2016 年）		
	SDM模型	滞后项		SDM模型	滞后项		SDM模型	滞后项
SL	0.009	0.017	SL	0.000	−0.013	SL	0.022***	0.666**
	（0.00）	（0.05）		（0.12）	（0.05）		（0.05）	（0.12）
TTA	0.001	1.242	TTA	0.055	−0.825	TTA	0.000	1.415
	（0.55）	（0.33）		（0.07）	（0.05）		（0.27）	（0.09）
MOP	0.000	0.001	MOP	0.000	0.004	MOP	0.000	−0.003
	（0.00）	（0.00）		（0.00）	（0.00）		（0.00）	（0.00）
IDL	−0.061***	0.355*	IDL	−0.039**	0.004	IDL	−0.050***	0.567**
	（0.01）	（0.21）		（0.02）	（0.53）		（0.07）	（0.08）
AGC	0.006***	−0.011	AGC	0.000	−0.027	AGC	0.004**	0.017
	（0.00）	（0.02）		（0.00）	（0.04）		（0.00）	（0.29）
WL	−0.090***	0.016***	WL	−0.042	0.046*	WL	−0.130***	−1.085
	（0.03）	（0.04）		（0.03）	（0.71）		（0.03）	（0.96）
QOL	−0.019***	−0.022	QOL	−0.014	0.296*	QOL	−0.044***	−0.536**
	（0.11）	（0.03）		（0.04）	（0.05）		（0.01）	（0.04）
ICN	0.000	−0.004	ICN	0.001	0.006	ICN	−0.000*	0.003
	（0.00）	（0.16）		（0.00）	（0.04）		（0.00）	（0.01）
Spatial rho	0.895***		Spatial rho	2.216***		Spatial rho	1.674***	
	（0.15）			（0.02）			（0.24）	
Variance sigma2_e	0.002***		Variance sigma2_e	0.002***		Variance sigma2_e	0.002***	
	0.000			0.000			0.000	
N	1883		N	807		N	1076	
r2_w	0.603		r2_w	0.511		r2_w	0.557	
AIC	−6 059.112		AIC	−3 394.116		AIC	−4 815.25	

	第三产业总样本 （2010—2016 年）			第三产业样本 （2010—2012 年）			第三产业样本 （2013—2016 年）	
	SDM 模型	滞后项		SDM 模型	滞后项		SDM 模型	滞后项
BIC	−6 155.438		BIC	−3 890.224		BIC	−4 549.13	
ll	3 204.571		ll	2 145.162		ll	1 905.225	

注：Standard errors in parentheses，* P<0.1，** P<0.05，*** P<0.01

第五节　空间集聚的非线性效应检验

非均衡分布的中国海关特殊监管区经济效应具有空间异质性，这种异质性对第二产业和第三产业的空间集聚产生的不同程度的影响可能具有非线性特征。考虑到中国地区产业集聚发展的差异性与海关特殊监管区经济效应的空间异质性，两者之间极有可能存在非线性关系。前文实证发现，中国海关特殊监管区的培育对第二产业和第三产业集聚发展存在显著的空间时序性，在 2013 年之前第二产业的空间集聚效应明显，在 2013 年之后（含 2013 年）第三产业的空间集聚效应更明显。那么，中国海关特殊监管区的不同产业空间集聚效应是线性还是非线性的呢？这是本节重点讨论的内容。

结合当前中国对外贸易增速放缓和产业发展水平的地区差异性，综合考虑中国海关特殊监管区贸易增长极的非均衡空间布局现状，本研究进一步构建时变面板平滑转换回归模型（TV-PSTR）来刻画中国海关特殊监管区贸易增长极产业空间集聚的非线性特征，在此过程中重点考察中国海关特殊监管区贸易增长极在开放型经济建设中，在进口贸易和出口贸易动态变化的现状下，是否存在影响产业集聚的门限效应，以及展现为何种空间布局。该节内容丰富并深化了本研究中国海关特殊监管区贸易增长极空间集聚效应的实证内容，并克服了现有文献采用线性模型研究的弊端。

一、理论模型的构建

本研究借鉴 Webb 等（2002）的研究思路，引入中国海关特殊监管区进出口贸易与产业集聚变量构造理论模型。根据传统的 IM 生产函数：

$$Y(t) = A(t)K(t)^{\alpha}L(t)^{\beta}, (\alpha > 0, \beta > 0) \qquad (5-8)$$

其中，经济系统中的产出、资本和劳动力分别用 GDP、$open_{it}^{1} = \dfrac{IM_{it}^{1} + EX_{it}^{1}}{GDP_{it}}$ 和 $open_{it}^{2} = \dfrac{IM_{it}^{2} + EX_{it}^{2}}{GDP_{it}}$ 表示，$A(t)$ 表示生产投入要素不变条件下技术进步带来的经济系统产出增加，一般设定为 $A(t) = A(0)e^{gt}$，g 为常数。式（5-8）满足以下条件：

$$\mathrm{d}Y/\mathrm{d}K > 0; \quad \mathrm{d}Y/\mathrm{d}L > 0; \quad \mathrm{d}^2Y/\mathrm{d}K^2 < 0; \quad \mathrm{d}^2Y/\mathrm{d}L^2 < 0$$

根据研究需要，假设中国海关特殊监管区贸易增长极空间集聚效应中的产业具有规模报酬不变的希克斯中性，则对式（5-8）进一步深化后得出的增长模型表示如下。

$$Y(t) = Z(t)A(t)K(t)^{\alpha}L(t)^{1-\alpha}, (0 < \alpha < 1) \qquad (5-9)$$

其中 $Z(t)$ 代表中国海关特殊监管区进出口贸易因素，在此将进出口贸易因素分为三类，整体进出口总额 $trade$，出口总额 exp，进口总额 imp，具体形式如下。

$$Z(t) = Z(0)\exp(exp; imp) \qquad (5-10)$$

将式（5-9）两边同时除以 $L(t)$ 可以得到如下人均方程。

$$Y(t)/L(t) = Z(t)A(t)K(t)/L(t)^{\alpha}, (0 < \alpha < 1) \qquad (5-11)$$

对式（5-11）两边同时取对数可以得到下式。

$$\ln(Y(t)/L(t)) = \ln Z(0) + X + \ln A(t) + \alpha \ln K(t)/L(t), (0 < \alpha < 1) \qquad (5-12)$$

$$X_{i,t} = (exp_{i,t}; imp_{i,t})$$

对式（5-12）进行 t 求导，并加入控制变量。此外，基于进出口总额与产业发展等数据存在的显著性地区差异，参照 Fouquau（2008）、Aslanidis 和 Iranzo（2009）及 Destais（2009）等学者的研究思路，本研究将式（5-12）转换为动态面板平滑转移回归（TV-PSTR）模型（式（5-13））来刻画参数随时间变化产生的非稳定效应，即考察中国海关特殊监管区贸易增长极参数对产业集聚的动态影响。TV-PSTR 模型的表达如下。

$$\ln(imp_{i,t}) = \beta_0 + \beta_1 X_{i,t} + \beta_2 X_{i,t} g(Q_{i,t}, \gamma, Q_c) + \beta_j \sum_{j=3}^{4} Control_{j,t} + \varepsilon_{i,t} \qquad (5-13)$$

$$X_{i,t} = (exp_{i,t}; imp_{i,t})$$

$$Control_{j,t} = \{FM_{j,t}, SL_{j,t}, UBL_{j,t}, TIA_{j,t}, MOP_{j,t}, IDL_{j,t}, AGC_{j,t}, WL_{j,t}, QOL_{j,t}, ICN_{j,t}\}$$

变量名称与解释在表 5-2 模型变量表中已经给出，在此不做重复论述。在 TV-PSTR 模型中，由于不同地区经济发展水平、产业发展水平等的不同，中国海关特殊监管区贸易增长极的产业空间集聚效应存在非线性特征。在实证中，加入衡量中国海关特殊监管区发展的非线性门限变量，包括监管区面积和监管区个数，用以衡量扩大对外开放中，随中国海关特殊监管区面积和监管区个数的变化，中国海关特殊监管区贸易增长极产业空间集聚效应的非线性特征。其中，面积反应监管区地理变量，通常认为该指标越大，该地区海关特殊监管区发展规模越大，个数反应监管区数量变量，通常认为该指标越大，该地区海关特殊监管区发展规模越大。综上所述，本研究以中国海关特殊监管区面积和监管区个数两个指标为门限变量，构建两个模型，实证检验在不同的海关特殊监管区发展水平上，随面积和个数的变化，中国海关特殊监管区对产业集聚发展的非线性影响及其变化规律。此外，β_1 和 β_2 为估计系数，在转移函数 $g(Q_{it},\gamma,Q_c)$ 选择上，本研究沿用广大学者的普遍思路（赵进文，2010；李后建，2013；魏华林，2015；刘君，2017），选择的 Logistic 转换函数如下。

$$g(Q_{it},\gamma,Q_c)=\left[1+\exp\left(-\gamma\prod_{c=1}^{m}(Q_{it}-Q_c)\right)\right]^{-1},\gamma>0 \qquad （5-14）$$

其中，平滑参数（γ）用来描述 Logistic 转换函数的平滑程度。

二、线性检验与剩余非线性检验

Gonzulez 等（2005）提出在动态面板平滑转移回归（TV–PSTR）模型中通过构造辅助回归方程进行"线性检验"的方法。本研究沿用该惯例，对 Logistic 转换函数（式（5-14））在 $\gamma=0$ 处进行一阶泰勒展开，并在式（5-13）表达式基础上构造辅助方程式（5-15）来检验体制转换效应的显著性，具体表示如下。

$$\varepsilon_{i,t}^{''}=\varepsilon_{i,t}+R_m\Phi_1'Z_{i,t} \qquad （5-15）$$

其中，tot_{it}　$Z_{i,t}=(\ln rna_{i,t},exp_{i,t},imp_{i,t},control_{i,t})$，Logistic 转换函数进行一阶泰勒展开后的剩余项为 tot_{it}。根据 Gonzulez 等（2005）的研究思路，辅助方程式（5-15）中的线性假设 $H_0^*:\phi_1'=\cdots=\phi_m'=0$ 与检验关系式（5-11）的线性假设 $H_0:\gamma=0$ 等价。基于此，本文进一步构造以下统计量来考察模型提出的原假设 $g(Q_{it},\gamma,Q_c)$。

$$m=1 \qquad （5-16）$$

$$m=2 \qquad （5-17）$$

$$pseudo\text{-}LRT=-2[\log(SSR_{ur}/SSR_0)]\sim x_{mk}^2 \qquad （5-18）$$

在式（5-16）～（5-18）统计量表达式中，原假设成立条件下的面板残差平方和为 SSR_0；备选假设成立下的面板残差平方和为 SSR_1；线性化无约束回归模型中辅助回归方程的残差平方和为 $m=1$。在具体实证检验中，各统计量表达式的 F 值遵循渐近 $m=1$ 分布；LM 值和 $Pseudo-LRT$ 统计量遵循渐近 $m=2$ 分布。在上述线性检验基础上，为进一步考察 TV-PSTR 模型中的机制转移函数的个数，本研究对 Logistic 转换函数进行"剩余非线性检验"，即确定转换函数是否满足以下假设：$m=2$ 或者 $r=0$。其中，r 为 β 系数的阶数，满足以下条件。

$$\beta = \frac{\partial(lnrgdp_{i,t})}{\partial X_{i,t}} = \beta_1 + \sum_{j=1}^{\gamma} \beta_j g_j(\bar{Q}_{i,t}, \gamma_j, Q_j) \tag{5-19}$$

当剩余非线性检验满足 $r=2$ 的备选假设时，式（5-13）将转换为式（5-20）。

$$\ln(rna_{i,t}) = \beta_0 + \beta_1 X_{i,t} + \beta_2 X_{i,t} g(Q_{i,t}^{(1)}, \gamma_1, Q_c) + \beta_3 X_{i,t} g(Q_{i,t}^{(2)}, \gamma_2, Q_c) + \beta_3 Control_{i,t} + \varepsilon_{i,t} \tag{5-20}$$

其中，$m=1$。沿用式（5-13）的思路，继续构造辅助回归方程，对式（5-20）进行"线性检验"，以考察原假设 $m=2$。其中，F 统计量、LM 统计量和 $Pseudo-LRT$ 统计量仍遵循渐近 $m=1$ 和 $m=2$ 分布。同时，为检验式（5-20）中的转换函数个数是否存在三个或以上，对假设 $m=1$（$m=2$）以及备择假设 $r=0$ 进行检验，即拒绝原假设则继续检验备择假设，直至无法拒绝原假设 $r=2$ 为止。

三、实证结果与分析

（一）"线性检验"与"剩余非线性检验"

本研究借鉴 Granger 和 Terasvirta（1993）、Gonzulez（2005）等的研究方法，根据 AIC 和 BIC 准则对转移函数的位置参数 m 进行取值判断，并结合 Colleta 和 Hurlin（2008）提出的 TV-PSTR 模型包含区制个数不多则充分反映板数据异质性观点，本研究确定中国海关特殊监管区贸易增长极产业空间集聚的非线性模型最优位置参数为 1（表 5-15）。

表 5-15　利用TV-PSTR模型转换函数确定位置参数个数

模　型	监管区面积		监管区个数	
位置参数个数	$m=1$	$m=2$	$\bar{Q}_{i,t}$	$\beta = \dfrac{\partial\left(\dfrac{Foreign.Exchange.Reserve}{GDP}\right)}{\partial X_{it}}$ $= \beta_1 + \beta_2 g(\bar{Q}_{it}, \gamma, Q_c), X_{i,t}$ $= \{exg_{i,t}, tot_{i,t}, cal_{i,t}, vol_{i,t}\}$
转换函数最优个数	1	2	1	2
AIC	4.441	4.503	5.054	5.197
BIC	4.916	4.825	5.221	5.307

基于表 5-15 确定的转换函数位置参数，实证检验需要进一步对 TV-PSTR 模型中的中国海关特殊监管区贸易增长极产业空间集聚效应中存在的非线性转换函数（体制转换区间）最优个数进行确定，以保证检验结果的稳健可靠性。非线性转换函数最优个数的检验结果如表 5-16 所示。

表 5-16　TV-PSTR模型的线性检验和剩余非线性检验结果

模型统计量	海关特殊监管区面积		
	F	LM	$Pseudo\text{-}LRT$
$H_0: r=0$ vs $H_1: r=1$	7.139*** [0.002]	7.072*** [0.005]	6.857*** [0.004]
$H_0: r=1$ vs $H_1: r=2$	0.814 [0.425]	2.114 [0.506]	2.507 [0.442]
模型统计量	海关特殊监管区个数		
	F	LM	$Pseudo\text{-}LRT$
$H_0: r=0$ vs $H_1: r=1$	8.090** [0.002]	13.015*** [0.003]	7.829*** [0.003]
$H_0: r=1$ vs $H_1: r=2$	1.455 [0.614]	0.999 [0.607]	1.073 [0.710]

注：*、** 和 *** 分别表示在10%、5%和1%显著水平上通过检验，中括号内为统计量对应的 P 值。

根据表 5–16 的检验结果，当以中国海关特殊监管区的面积或个数指标为门限变量对产业集聚展开线性检验时，TV–PSTR 模型检验的 *F*、*LM* 和 *Pseudo-LRT* 统计量在 1% 显著性水平上分别为 7.139、7.072 和 6.857，检验值均显著地拒绝 $r = 0$ 的原假设；TV–PSTR 模型检验的非线性机制转换函数的最优个数为 1。上述检验结果说明随着中国海关特殊监管区面积和个数的增加，中国海关特殊监管区贸易增长极产业空间集聚效应存在显著的非线性特征。

（二）非线性模型的参数估计

本研究在对中国海关特殊监管区贸易增长极产业空间集聚的非线性 TV–PSTR 模型估计的基础上，借鉴 Gonzulez 等（2005）的方法对模型中的个体固定效应进行"去均值"消除，对模型参数进行非线性最小二乘法估计，并选择格点法（grid）确定 TV–PSTR 模型残差平方和最小的参数估计值。具体的参数估计结果如表 5–17 所示。

表 5–17　中国海关特殊监管区产业集聚的非线性关系参数估计

门限变量	线性动态面板模型	非线性时变面板平滑转换回归模型（第二产业）		非线性时变面板平滑转换回归模型（第三产业）	
		监管区面积	监管区个数	监管区面积	监管区个数
平滑参数γ	——	3.104** (0.553)	1.835** (0.096)	2.115* (0.310)	2.043* (0.114)
位置参数Q_c	——	3.311** (0.043)	2.002* (0.051)	1.996** (0.043)	1.992* (0.051)
出口额 (*exp*)	0.341** (1.327)	−0.484** (1.996)	0.417*** (2.351)	−0.517*** (1.784)	0.546*** (2.679)
进口额 (*imp*)	0.17 (0.074)	−0.136** (1.452)	0.272** (1.681)	−0.105** (1.973)	0.250** (2.201)
$exp_{i,t}g(Q_{i,t},\gamma,Q_c)$	——	0.615*** (0.468)	−0.730** (3.555)	0.817*** (0.943)	−0.752** (1.045)
$imp_{i,t}g(Q_{i,t},\gamma,Q_c)$	——	0.497** (0.019)	−0.531** (5.774)	0.693** (0.064)	−0.558** (2.507)
转换函数个数	——	1	1	1	1
AIC	——	2.993	2.756	2.104	2.217

门限变量	线性动态面板模型	非线性时变面板平滑转换回归模型（第二产业）		非线性时变面板平滑转换回归模型（第三产业）	
		监管区面积	监管区个数	监管区面积	监管区个数
BIC	——	1.185	1.175	1.029	1.041
Log*likelihood*	−309.09	−297.29	−288.30	−264.48	−255.18
Wald 检验	25.99 （0.032）	——	——	——	——
统计量 m_1	−11.804 （0.000）	——	——	——	——
统计量 m_2	−23.041 （0.233）	——	——	——	——
Sargent 检验	11.154 （0.994）	——	——	——	——

注：*、** 和 *** 分别表示在 10%、5% 和 1% 显著水平上通过检验，括号内的值为估计系数的对应标准差。

　　根据表 5–17 的检验结果，动态非线性平滑面板 TV–PSTR 模型比线性模型的变量统计显著性更优，并得出以下结论。第一，在中国海关特殊监管区贸易增长极的第二产业空间集聚非线性关系上，以监管区面积为转换函数的门限变量时，平滑参数值在 5% 显著水平上的检验值为 3.104，说明中国海关特殊监管区贸易增长极第二产业空间集聚的非线性转换函数具有明显的平滑转化特征，随着中国海关特殊监管区设立面积的增加，第二产业的空间集聚效应呈渐进的非线性特征；以监管区个数为转换函数的门限变量时，平滑参数值在 5% 显著水平上的检验值为 1.835，显著低于以监管区面积为门限变量的估计值，说明随着中国海关特殊监管区设立个数的增加，第二产业的空间集聚效应更缓和，变化速度更慢。根据不同门限变量下的位置参数，第二产业集聚在监管区面积低于门限变量 3.311 或监管区个数低于门限变量 2.002 时，中国海关特殊监管区贸易增长极的第二产业空间集聚首先表现为负向线性效应，而后随着监管面积的增加（大于 3.311）或个数的增加（大于 2.002），中国海关特殊监管区贸易增长极的第二产业空间集聚开始出现正向的非线性效应。第二，在中国海关特殊监管区贸易增长极第三产业空间集聚的非线性关系上，以监管区面积为转换函数的门限变量时，平滑参数值在 10% 显著水平上的检验值为 2.115；以监管区个数为转换函数的门限变量时，平滑参数值在 10% 显著水平上的检验值为 2.043，与以监管区面积为门限变量的估计值相当，说明中国海关特殊监管区贸易增长极的第三产业空间集聚效应在监管区面积增加与个数增长门限下效果近似。根据位置参数看，第三产业集聚在监管区面积低于门限变量 1.996 或监管区个数低于门限变量 1.992 时，中国海关特殊监管区贸易增长极的第三产业空间集聚首先表现为负向线性效应，而后随着监管面积的增加（大于 1.996）或个数的增加（大于 1.992），中国海关特殊监管区贸易增长极的第三产业空间集聚开始出现正向的非线性效应。

为检验上述实证结论的稳健可靠性，本研究借鉴魏华林等（2015）的异方差检验方法，对中国海关特殊监管区贸易增长极产业空间集聚非线性模型的异方差进行 White 检验。具体方法如下。

首先对模型进行辅助回归：$\hat{u}_{it}^2 = \delta_0 + \delta_1 \hat{y}_{it} + \delta_2 \hat{y}_{it}^2 + e_{it}$，其中解释变量的预测值为 $\hat{y}_{it}$，模型的估计残差为 $\hat{u}_{it}$，原假设为 $H_0: \delta_1 = \delta_2 = 0$，备择假设为 $H_0: \delta_1$ 和 δ_2 有一个不为零，检验统计量如下。

$$F = (R_{\hat{u}^2}^2/2)/[(1-R_{\hat{u}^2}^2)/(n-3)] \sim F(2, n-3), \quad LM = n \cdot R_{\hat{u}^2}^2 \sim \chi^2(2) \quad （5-21）$$

稳健性检验结果如表 5-18 所示。可以看出，通过异方差的 White 检验得出本文实证模型估计的残差均不存在异方差，可以确定本文实证检验结果的稳健可靠性。

表 5-18　TV-PSTR 模型的异方差 White 检验

门限变量	线性模型	时变面板平滑转换回归模型	
		监管区面积	监管区个数
F 统计量	1.620 [0.115]	2.104 [0.219]	2.881 [0.042]
LM 统计量	3.197 [0.225]	2.607 [0.249]	5.122 [0.041]

注：中括号内为统计量对应的 P 值。

（三）非线性转换关系分析

前文以中国海关特殊监管区面积和监管区个数的两个指标为门限变量，构造了中国海关特殊监管区贸易增长极产业空间集聚的非线性 TV-PSTR 模型。

为进一步检验中国海关特殊监管区贸易增长极在监管区面积和监管区个数门限变量下的产业空间集聚非线性特征，可以运用式（5-18）计算与 TV-PSTR 模型中 $\bar{Q}_{i,t}$ 相对应的关系参数值，分析中国各地区海关特殊监管区贸易增长极与产业空间集聚的非线性散点关系。

通过分析可以知道，在不同门限变量下的第二产业和第三产业集聚水平较高的地区具有高度一致性，如上海、广东、江苏、浙江、北京、重庆、山东等地区，主要集中在长三角地区、珠三角地区、环渤海地区及成渝经济区，而云南、黑龙江、新疆、甘肃和贵州等地区海关特殊监管区对产业的集聚影响偏小，这类地区主要集中在东北、西北和西南地区。总体上来说，中国海关特殊监管区贸易增长极的产业空间集聚效应在空间尺度上展现为从"面"到"点"的不均衡空间格局特征。

改革开放以来，中国经济的空间格局形成了以东部沿海地区为中心、中西部内陆地区为外围的"中心—外围"结构，产业结构的承接和布局也是如此，受地理位置与对外开放政策因素的影响，沿海地区的海关特殊监管区在面积和个数上均高于内陆地区。在现有的产业结构格局与海关特殊监管区布局下，中国海关特殊监管区对东部沿海地区的产业集聚效应远高于中西部内陆地区及东北地区；在省域层面上表现为对沿海地区省份和直辖市地区的产业集聚效应高于内陆其他省份地区；在地级市层面上表现为对直辖市地区的产业集聚效应高于其他地级市，对沿海地区地级市的产业集聚效应高于内陆地区地级市。在中国海关特殊监管区贸易增长极对经济增长带动效应的反馈作用下，不平衡空间格局形成的循环累积因果作用机制可能进一步强化地区经济增长的非均衡性，导致东部沿海地区与中西部内陆地区的发展差距更明显。而这种非均衡的经济增长"马太效应"进而引起东部沿海地区发展模式中的路径依赖，甚至形成中国海关特殊监管区对产业集聚效应的空间锁定，导致沿海和内陆地区的经济协调发展受阻及发展模式转换困境。基于此，中国海关特殊监管区的培育更应充分考虑兼顾公平的空间布局，通过优化产业发展和海关特殊监管区的布局，降低产业集聚空间不均衡程度。

第六节 本章小结

中国海关特殊监管区的设立是中央和地方政府推动经济转型的一项重要举措。从 2013 年党的十八届三中全会对中国海关特殊监管区提出功能整合转型等重大政策方针开始，中国海关特殊监管区的功能定位从重点发展保税物流、国际贸易和出口加工业向发展以金融、航运、商贸、文化、专业和社会服务为主的第三产业转型。本章构建空间计量经济模型，对中国海关特殊监管区贸易增长极的空间集聚效应进行实证研究，得出的主要结论如下。

第一，中国海关特殊监管区贸易增长极促进了第二产业的空间集聚，空间时序呈现"倒U"型。2013年之前，中国海关特殊监管区贸易增长极对第二产业的空间集聚促进效应十分明显，表现为对周边地区"面"的集聚促进效应高于所在地区"点"的集聚促进效应，且中国海关特殊监管区贸易增长极个数比进出口总额增加更有效地促进了第二产业的空间集聚；2013年之后，中国海关特殊监管区贸易增长极对第二产业的空间集聚促进表现为从所在地区"点"到周边地区"面"的效果弱化，且中国海关特殊监管区贸易增长极进出口总额的空间集聚衰减效应更明显。

第二，中国海关特殊监管区贸易增长极促进了第三产业的空间集聚，空间时序呈现"倒L"型。2013年之前，中国海关特殊监管区贸易增长极对第三产业的空间集聚促进效应微弱，表现为对所在地区"点"集聚的微弱正向效应和对周边地区"面"集聚促进效应的不显著，且仅体现出中国海关特殊监管区贸易增长极进出口总额对"点"集聚的微弱正向效应；2013年之后，中国海关特殊监管区贸易增长极对第三产业的集聚促进效应十分明显，表现为对所在地区"点"与周边地区"面"的集聚促进效应相当，且中国海关特殊监管区贸易增长极进出口总额的贡献度微弱领先于增长极个数的贡献度。

第三，中国海关特殊监管区贸易增长极与第二产业和第三产业的空间集聚关系是非线性的，且在空间尺度上展现为从"面"到"点"的非均衡空间格局特征。

中国海关特殊监管区贸易增长极对第二产业和第三产业的集聚正向促进效应实现需要跨越一定的"门限"：①随着海关特殊监管区设立面积和个数的增加，第二产业集聚的影响呈现渐进演变的非线性关系，但监管区个数门限下的集聚影响更缓和，海关特殊监管区贸易增长极对第二产业集聚促进效应在监管区面积低于门限变量3.311或监管区个数低于门限变量2.002时表现为线性的负向效应，而后随监管面积的增加（大于3.311）或个数的增加（大于2.002）表现为正向的非线性效应；②随着海关特殊监管区设立面积和个数的增加，第三产业集聚的影响呈现渐进演变的非线性关系，且以监管区面积和监管区个数为门限的估计值相当，海关特殊监管区贸易增长极对第三产业集聚促进效应在监管区面积低于门限变量1.996或监管区个数低于门限变量1.992时表现为线性的负向效应，而后随着监管面积的增加（大于 1.996）或个数的增加（大于 1.992）表现为正向的非线性效应；③在中国海关特殊监管区设立面积和个数门限变量下的第二产业和第三产业集聚水平较高地区具有高度一致性，如上海、广东等地区，而云南、黑龙江、新疆、甘肃和贵州等地区的海关特殊监管区贸易增长极对产业集聚影响偏小，这类地区主要集中在东北、西北和西南地区，总体空间表现为从"面"到"点"的不均衡空间格局特征。

　　上述结论对中国海关特殊监管区贸易增长极新一轮的培育和建设具有以下几点启示：第一，中国海关特殊监管区对第二产业集聚及对周边地区第二产业集聚的影响在一定程度上反映出其功能定位重心的转变，在新一轮扩大对外开放背景下，中国海关特殊监管区在第二产业承接与升级中应逐步向高附加值的研发和市场端转移，而第二产业尤其是制造业的大量中间环节和附加值较低的生产环节不应再是中国海关特殊监管区的主体功能。第二，根据本书实证分析得出的中国海关特殊监管区对第三产业及对周边地区第三产业集聚的影响结果以及 2013 年以来中国海关特殊监管区的发展实践（自由贸易试验区的成立与海南自由贸易港的探索），中国海关特殊监管区的功能从单一的加工贸易和服务向多元化的物流服务、商务展示、金融投资和贸易服务转型是其在新一轮扩大开放中的必然发展趋势。第三，控制变量中的基础设施建设、城市化水平和对外开放度等对第二、三产业及周边地区第二、三产业集聚均有正向影响，而税负水平、财政紧张程度等具有负向影响，因此海关特殊监管区所在地方政府应加大基础设施建设投资力度，提升城市化水平和对外开放力度，并着力解决地区税负和财政紧张给产业集聚发展带来的不利影响。

第六章　中国海关特殊监管区贸易增长极的空间溢出效应研究

　　根据克鲁格曼的"不可能三位一体"理论，中国设立海关特殊监管区是要通过政策手段促进区域全要素资源流动和扩大贸易开放，从而推动产业化和专业化的区域聚集，在集聚力和分散力作用下形成该区域和周边区域经济发展的均衡。在该过程中，中国海关特殊监管区不断完善的自由贸易环境会带来相关产业联动集聚而形成贸易增长极，带动所在核心城市的发展。在此基础上，核心城市发展的经济中心会向周围区域形成溢出效应，带动周围区域发展，最终形成中心区与外围区的共同发展。

　　本书第四章定性分析了中国海关特殊监管区的空间布局优化与集聚扩散作用，并通过事实解释佐证了开放型市场经济中培育和发展中国海关特殊监管区的重要性；第五章通过构建空间 SDM 模型和非线性 TV–PSTR 模型实证分析了中国海关特殊监管区贸易增长极的产业空间集聚效应和空间集聚的非线性效应。本章将进一步通过定量分析方法研究中国海关特殊监管区贸易增长极空间效应中的溢出效应，具体以中国 269 个地级市 2010 年至 2016 年的面板数据为基础，建造空间计量经济模型进行实证研究。本章内容安排如下：第一节为实证研究设计，设定空间权重矩阵，确定估计方法；第二节为指标选择和变量描述性统计，对实证中的解释变量、被解释变量和控制变量进行选择，并对数据进行统计性描述；第三节为空间计量实证变量的相关检验，对本章实证各变量数据进行单位根与多重共线性等相关检验；第四节为中国海关特殊监管区贸易增长极空间溢出效应的实证分析，先构建空间 SDM 模型，实证分析全国总体及具有代表性的京津冀、长三角、珠三角等地区的空间溢出效应，并通过核心解释变量替换对实证结论进行稳健性检验；第五节构建两区制 SDM 模型，检验中国海关特殊监管区贸易增长极空间溢出效应的非对称性；第六节是结论，总结本章中国海关特殊监管区空间溢出效应的研究结论，并基于结论提出对本书研究的启示。

第一节　实证研究设计

为了分析中国海关特殊监管区贸易增长极的空间溢出效应，本章设立的空间溢出效应面板回归模型表示如下：

$$\begin{cases} y_{it} = \tau y_{i,t-1} + \rho w_i' y_t + x_{it}' \beta + d_i' x_t \delta + u_i + \gamma_t + \varepsilon_{it} \\ \varepsilon_{it} = \lambda m_i' \varepsilon_t + v_{it} \quad (i=1,\cdots,n; t=1,\cdots,T) \end{cases} \qquad (6-1)$$

式（6-1）中，y_{it} 是被解释变量，采用各地级市实际生产总值代表地区经济增长。$y_{i,t-1}$ 为被解释变量的滞后一阶项，即考虑动态面板的情形，当系数 τ 为 0 时，则为非动态面板。空间权重矩阵 W 反映了各地级市之间的空间相互关系；w_i' 代表空间权重矩阵 W 的第 i 行，$w_i' y_t = \sum_{j=1}^{n} w_{ij} y_{jt}$，$w_{ij}$ 代表空间权重矩阵的第 i 行、第 j 列元素。x_{it}' 为解释变量，包含一系列在年度 t 可能影响到地区经济增长的因素，x 包括各地级市的第二产业集聚、第三产业集聚、海关特殊监管区个数、海关特殊监管区进出口总额、人力资本、劳动力投入、固定资产投资、技术创新、城市化水平、政府行为、市场需求等变量。$d_i' x_t \delta$ 代表了解释变量的空间滞后项，d_i' 代表空间权重矩阵 D 的第 i 行元素。u_i 为地级市 i 的个体效应，当 u_i 与解释变量相关时，为空间面板固定效应模型，反之则为空间面板随机效应模型。γ_t 代表时间效应，ε_{it} 为随机干扰项。m_i' 为随机干扰项的空间权重矩阵 M 的第 i 行元素。空间权重矩阵和模型估计方法的选择与中国海关特殊监管区贸易增长极的集聚效应实证分析相同，在此不再重复描述。最终构建各市经济增长（UGDP）的分析模型为

$$\begin{cases} UGDP_{it} = \tau UGDP_{i,t-1} + \rho w_i' UGDP_t + x_{it}' \beta + d_i' x_t \delta + u_i + \gamma_t + \varepsilon_{it} \\ \varepsilon_{it} = \lambda m_i' \varepsilon_t + v_{it} \quad (i=1,\cdots,n; t=1,\cdots,T) \end{cases} \qquad (6-2)$$

式（6-2）中的 x 包含的解释变量和控制变量具体描述在表 6-1 中列出。

表6-1　中国海关特殊监管区贸易增长极空间溢出效应模型变量表

类　别	符　号	名　称	含　义
被解释变量	UGDP	经济增长	各地级市人均实际生产总值
解释变量	NM	海关特殊监管区个数	各地级市海关特殊监管区数量
	TEI	海关特殊监管区进出口总额	人均进出口总额

类　别	符　号	名　称	含　义
解释变量	SIA	第二产业集聚	第二产业 GDP 区位熵
	TIA	第三产业集聚	第三产业 GDP 区位熵
控制变量	EOE	人力资本	人均教育事业费支出
	NW	劳动力投入	职工人数 / 总人口
	UIFA	固定资产投资	各市人均固定资产投资
	ESU	技术创新	人均科学事业费支出
	BE	政府支出	人均财政预算内支出
	RSCG	市场需求	人均社会消费品零售总额
	UBL	城市化水平	职工人数 / 总人口

第二节　指标选择和数据描述

一、指标选择

鉴于 GDP 已经成为众多研究中衡量经济增长的普遍指标，本章选择的中国海关特殊监管区贸易增长极空间溢出模型的研究对象是各地级市的 GDP 增长（UGDP），具体以各地级市人均实际生产总值代表。在解释变量选择上，本书对中国海关特殊监管区进行理论分析得出，海关特殊监管区作为点状分布的外向型经济增长极，借助交通、信息和能源等载体的生产要素流动，形成了特殊监管区间主导产业或优势产业的轴线集聚效应，进而构成了海关特殊监管区外向型经济空间结构体系。基于该结论，中国海关特殊监管区贸易增长极的空间集聚效应在外向型经济空间结构体系依赖海关特殊监管区贸易增长极"点"数量和生产要素流动引起的进出口贸易总额变化上，再加上中国海关特殊监管区贸易增长极主要影响的是与外向型产业息息相关的第二、三产业发展，因此本书构建空间计量模型的核心解释变量选择中国海关特殊监管区贸易增长极的进出口总额（TEI）、第二产业集聚（SIA）和第三产业集聚（TIA），具体如下：

①海关特殊监管区个数（NM），用各地级市海关特殊监管区数量表示，海关特殊监管区个数越多，对企业投资的吸引力越大，有利于促进经济增长；②海关特殊监管区进出口总额（TEI），用各地级市人均进出口总额表示，进出口总额越大，经济活动越活跃，越有利于经济增长；③第二产业集聚（SIA），用第二产业总产值的区位熵表示，第二产业集聚水平越高，越有利于带动相关产业发展，促进经济增长；④第三产业集聚（TIA），用第三产业总产值的区位熵表示，第三产业集聚同样有利于带动相关产业的发展，从而促进经济增长。

依据对各市经济增长（$UGDP$）可能产生的影响，本书借鉴广大学者在研究经济增长与空间溢出中的相关实证方法（刘辉群，2005；孟广文，2015；叶修群，2016），选择以下变量作为实证分析的控制变量：①人力资本（EOE），用人均教育事业费支出代表，人力资本水平越高，劳动生产率越高，越能对经济增长产生正向影响；②劳动力投入（NW），用职工人数/总人口代表，劳动力投入越多，越有利于经济增长；③固定资产投资（$UIFA$），用各市人均固定资产投资代表，固定资产投资水平提高将拉动经济增长；④技术创新（ESU），用人均科学事业费支出代表，技术创新代表了生产力发展水平，技术创新水平提高将促进经济增长；⑤政府支出（BE），用人均财政预算内支出代表，政府支出增加对本地经济增长有利，但对周边地区的经济增长产生不利影响，总体上对经济增长的影响不确定；⑥市场需求（$RSCG$），用人均社会消费品零售总额代表，生活水平越高，消费能力越强，资源越容易向该地集中，从而越容易带动本地的经济增长；⑦城市化水平（UBL），用职工人数/总人口代表，城市化水平越高，说明经济发展已达到较高水平，经济进一步增长往往更困难，经济增长水平将有所下降，因此对经济增长较为不利。各变量的符号、名称和含义如表6-1所示。

本章节实证分析的数据来源与第五章中国海关特殊监管区贸易增长极的空间集聚效应检验一致。在实证分析前对数据处理如下：①对存在数据缺失的地级市样本做删除处理；②为了解决样本中的异常数值对回归结果造成的影响，对采用的进行缩尾处理，缩尾标准为1%水平；③进一步将数据处理为平行面板，因此若某地级市在某一年度数据存在缺少，则对该地级市也做删除处理；④对各市人均固定资产投资变量采用固定资产投资价格指数做缩减处理，对包括各市人均GDP在内的其他变量采用GDP平减指数做缩减处理；⑤为消除数据的异方差问题，对除海关特殊监管区个数外的模型涉及的变量取自然对数。对数据进行处理后，共得到269个地级市的1 883笔观察值，构成的面板数据为非平行面板，涉及除西藏外的30个省（市、区）。

125

二、数据描述性统计

在运用空间面板模型进行实证分析前，需要确保模型变量的平稳性，平稳性检验方法与第五章相同。第二产业集聚（SIA）和第三产业集聚（TIA）变量的平稳性检验已在第五章通过，不再重复检验，其余变量的检验结果如表6-2所示。

表6-2　空间溢出效应模型变量面板单位根检验结果表

变　量	LLC 检验	Fisher-ADF	Fisher-PP	结　论
UGDP	−69.977	902.965	1 260.117	平稳
	***	***	***	
	（0.000）	（0.000）	（0.000）	
TEI	−24.121	1 195.179	5 450.668	平稳
	***	***	***	
	（0.000）	（0.000）	（0.000）	
EOE	−790.000	3 704.817	4 079.526	平稳
	***	***	***	
	（0.000）	（0.000）	（0.000）	
NW	−22.752	1 632.217	2 194.147	平稳
	***	***	***	
	（0.000）	（0.000）	（0.000）	
UIFA	−26.017	2 258.646	1 267.781	平稳
	***	***	***	
	（0.000）	（0.000）	（0.000）	
ESU	−64.281	1 527.730	1 029.533	平稳
	***	***	***	
	（0.000）	（0.000）	（0.000）	

变　量	LLC 检验	Fisher–ADF	Fisher–PP	结　论
BE	−65.432	1 648.026	4 431.724	平稳
	***	***	***	
	（0.000）	（0.000）	（0.000）	
RSCG	−30.024	1 329.701	4 296.305	平稳
	***	***	***	
	（0.000）	（0.000）	（0.000）	
UBL	−19.012	1 524.869	1 919.534	平稳
	***	***	***	
	（0.000）	（0.000）	（0.000）	

注："***""**""*"分别代表在1%，5%，10%的显著性水平下拒绝原假设，括号内的数据为显著性 P 值。

　　由表 6-2 空间面板模型的单位根检验结果可知，模型涉及的变量各市经济增长（*UGDP*）、海关特殊监管区进出口总额（*TEI*）、人力资本（*EOE*）、劳动力投入（*NW*）、固定资产投资（*UIFA*）、技术创新（*ESU*）、政府支出（*BE*）、市场需求（*RSCG*）、城市化水平（*UBL*）均是平稳的，可以进一步做空间面板模型分析。各变量的基本统计量见表 6-3。

表6-3　空间溢出模型变量基本统计量表

变　量	*N*	mean	sd	min	p50	max
UGDP	1 883	1.121	0.649	−0.124	1.063	2.912
NM	1 883	0.375	1.087	0.000	0.000	10.000
TEI	1 883	−7.451	6.403	−11.920	−10.500	8.943
SIA	1 883	1.134	0.217	0.494	1.153	1.622
TIA	1 883	0.806	0.183	0.456	0.781	1.415
EOE	1 883	6.796	0.433	5.959	6.754	8.312
NW	1 883	−2.356	0.604	−3.560	−2.420	−0.533

变　量	N	mean	sd	min	p50	max
UIFA	1 883	10.171	0.662	8.643	10.191	11.655
ESU	1 883	4.059	1.094	1.863	3.937	7.204
BE	1 883	8.526	0.500	7.573	8.477	10.134
RSCG	1 883	9.295	0.661	7.973	9.215	11.018
UBL	1 883	0.116	0.091	0.028	0.089	0.587

第三节　相关性检验

一、共线性检验

本书进一步对中国海关特殊监管区贸易增长极空间溢出模型中的相关变量进行多重共线性检验，以保证实证结果的严谨科学。具体通过计算解释变量之间的"方差膨胀因子"（*VIF*）来描述，*VIF*越大，说明共线性程度越高。根据表 6-4 的结果可以看出，人力资本（*EOE*）等变量的 *VIF* 均小于 10，说明共线性并不严重，可以进一步采用这些变量进行空间溢出的实证分析。

表6-4　空间溢出模型变量共线性检验结果表

变　量	*VIF*	*1/VIF*
NW	9.920	0.101
UBL	7.310	0.137
BE	6.010	0.166
RSCG	5.590	0.179
EOE	5.280	0.189
TIA	4.810	0.208
UIFA	4.160	0.240

变　量	VIF	1/VIF
ESU	3.860	0.259
SIA	3.770	0.265
TEI	2.420	0.414
NM	2.300	0.434
Mean VIF	5.040	

二、空间相关性检验

在进行空间面板模型回归之前，先要判定各市经济增长（UGDP）变量在空间上有无互动性，本书采用 Moran's I 指标进行检验。Moran's I 指数检验的原假设不存在空间相关性，如果通过检验得到的显著性 P 值小于 0.05，则说明原假设被拒绝，同时得到的 Moran's I 指数值大于期望数值，就说明存在着正的空间相关性；如果通过检验得到的显著性 P 值小于 0.05，则说明原假设被拒绝，同时得到的 Moran's I 系数值小于期望数值，就说明存在负的空间相关性。如果通过检验得到的显著性 P 值大于 0.05，则原假设没有被拒绝，说明空间相关性并不存在。反距离的空间相关性检验如表 6–5 所示。

表6–5　空间溢出效应全局 Moran's I 指数

年　度	全局 Moran's I	期望值	显著性
2010	0.121	−0.004	0.000
2011	0.115	−0.004	0.000
2012	0.111	−0.004	0.000
2013	0.108	−0.004	0.000
2014	0.104	−0.004	0.000
2015	0.090	−0.004	0.000
2016	0.102	−0.004	0.000

由表 6-5 可知，2010—2016 年各市经济增长（*UGDP*）变量的 *Moran's I* 指数在各年度均高于它的期望数值，显著性水平 *p* 值均小于 0.05，表明各地级市间的经济增长在距离空间上存在正的空间相关性，应当采用空间面板模型进行分析。

第四节　空间溢出效应的实证分析

一、全样本估计结果

本书分别构建了中国海关特殊监管区贸易增长极与产业集聚的空间杜宾（SDM）、空间自回归（SAR）、空间自相关（SAC）和空间误差（SEM）四种空间计量模型进行实证研究，最终结果选择根据实证后的 *AIC* 与 *BIC* 数值、R^2 和极大似然值等标准确定。通过软件 Stata 15.1 对中国海关特殊监管区贸易增长极与第二产业集聚的 SDM、SAR、SAC 和 SEM 模型估计后结果如表 6-6 所示。

表6-6　空间溢出全样本空间面板回归结果

UGDP	SDM 模型	SAR 模型	SAC 模型	SEM 模型	空间滞后项
NM	0.025***	−0.003	0.028***	0.030***	0.098
	（0.01）	（0.01）	（0.01）	（0.01）	（0.17）
TEI	0.001	0.002	0.000	0.000	0.095*
	（0.00）	（0.00）	（0.00）	（0.00）	（0.05）
SIA	0.286***	0.237***	0.364***	0.383***	5.940***
	（0.08）	（0.09）	（0.09）	0.09（）	（1.70）
TIA	−0.367***	−0.650***	−0.298***	−0.283***	4.665***
	（0.11）	（0.11）	（0.11）	（0.11）	（1.75）
EOE	0.057***	0.044***	0.068***	0.074***	0.393*
	（0.02）	（0.01）	（0.02）	（0.02）	（0.22）
NW	0.111***	0.080***	0.115***	0.114***	−0.224

续　表

UGDP	SDM 模型	SAR 模型	SAC 模型	SEM 模型	空间滞后项
	（0.03）	（0.03）	（0.03）	（0.03）	（0.33）
UIFA	0.113***	0.058***	0.107***	0.112***	−0.367***
	（0.02）	（0.02）	（0.02）	（0.02）	（0.14）
ESU	0.016***	0.032***	0.023***	0.024***	0.252**
	（0.01）	（0.01）	（0.01）	（0.01）	（0.11）
BE	0.052*	−0.009	0.032	0.03	−1.743***
	（0.03）	（0.02）	（0.03）	（0.03）	（0.55）
RSCG	0.155***	0.011	0.144***	0.146***	−0.784*
	（0.05）	（0.03）	（0.05）	（0.05）	（0.42）
UBL	−0.227**	−0.336**	−0.248*	−0.241*	−0.038
	（0.11）	（0.15）	（0.13）	（0.13）	（2.13）
Spatial rho	1.389***	1.212***	0.753		
	（0.33）	（0.19）	（0.52）		
lambda			2.276***	2.295***	
			（0.06）	（0.06）	
Variance sigma2_e	0.004**	0.005**	0.005**	0.004**	
	−0.002	−0.002	−0.002	−0.002	
N	1 883	1 883	1 883	1 883	
r2_w	0.622	0.499	0.382	0.444	
AIC	−5 106.041	−4 778.761	−5 017.622	−5 009.401	
BIC	−4 973.066	−4 706.733	−4 940.053	−4 937.373	
ll	2 577.021	2 402.380	2 522.811	2 517.701	

注：Standard errors in parentheses, * $P<0.1$, ** $P<0.05$, *** $P<0.01$。

　　根据模型拟合度最优、*AIC* 和 *BIC* 最小及极大似然值最大的原则，最终确定 SDM 模型估计结果为中国海关特殊监管区贸易增长极的空间溢出效应。

SDM 模型中包含自变量和因变量的空间滞后项，因此模型中自变量的变动不仅会影响本地的因变量，还会影响其他周边地级市。在 SDM 模型分析空间溢出效应中，采用 SDM 模型的点估计方法检验空间溢出效应会带来相关偏误，因此不能通过 SDM 模型的回归系数来直接描述空间溢出效应。本书借鉴 Lesage 等（2009）提出的 SDM 模型偏微分分解方法，将空间溢出效应进一步分解为直接溢出和间接溢出，其中直接溢出表示中国海关特殊监管区贸易增长极对本地区的空间溢出效应，间接溢出表示中国海关特殊监管区贸易增长极对周边地区的空间溢出效应。空间溢出效应的偏微分分解具体如下。

对式（6-1）的空间溢出 SDM 模型进行外生化表示：

$$(I_n - \rho W)Y = \beta X + \theta W X + \varepsilon \tag{6-3}$$

将式（6-3）两边同乘以 $(I_n - \rho W)^{-1}$，得到

$$Y = \sum_{r=1}^{k} S_r(W)x_r + V(W)\varepsilon \tag{6-4}$$

其中，$V(W) = (I_n - \rho W)^{-1}, S_r(W) = V(W)(I_n\beta_r + W\theta_r)$。将式（6-4）展开得到

$$\begin{pmatrix} Y_1 \\ Y_2 \\ \cdots \\ Y_n \end{pmatrix} = \sum_{r=1}^{k} \begin{pmatrix} S_r(W)_{11}, S_r(W)_{11}, \cdots S_r(W)_{1n} \\ S_r(W)_{21}, S_r(W)_{22}, \cdots S_r(W)_{2n} \\ \cdots \\ S_r(W)_{n1}, S_r(W)_{n2}, \cdots S_r(W)_{nn} \end{pmatrix} \begin{pmatrix} x_{1r} \\ x_{2r} \\ \cdots \\ x_{nr} \end{pmatrix} + V(W)\varepsilon \tag{6-5}$$

其中，

$$Y_i = \sum_{r=1}^{k} \left[S_r(W)_{i1}x_{1r} + \cdots + S_r(W)_{in}x_{nr} \right] + V(W)_i\varepsilon \tag{6-6}$$

在式（6-6）中，i, r, k 为解释变量数，x_{ir} 为 i 地区的第 r 个解释变量的具体数值，$S_r(W)_{ij}$ 表示 $S_r(W)$ 矩阵中的 i 行 j 列元素，$V(W)_i$ 表示 $V(W)$ 矩阵中的 i 行元素。基于空间矩阵计算决定 SDM 参数的基本原理，本书假设中国海关特殊监管区贸易增长极进出口总额和监管区个数变化引起周边城市 $UGDP$ 的变化量为 $S_r(W)_{ij}$，本地区中国海关特殊监管区贸易增长极进出口总额和监管区个数变化引起周边地区 $UGDP$ 变化，进而引起本地区中国海关特殊监管区贸易增长极进出口总额和监管区个数的变化量为 $S_r(W)_{ij}$。由式（6-5）和式（6-6）得

$$\frac{\partial y_i}{\partial x_{ir}} = S_r(W)_{ij} \tag{6-7}$$

式（6-7）表示 $S_r(W)$ 矩阵中主对角线元素的均值，用来体现本地区中国海关特殊监管区贸易增长极进出口总额和监管区个数对 $UGDP$ 造成的平均影响，即直接溢出：

$$\overline{M}(r) = n^{-1}tr[S_r(W)] \qquad （6-8）$$

其中，$tr[\cdot]$ 为矩阵的迹算子，即主对角线上的元素和。

由式（6-6）和式（6-7）得

$$\frac{\partial y_i}{\partial x_{jr}} = S_r(W)_{ij} \qquad （6-9）$$

式（6-9）表示第 j 地区的解释变量 x 对第 i 地区的被解释变量 y 造成的平均影响（间接效应），即

$$\overline{M}(r)_{indirect} = \overline{M}(r)_{total} - \overline{M}(r)_{direct} \qquad （6-10）$$

式中，$\overline{M}(r)_{total}$ 为 $S_r(W)$ 矩阵中所有元素的平均值，即

$$\overline{M}(r)_{total} = n^{-1}l_n^{-1}[S(W)]l_n \qquad （6-11）$$

基于上述偏微分方法对 SDM 模型空间溢出的具体分解结果如表6-7所示。

表6-7　全样本空间溢出效应分解结果

UGDP	SDM 模型	直接效应	间接效应	总效应
NM	0.025***	0.026***	0.125**	0.151**
	(0.01)	(0.01)	(0.19)	(0.19)
TEI	0.001	0.011***	0.077*	0.088*
	(0.00)	(0.00)	(0.04)	(0.04)
SIA	0.286***	0.019***	0.041***	0.060***
	(0.08)	(0.08)	(1.89)	(1.90)
TIA	−0.367***	0.013***	0.704*	0.717*
	(0.11)	(0.11)	(2.02)	(2.01)
EOE	0.057***	0.059***	0.392***	0.451***
	(0.02)	(0.02)	(0.13)	(0.13)
NW	0.111***	0.111***	−0.092	0.019
	(0.03)	(0.03)	(0.35)	(0.36)
UIFA	0.113***	0.112***	−0.172	−0.060
	(0.02)	(0.02)	(0.13)	(0.12)
ESU	0.016***	0.017***	0.236***	0.253***

UGDP	SDM 模型	直接效应	间接效应	总效应
	(0.01)	(0.01)	(0.09)	(0.09)
BE	0.052*	0.049*	−1.396***	−1.347***
	(0.03)	(0.03)	(0.34)	(0.34)
RSCG	0.155***	0.154***	−0.526	−0.372
	(0.05)	(0.05)	(0.44)	(0.43)
UBL	−0.227**	−0.231**	−0.149	−0.380
	(0.11)	(0.11)	(2.29)	(2.31)

注：Standard errors in parentheses，* $P<0.1$，** $P<0.05$，*** $P<0.01$。

由表 6-7 各自变量对各市经济增长空间效应分解结果可知：中国海关特殊监管区个数对本地区经济增长的直接效应在 1% 的水平下存在显著正向影响，影响系数为 0.026，这表明在其他变量不变的情况下，中国海关特殊监管区个数增加 1%，将带动本市经济增长提升 0.026%；中国海关特殊监管区个数对周边地区经济增长的间接效应存在显著影响，影响系数为 0.125，这表明在其他变量不变的情况下，中国海关特殊监管区个数增加 1%，将带动周边地区经济增长提升 0.125%。中国海关特殊监管区进出口总额对本地区经济增长的直接效应存在显著影响，影响系数为 0.011，这表明在其他变量不变的情况下，中国海关特殊监管区进出口总额增加 1%，将带动本地区经济增长提升 0.077%；中国海关特殊监管区进出口总额对周边地区经济增长的间接效应存在显著正向影响，影响系数为 0.077，这表明在其他变量不变的情况下，中国海关特殊监管区进出口总额增加 1%，将带动周边地区经济增长提升 0.077%。总体上看，中国海关特殊监管区贸易增长极通过增长极与点轴开发功能强化了地区城市间的经济联动性，带动了中国海关特殊监管区、所在城市及周边地区的"点"—"线"—"面"发展，其中中国海关特殊监管区个数对本地区和周边地区的空间溢出效应较进出口总额更明显。

中国培育和发展海关特殊监管区的核心目标是利用局部制度安排优势，推动中国深入融入全球分工体系，并充分利用海关特殊监管区内的优质资本、先进的管理理念和发达的生产技术等，对腹地经济形成溢出效应。由此来看，本书实证得出海关特殊监管区对地区经济和周边地区经济存在的显著溢出效应可以归纳为以下原因：第一，在产业升级的对外溢出上，中国海关特殊监管区内重点发展的保税物流、国际贸易、商贸展示和出口加工业通过前向、后向和侧向产业关联效应引领腹地产业结构升级；中国海关特殊监管区内的跨国优质企业在生产率和管理理念等方面的优势能够对腹地产业发展形成良好的示范效应，带动腹地产业升级。第二，在进出口贸易的对外溢出上，中国海关特殊监管区具有高度的贸易自由化和便利化优势，优质跨国企业的进入带动了区域上下游关联企业的发展，而跨国企业生产经营中的原材料、中间品和最终产品全球化流通促进了地区贸易的发展；中国海关特殊监管区对国内企业贸易具有关税和非关税壁垒等发展优势，通过降低进出口贸易成本带动了区域贸易的发展。第三，在扩大对外开放经济的溢出上，中国海关特殊监管区通过优质国外资本、先进管理理念与生产技术使园区及周边地区形成了产业集群发展模式，通过这种经济增长极的培育带动了腹地经济对外开放的扩大；中国海关特殊监管区在贸易自由化上的制度优势深化了国内经济参与全球分工，有利于引进国外先进的知识和人力资本等向国内扩散，形成溢出效应；中国海关特殊监管区对国内优质企业和资本的吸引可以通过产业关联效应形成投资外溢，带动腹地经济发展。

在其他变量方面：第二产业集聚对各市经济增长的直接效应在 1% 的水平下存在显著正向影响，影响系数为 0.319，这表明在其他变量不变的情况下，第二产业集聚发展从全国范围来看，有利于本市经济增长；第二产业集聚对各市经济增长的间接效应在 1% 的水平下存在显著正向影响，影响系数为 5.541，这表明第二产业集聚可以带动周边各市的经济增长，存在对各市经济增长的空间溢出效应；第二产业集聚对各市经济增长的总效应在 1% 的水平下存在显著正向影响，影响系数为 5.861，这表明从总体来看第二产业集聚对经济增长的带动作用非常明显。

第三产业集聚对各市经济增长的直接效应在 1% 的水平下存在显著正向影响，影响系数为 0.013，这表明在其他变量不变的情况下，第三产业集聚有利于本市经济增长；第三产业集聚对各市经济增长的间接效应在 10% 的水平下存在显著正向影响，影响系数为 0.704，这表明第三产业集聚可以带动周边各市的经济增长，存在对各市经济增长的空间溢出效应；第三产业集聚对各市经济增长的总效应在 10% 的水平下存在显著正向影响，影响系数为 0.717，从总效应来看，第三产业集聚有利于促进经济增长。

人力资本对各市经济增长的直接效应在 1% 的水平下存在显著正向影响，影响系数为 0.059，这表明在其他变量不变的情况下，人力资本增加 1%，将带动本市经济增长提升0.059%；人力资本对各市经济增长的间接效应在1%的水平下存在显著正向影响，影响系数为0.392，这表明在其他变量不变的情况下，人力资本增加1%，将带动周边市经济增长提升0.392%，人力资本可以带动周边各市的经济增长，存在对各市经济增长的空间溢出效应；人力资本对各市经济增长的总效应在1%的水平下存在显著正向影响，影响系数为0.451，从总体来看，人力资本增加有利于各市经济增长。

劳动力投入对各市经济增长的直接效应在1%的水平下存在显著正向影响，影响系数为0.111，这表明在其他变量不变的情况下，劳动力投入增加1%，将带动本市经济增长提升0.111%；劳动力投入对各市经济增长的间接效应不存在显著影响，劳动力投入并不能带动周边各市的经济增长，不存在对各市经济增长的空间溢出效应；劳动力投入对各市经济增长的总效应不存在显著影响。

固定资产投资对各市经济增长的直接效应在1%的水平下存在显著正向影响，影响系数为0.112，这表明在其他变量不变的情况下，固定资产投资增加1%，将带动本市经济增长提升0.112%；固定资产投资对各市经济增长的间接效应不存在显著影响，固定资产投资并不能带动周边各市的经济增长，不存在对各市经济增长的空间溢出效应；固定资产投资对各市经济增长的总效应不存在显著影响。

技术创新对各市经济增长的直接效应在1%的水平下存在显著正向影响，影响系数为0.017，这表明在其他变量不变的情况下，技术创新增加1%，将带动本市经济增长提升0.017%；技术创新对各市经济增长的间接效应在1%的水平下存在显著正向影响，影响系数为0.236，这表明在其他变量不变的情况下，技术创新增加1%，将带动周边市经济增长提升0.236%，技术创新可以带动周边各市的经济增长，存在对各市经济增长的空间溢出效应；技术创新对各市经济增长的总效应在1%的水平下存在显著正向影响，影响系数为0.253，从总体来看，技术创新有利于各市经济增长。

政府支出对各市经济增长的直接效应在10%的水平下存在显著正向影响，影响系数为0.049，这表明在其他变量不变的情况下，政府支出增加1%，将带动本市经济增长提升0.049%；政府支出对各市经济增长的间接效应在1%的水平下存在显著负向影响，影响系数为−1.396，这表明在其他变量不变的情况下，政府支出增加1%，将带动周边市经济增长下降1.396%，政府支出不利于周边各市的经济增长，从而对各市经济增长存在负的空间溢出效应；政府支出对各市经济增长的总效应在1%的水平下存在显著负向影响，影响系数为−1.347，从总效应来看，政府支出不利于各市经济增长。

市场需求对各市经济增长的直接效应在 1% 的水平下存在显著正向影响，影响系数为 0.154，这表明在其他变量不变的情况下，市场需求增加 1%，将带动本市经济增长提升 0.154%；市场需求对各市经济增长的间接效应不存在显著影响，市场需求增加并不能带动周边各市的经济增长，从而对各市经济增长的空间溢出效应不存在；市场需求对各市经济增长的总效应不存在显著影响。

城市化水平对各市经济增长的直接效应在 5% 的水平下存在显著负向影响，影响系数为 −0.231，这表明在其他变量不变的情况下，城市化水平增加 1%，将导致本市经济增长下降 0.231%，随着城市化水平的提升，经济增长速度有所放缓；城市化水平对各市经济增长的间接效应不存在显著影响，城市化水平增加并不能带动周边各市的经济增长，不存在对各市经济增长的空间溢出效应；城市化水平对各市经济增长的总效应不存在显著影响。

二、分区域检验结果

改革开放以来，中国区域经济一体化的发展趋势十分明显（宋立楠，2017；赵雪娇，2018）。其中，以京津冀地区、长三角地区和珠三角地区为代表的区域经济一体化发展在中国经济发展格局中占据了重要的位置，2017 年三大区域的 GDP 在全国占比高达 44.1%，是现阶段中国区域经济发展活力和潜力最核心地区（张攀，2008；赵勇　等，2015；金祥荣　等，2016；赵雪娇，2018），尤其是长三角经济区已经成为全球第六大城市群体。此外，本书在第四章中国海关特殊监管区空间优化布局与集聚扩散作用中的研究发现，中国海关特殊监管区的布局是从沿海开始向内陆腹地纵深发展的，在集聚扩散作用体现上也呈现东部沿海地区的产业承接与升级、对外开放度和贸易增长极成就更为突出。基于此，本书选择京津冀地区、长三角地区和珠三角地区为代表性区域，实证检验中国海关特殊监管区贸易增长极的地区空间溢出效应。

（一）京津冀地区

京津冀地区的区域一体化以北京和天津为双核心，北京由于极其特殊的资源优势，已经形成了以高端生产性服务业为主导的产业结构；津冀地区承接了北京的工业转移，已经形成了以制造业为主导的产业结构，这一点在海关特殊监管区的培育中可以体现出来，如秦皇岛出口加工区、河北廊坊出口加工区、天津出口加工区及曹妃甸综合保税区等。本部分实证选取的对象是京津冀地区 13 个市，包括北京市、天津市、石家庄市、承德市、张家口市、秦皇岛市、唐山市、廊坊市、保定市、沧州市、衡水市、邢台市和邯郸市，通过空间计量模型实证检验海关特殊监管区贸易增长极的区域空间溢出效应。

京津冀地区 13 个市 2010—2016 年的空间面板模型估计结果如表6-8所示。

表6-8　京津冀地区溢出效应空间面板回归结果

UGDP	SDM 模型	SAR 模型	SAC 模型	SEM 模型	空间滞后项
NM	0.022**	0.026	0.037**	0.039**	−0.261**
	（0.02）	（0.02）	（0.02）	（0.02）	（2.53）
TEI	0.000	−0.002	−0.003**	−0.004**	0.685*
	（0.00）	（0.00）	（0.00）	（0.00）	（0.38）
SIA	0.273*	0.066	0.063	0.089	−0.07*
	（0.14）	（0.25）	（0.24）	（0.23）	（0.15）
TIA	0.082	−0.003	0.038	0.049	−23.899
	（0.14）	（0.22）	（0.22）	（0.22）	（26.25）
EOE	0.016	−0.022	0.003	0.014	−1.454
	（0.04）	（0.06）	（0.08）	（0.08）	（0.29）
NW	0.035	0.027	0.036	0.051	−4.029
	（0.08）	（0.10）	（0.10）	（0.11）	（0.43）
UIFA	0.202***	0.214***	0.213**	0.229**	−0.875
	（0.08）	（0.08）	（0.09）	（0.11）	（0.99）
ESU	0.029*	0.051***	0.040**	0.037*	0.605
	（0.02）	（0.02）	（0.02）	（0.02）	（0.82）
BE	0.468***	0.435***	0.445***	0.454***	1.078
	（0.09）	（0.07）	（0.07）	（0.07）	（0.78）
RSCG	0.272**	−0.169	−0.198	−0.198	−1.667
	（0.14）	（0.17）	（0.19）	（0.18）	（0.31）
UBL	1.299***	0.674**	0.481	0.414	6.033*
	（0.34）	（0.31）	（0.30）	（0.27）	（3.84）
Spatial rho	10.109***	4.321	3.438		

续　表

UGDP	SDM 模型	SAR 模型	SAC 模型	SEM 模型	空间滞后项
	（3.44）	（2.92）	（3.33）		
lambda			5.393	7.573**	
			（3.77）	（3.01）	
Variance sigma2_e	0.001***	0.001***	0.001***	0.001***	
	0.000	0.000	0.000	0.000	
N	91	91	91	91	
r2_w	0.748	0.611	0.596	0.591	
AIC	−380.241	−337.764	−339.02	−337.893	
BIC	−350.111	−307.634	−308.889	−307.763	
ll	202.121	180.882	181.510	180.947	

注：Standard errors in parentheses, * $P<0.1$, ** $P<0.05$, *** $P<0.01$。

　　根据模型拟合度最优、AIC 和 BIC 最小及极大似然值最大的原则，最终确定 SDM 模型估计结果为中国海关特殊监管区贸易增长极的空间溢出效应。SDM 模型中包含自变量和因变量的空间滞后项，因此模型中自变量的变动不仅会影响本地的因变量，还会影响其他周边地级市。本书进一步通过偏微分方法将 SDM 模型的空间溢出效应分解为直接溢出和间接溢出，具体结果如表 6-9 所示。

表6-9　京津冀地区空间溢出效应分解结果

UGDP	SDM 模型	直接效应	间接效应	总效应
NM	0.022**	0.039**	0.003	0.042*
	(0.02)	(0.02)	(0.51)	(0.11)
TEI	0.000	0.033*	0.006*	0.039*
	(0.00)	(0.01)	(0.02)	(0.02)
SIA	0.273*	0.301***	−0.079	0.222
	(0.14)	(0.12)	(1.00)	(1.01)

UGDP	SDM 模型	直接效应	间接效应	总效应
TIA	0.082	0.176	−0.966	−0.790
	(0.14)	(0.12)	(1.02)	(1.03)
EOE	0.016	0.023*	0.060**	0.083
	(0.04)	(0.05)	(0.14)	(0.12)
NW	0.035	0.047	−0.213	−0.167
	(0.08)	(0.08)	(0.31)	(0.35)
UIFA	0.202***	0.206**	0.047	0.159**
	(0.08)	(0.09)	(0.15)	(0.07)
ESU	0.029*	0.028*	0.011*	0.039
	(0.02)	(0.04)	(0.04)	(0.04)
BE	0.468***	0.475***	0.058*	0.533
	(0.09)	(0.09)	(0.25)	(0.29)
RSCG	0.272**	0.279*	0.078	0.201
	(0.14)	(0.16)	(0.48)	(0.41)
UBL	1.299***	1.142***	2.439	3.582*
	(0.34)	(0.32)	(1.85)	(1.99)

注: Standard errors in parentheses, * $P<0.1$, ** $P<0.05$, *** $P<0.01$。

　　根据表6-9各自变量对各市经济增长空间效应分解结果可知：中国海关特殊监管区个数对京津冀地区经济增长的直接效应在5%的水平下存在显著正向影响，影响系数为0.039，这表明在其他变量不变的情况下，中国海关特殊监管区个数增加1%，将带动本市经济增长提升0.039%；中国海关特殊监管区个数对周边城市经济增长的间接效应不显著。中国海关特殊监管区进出口总额对各市经济增长存在显著的正向效应，影响系数为0.033，这表明在其他变量不变的情况下，中国海关特殊监管区进出口总额增加1%，将带动本市经济增长提升0.033%；中国海关特殊监管区进出口总额对周边城市经济增长的间接效应在10%的水平下存在显著正向影响，但影响系数较小，仅为0.006，这表明在其他变量不变的情况下，中国海关特殊监管区进出口总额增加1%，将带动周边城市经济增长提升 0.006%。总体上看，京津冀地区的中国海关特殊监管区贸易增长极空间溢出效应有限，尤其体现在对周边地区微弱的间接溢出上。

本书认为，出现该现象主要有两方面原因：一方面，北京市特殊的城市地位问题。北京除了是京津冀地区的核心城市外，更是中国的首都城市，是全国政治、经济和文化中心，其拥有的政策优势和资源优势是京津冀地区其他城市无法相比的，因此北京市在该区域发展中对人才、资本和土地等生产要素形成强烈的集聚效应，最终体现为北京市对津冀地区强大的极化效应，众多学者通过实证也验证了该观点（刘浩　等，2016；王弓，2016；游婧，2017；魏丽华，2017；赵雪娇，2018；等等）。京津冀地区的中国海关特殊监管区主要设立在天津和河北，中国海关特殊监管区对京津冀地区的空间溢出效应在以北京为核心的地区内部结构中被极化效应削弱，因此体现出中国海关特殊监管区个数的溢出不显著，中国海关特殊监管区进出口总额的溢出十分有限。另一方面，京津冀地区中国海关特殊监管区贸易增长极有限的空间溢出效应可以通过该区域的产业空间基尼系数来解释。空间基尼系数最早由克鲁格曼在1991年提出，是用来衡量一个地区产业空间集聚程度的重要指标，具体公式如下：

$$G = \sum_{i=1}^{n} (S_i - X_i)^2 \qquad (6-12)$$

其中，i 代表具体地区，S_i 代表某产业在区域产业中的比重，X_i 代表某产业在区域中的比重，G 为产业空间基尼系数，且介于 0 和 1 之间，数值越大表示产业的集聚程度越高。根据上述公式可以计算出京津冀地区在 2010—2016年的工业基尼系数，具体结果如图 6-1 所示。

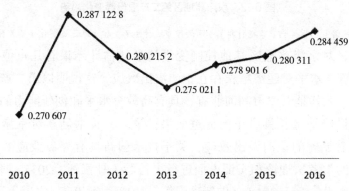

图 6-1　2010—2016 年京津冀地区工业基尼系数变化趋势

（资料来源：根据《北京市统计年鉴》《天津市统计年鉴》和《河北省统计年鉴》数据，作者自制）

进一步对北京市、天津市和河北省的工业份额进行计算，其结果如图 6-2 所示。从图中可以看出，2010—2016 年天津市、河北省工业份额呈上升趋势，北京市的工业份额下降较快。结合图 6-1 可以看出，京津冀地区工业集聚的增长趋势实质上是天津市与河北省工业份额不断上升的结果。根据本书第四章的实证结论，海关特殊监管区贸易增长极对第二产业的空间集聚存在阶段性特征，尤其是 2013 年以后，随着中国海关特殊监管区功能从单一的制造业出口加工贸易向物流服务、金融服务和贸易服务等多元化功能的转型，第二产业的空间集聚效应逐渐减弱，而京津冀地区的第二产业份额呈不断上升趋势（尤其是天津市和河北省），因此北京市的极化效应和中国海关特殊监管区对津冀地区第二产业的集聚弱化导致了中国海关特殊监管区贸易增长极在京津冀地区的空间溢出十分有限。

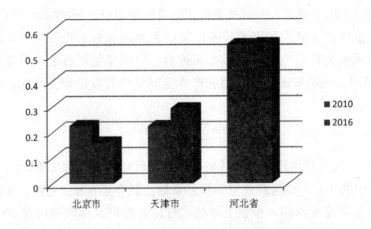

图 6-2　京津冀地区第二产业份额变化趋势

（资料来源：根据《北京市统计年鉴》《天津市统计年鉴》和《河北省统计年鉴》数据，作者自制）

此外，对京津冀地区其他控制变量的参数估计结果有几点值得注意：第一，人力资本水平对经济增长存在正向溢出效应，这说明以第二产业为主的京津冀地区，尤其是天津市和河北省，具有高教育水平和创新能力的劳动力要素对周边地区经济增长具有正向促进效果；第二，技术创新对京津冀地区的经济增长具有显著的正向溢出效应，关于技术创新具有外溢效应的观点目前已经有大量的学者从理论和实证方面进行了检验（杜泓钰，2017；佘时飞　等，2107；许统生　等，2018；朱新玲　等，2018；等等），本书不再深入描述；第三，政府支出在京津冀地区具有显著的正向溢出效应，说明现阶段政府在弥补市场投资不足和公共物品提供上仍发挥着显著的经济增长促进作用。

（二）长三角地区

长三角地区是中国目前综合实力最强的区域城市集群经济体，也是中国最早进入区域经济一体化发展的地区，该地区在经济总量、产业结构等众多方面位居全国领先地位。关于长三角地区的研究对象界定，早期我国对长三角区域的划分包括浙江省的宁波等 7 个城市、江苏省的南京等 8 个城市和上海市，共计 16 个城市，随后在 2010 年国务院批准的《长江三角洲地区区域规划》中把长三角地区对外扩展至 25 个城市，涉及上海、江苏和浙江，2014 年《国务院关于依托黄金水道推动长江经济带发展的指导意见》把安徽省的一部分也划入新的长三角地区。本书对长三角地区海关特殊监管区贸易增长的空间溢出实证分析对象是剔除了安徽省后的长三角地区的城市，包括上海市与江苏和浙江的地级市，即南京市、无锡市、徐州市、常州市、苏州市、南通市、连云港市、淮安市、盐城市、扬州市、镇江市、泰州市、宿迁市、杭州市、宁波市、温州市、嘉兴市、湖州市、绍兴市、金华市、衢州市、舟山市、台州市、丽水市和上海市，共计 25 个城市。其原因是本书研究的时间样本是 2010—2016 年，当时安徽省的部分城市尚未划入长三角地区，将其剔除更能保证实证研究的前后一致性，而且安徽省部分城市纳入长三角的时间较短，与原长三角城市间的经济关联和政策反应程度差异较大，剔除后有利于增强本书实证结论的针对性。

长三角地区 25 个市 2010—2016 年的空间面板模型估计结果如表 6-10 所示。

表6-10　长三角地区溢出效应空间面板回归结果

UGDP	SDM 模型	SAR 模型	SAC 模型	SEM 模型	空间滞后项
NM	0.049**	0.029*	0.032*	0.019	2.258***
	（0.02）	（0.02）	（0.02）	（0.02）	（0.85）
TEI	0.003	0.007*	0.003*	0.005	0.218**
	（0.00）	（0.00）	（0.00）	（0.01）	（0.01）
SIA	0.025	−0.643	0.064	0.023	40.472
	（0.28）	（0.59）	（0.21）	（0.41）	（22.76）
TIA	−0.104	−0.829	0.035	−0.31	38.596
	（0.39）	（0.63）	（0.44）	（0.59）	（19.62）
EOE	−0.042	−0.164	−0.013	−0.04	7.421**

UGDP	SDM 模型	SAR 模型	SAC 模型	SEM 模型	空间滞后项
	（0.17）	（0.13）	（0.38）	（0.21）	（3.46）
NW	0.027	0.127	0.016	0.043	1.843
	（0.07）	（0.09）	（0.01）	（0.11）	（2.13）
UIFA	0.269**	−0.117***	0.261*	0.133	−4.259***
	（0.12）	（0.04）	（0.19）	（0.26）	（1.05）
ESU	0.019	0.071	0.042**	0.079	−5.993***
	（0.06）	（0.06）	（0.07）	（0.08）	（2.31）
BE	−0.018	0.082	0.117***	0.053	−6.759
	（0.07）	（0.12）	（0.05）	（0.09）	（5.22）
RSCG	0.498***	0.826***	0.138	0.625***	0.861
	（0.09）	（0.14）	（0.12）	（0.20）	（3.56）
UBL	0.432	−0.747	−0.147	0.143	−11.378
	（0.36）	（0.46）	（0.35）	（0.44）	（14.92）
Spatial rho	1.323*	1.136***	1.046		
	（0.73）	（0.32）	（0.33）		
lambda			3.208	4.275**	
			（152）	（1.68）	
Variance sigma2_e	0.024	0.027	0.022	0.029	
	−0.021	−0.025	−0.027	−0.027	
N	175	175	175	175	
r2_w	0.349	0.252	0.296	0.239	
AIC	−103.589	−72.696	−339.02	−69.189	
BIC	−27.634	−25.224	−308.889	−21.718	
ll	75.795	51.348	50.225	49.595	

注：Standard errors in parentheses, * $P<0.1$, ** $P<0.05$, *** $P<0.01$。

根据模型拟合度最优、AIC 和 BIC 最小及极大似然值最大的原则，最终确定 SDM 模型估计结果为中国海关特殊监管区贸易增长极的空间溢出效应。
SDM 模型中包含自变量和因变量的空间滞后项，因此模型中自变量的变动不仅
会影响本地的因变量，还会影响其他周边地级市。本书进一步通过偏微分方法
将 SDM 模型的空间溢出效应分解为直接溢出和间接溢出，具体结果如表 6-11
所示。

表6-11　长三角地区空间溢出效应分解结果

UGDP	SDM 模型	直接效应	间接效应	总效应
NM	0.049**	0.045*	0.238***	0.284***
	(0.02)	(0.02)	(0.08)	(0.10)
TEI	0.003	0.002**	0.025**	0.027**
	(0.00)	(0.02)	(0.01)	(0.02)
SIA	0.025	−0.038	4.371	4.333
	(0.28)	(0.30)	(2.43)	(2.35)
TIA	−0.104	−0.157	4.188	4.032*
	(0.39)	(0.41)	(2.07)	(2.05)
EOE	0.042	0.066	0.037**	0.703**
	(0.17)	(0.17)	(0.39)	(0.31)
NW	0.027	0.024	0.182	0.206
	(0.07)	(0.07)	(0.23)	(0.25)
UIFA	0.269**	0.523***	−0.284**	0.239***
	(0.12)	(0.13)	(0.14)	(0.08)
ESU	0.019	0.028	0.371	0.399*
	(0.06)	(0.06)	(0.26)	(0.26)
BE	−0.018	0.007*	−0.017*	−0.010*
	(0.07)	(0.07)	(0.58)	(0.59)
RSCG	0.498***	0.495***	0.033	0.528
	(0.09)	(0.10)	(0.40)	(0.40)

UGDP	SDM 模型	直接效应	间接效应	总效应
UBL	0.432	0.456	−1.191	−0.735
	(0.36)	(0.37)	(1.64)	(1.68)

注：Standard errors in parentheses, * P<0.1, ** P<0.05, *** P<0.01。

由表 6-11 各自变量对各市经济增长空间效应分解结果可知：中国海关特殊监管区个数对长三角地区各市经济增长的直接效应在 10% 的水平下存在显著正向影响，影响系数为 0.045，这表明在其他变量不变的情况下，中国海关特殊监管区个数增加 1%，将带动本市经济增长提升 0.045%；中国海关特殊监管区个数对周边城市经济增长的间接效应在 1% 的水平下存在显著正向影响，影响系数为 0.238，这表明在其他变量不变的情况下，中国海关特殊监管区个数增加 1%，将带动周边城市经济增长提升 0.238%。中国海关特殊监管区进出口总额对各市经济增长的直接效应在 5% 的水平下存在显著正向影响，影响系数为 0.005，这表明在其他变量不变的情况下，中国海关特殊监管区进出口总额增加 1%，将带动本市经济增长提升 0.005%；中国海关特殊监管区进出口总额对周边城市经济增长的间接效应在 5% 的水平下存在显著正向影响，影响系数为 0.025，这表明在其他变量不变的情况下，海关特殊监管区进出口总额增加 1%，将带动周边市经济增长提升 0.025%。总体来看，长三角地区中国海关特殊监管区具有显著的空间溢出效应，并表现为中国海关特殊监管区贸易增长极个数的溢出效应更明显。

本书认为，该现象主要存在三个方面原因：第一，中国海关特殊监管区贸易增长极对长三角地区的显著空间溢出效应受益于该区域多中心的发展格局。长三角地区与京津冀地区的发展模式存在较大的差异。与京津冀地区的"双核"模式相比，长三角地区的多中心城市群发展模式是该地区区域经济一体化发展的内在机制。根据国际区域经济一体化发展的成熟经验，如东京城市群经济区和伦敦城市群经济区，区域经济一体化发展的重要途径是去核心化和多中心发展模式（邓永波，2017）。从空间溢出的角度看，区域经济一体化不应是产业在核心城市的单独集聚向外溢出，而应是在多中心城市群的集聚与溢出过程。基于该因素，长三角地区多中心城市的发展格局形成了中国海关特殊监管区贸易增长极空间溢出的一个自下而上和自上而下的共同演变过程，即中国海关特殊监管区贸易增长极的空间溢出从城乡一体化发展开始推动小城市发展，进而推动中等城市和大城市发展，而大城市中心的突破带动了整体区域经济一体化的发展。反过来，上海市的海关特殊监管区在区域经济发展依托上海市综合经济实力基础上，对长三角区域经济发挥着辐射作用，其他城市根据自身发展条件在区域经济一体化发展中自觉定位，围绕上海市经济发展进行对接，以积极的姿态融入长三角经济合作和协同发展中。

第二，中国海关特殊监管区贸易增长极对长三角地区的显著空间溢出效应受益于一体化的区域功能体系。国务院在2010年颁布的《长江三角洲地区区域规划》中对该地区的发展格局提出了明确的定位，把上海市和江浙两省共计25个城市作为多中心核心城市区，在"一核九带"的发展格局下明确了25个核心城市区的辐射区。基于25个核心城市的发展定位与格局规划，各辐射区分别确定了适应地区发展的重点产业，破解了原长三角地区各城市及其辐射地区在产业分工和定位上的"同构"难题，形成了目前长三角地区网络化和多层面的一体化城市区域功能体系。在该体系下，江浙两省的核心城市区分担了上海市龙头城市的部分功能，对之前少数城市独立承担的区域经济职能向多个城市的联动发展方向进行分化，从外资利用、基础设施建设、产业政策制定和劳动力转移等多个层面确立了25个中心城市与周边地区的功能定位和分工。正是基于长三角地区发达的一体化区域功能体系，海关特殊监管区贸易增长极在扩大对外开放、贸易增长和产业升级等方面的空间溢出才能够顺畅推进。

第三，中国海关特殊监管区贸易增长极对长三角地区的显著空间溢出效应受益于不断增长的第三产业空间基尼系数。根据前文对京津冀地区产业空间系数的分析方法，测算出2010—2016年长三角地区的第三产业空间基尼系数趋势如图6-3所示，可以看出，长三角地区第三产业空间基尼系数保持了稳步增长趋势，说明第三产业在该区域的集聚发展水平不断提升。本书对中国海关特殊监管区贸易增长极的空间集聚效应实证发现，海关特殊监管区贸易增长的培育和发展对第三产业集聚具有显著的正向促进效应。在高科技水平发展的新经济环境下，资本和技术等可以重复利用的要素的集聚能够产生更高的生产效率（李橙，2018），而经济要素（尤其是技术）的集聚效应能够带来更多的创新可能，再加上要素存在共享特征，这使溢出效应更加明显。因此，海关特殊监管区在长三角地区对上海、杭州等25个第三产业经济要素集聚节点城市的空间溢出效应十分明显。

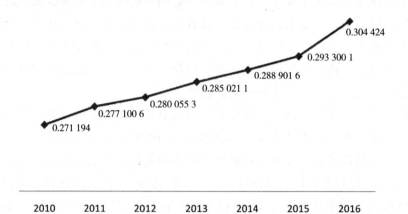

图6-3 2010—2016年长三角地区第三产业空间基尼系数变化趋势

（资料来源：根据《上海统计年鉴》《江苏统计年鉴》和《浙江统计年鉴》数据，作者自制）

此外，对长三角地区其他控制变量的参数估计结果有几点值得注意：第一，人力资本水平对经济增长存在正向溢出效应，这说明在以第三产业为主的长三角地区，具有高教育水平和创新能力的劳动力要素对周边地区经济增长具有正向促进效果。第二，技术创新对长三角地区的经济增长具有显著的正向溢出效应。关于技术创新具有外溢效应的观点目前已经有大量的学者从理论和实证方面进行了检验（杜泓钰，2017；佘时飞 等，2017；许统生 等，2018；朱新玲 等，2018；等等），本书不再深入描述。第三，政府支出在长三角地区具有显著的负向溢出效应，说明现阶段该地区的市场化程度较高，政府在市场投资和公共物品上的公共支出对空间溢出产生了不利影响。

（三）珠三角地区

珠三角地区的区域经济一体化模式在结构上与京津冀地区类似，都属于"双核"驱动型发展模式，但又有所不同：珠三角地区的"双核"中心城市（广州市和深圳市）在经济总量和产业结构上都不存在显著差异，而京津冀地区的北京与天津发展差异明显。本部分实证对象选择珠三角地区的21个市，主要包括深圳市、广州市、佛山市、东莞市、江门市、中山市、珠海市、清远市、云浮市、河源市、惠州市、肇庆市、揭阳市、汕头市、阳江市、湛江市、梅州市、潮州市、韶关市、汕尾市和茂名市。

珠三角21个市2010—2016年的空间面板模型估计结果如表6-12所示。

表6-12　珠三角地区溢出效应空间面板回归结果

UGDP	SDM 模型	SAR 模型	SAC 模型	SEM 模型	空间滞后项
NM	0.085***	0.028	0.082**	0.068	1.217***
	（0.02）	（0.02）	（0.03）	（0.05）	（0.38）
TEI	0.014**	0.025**	0.009	0.014	0.139**
	（0.01）	（0.02）	（0.01）	（0.02）	（0.03）
SIA	1.134***	0.866***	0.819***	0.771**	19.152***
	（0.23）	（0.31）	（0.25）	（0.31）	（4.88）
TIA	0.774***	0.409	0.336	0.243	27.927***
	（0.26）	（0.35）	（0.29）	（0.37）	（5.22）
EOE	0.065**	0.154***	0.094**	0.116**	−0.183
	（0.03）	（0.04）	（0.04）	（0.05）	（0.48）
NW	−0.043	−0.027	−0.041	−0.064	3.492***
	（0.05）	（0.05）	（0.05）	（0.06）	（0.96）
UIFA	−0.004	−0.029	0.000	−0.01	−1.644***
	（0.02）	（0.03）	（0.03）	（0.03）	（0.29）
ESU	0.017**	0.019*	0.018**	0.019**	0.451**
	（0.01）	（0.01）	（0.01）	（0.01）	（0.23）
BE	0.013	−0.097***	0.004	−0.043	−1.985***
	（0.06）	（0.04）	（0.07）	（0.07）	（0.53）
RSCG	0.012	0.033	0.027	0.031	−1.13
	（0.03）	（0.04）	（0.04）	（0.04）	（0.72）
UBL	0.175	−0.013	0.068	0.098	−9.577***
	（0.14）	（0.16）	（0.14）	（0.19）	（3.25）
Spatial rho	1.790***	0.566	−5.012***		
	（0.58）	（1.07）	（1.46）		
lambda			4.616***	3.235**	

UGDP	SDM 模型	SAR 模型	SAC 模型	SEM 模型	空间滞后项
			（0.31）	（0.26）	
Variance sigma2_e	0.001***	0.001***	0.001***	0.001***	
	0.000	0.000	0.000	0.000	
N	147	147	147	147	
r2_w	0.758	0.553	0.552	0.509	
AIC	−654.333	−578.228	−595.139	−583.272	
BIC	−594.524	−539.352	−553.273	−544.396	
ll	347.166	302.114	311.570	304.636	

注：* P<0.1，** P<0.05，*** P<0.01，下同。

　　根据模型拟合度最优、AIC 和 BIC 最小及极大似然值最大的原则，最终确定 SDM 模型估计结果为中国海关特殊监管区贸易增长级的空间溢出效应。基于 SDM 模型中包含了自变量和因变量的空间滞后项，因此模型中自变量的变动不仅会影响本地的因变量，还会影响其他周边市。本书进一步通过偏微分方法对 SDM 模型的空间溢出效应分解为直接溢出和间接溢出，具体结果如表 6-13 所示。

表6-13　珠三角地区空间溢出效应分解结果

UGDP	SDM 模型	直接效应	间接效应	总效应
NM	0.085***	0.089***	0.072***	0.161***
	（0.02）	（0.03）	（0.07）	（0.08）
TEI	−0.014	0.015**	0.022**	0.037**
	（0.01）	（0.06）	（0.04）	（0.05）
SIA	0.134***	0.213***	0.331***	0.544***
	（0.23）	（0.23）	（0.04）	（0.09）
TIA	0.774***	0.875***	4.687***	5.562***
	（0.26）	（0.28）	（1.09）	（1.24）

UGDP	SDM 模型	直接效应	间接效应	总效应
EOE	0.065**	0.035**	0.016*	0.051*
	（0.03）	（0.03）	（0.07）	（0.07）
NW	−0.043	−0.035	0.558	0.523
	（0.05）	（0.05）	（0.15）	（0.16）
UIFA	−0.004	0.039*	−0.269	−0.279
	（0.02）	（0.02）	（0.06）	（0.07）
ESU	0.017	0.034	0.077	0.095*
	（0.01）	（0.02）	（0.04）	（0.05）
BE	0.013	0.010	−0.333***	−0.323***
	（0.06）	（0.07）	（0.09）	（0.12）
RSCG	0.012	0.009	−0.182	−0.173
	（0.03）	（0.03）	（0.14）	（0.15）
UBL	0.175	0.153	−1.523	−1.370
	（0.14）	（0.14）	（0.49）	（0.51）

　　由表 6-13 各自变量对各市经济增长空间效应分解结果可知：中国海关特殊监管区个数对各市经济增长的直接效应在 1% 的水平下存在显著正向影响，影响系数为 0.089。这表明在其他变量不变的情况下，中国海关特殊监管区个数增加 1%，将带动本市经济增长提升 0.089%。中国海关特殊监管区个数对周边城市经济增长的间接效应在 1% 的水平下存在显著正向影响，影响系数为 0.072。这表明在其他变量不变的情况下，中国海关特殊监管区个数增加 1%，将带动周边城市经济增长提升 0.072%。中国海关特殊监管区进出口总额对各市经济增长的直接效应在 5% 的水平下存在显著正向影响，影响系数为 0.015。这表明在其他变量不变的情况下，中国海关特殊监管区进出口总额增加 1%，将带动本市经济增长提升 0.015%。中国海关特殊监管区进出口总额对周边城市经济增长的间接效应在 5% 的水平下存在显著正向影响，影响系数为 0.022。这表明在其他变量不变的情况下，中国海关特殊监管区进出口总额增加 1%，将带动周边城市经济增长提升 0.022%。总体来看，珠三角地区中国海关特殊监管区

贸易增长极存在显著的空间溢出效应，并表现为中国海关特殊监管区贸易增长极个数的溢出效应更明显。

中国海关特殊监管区贸易增长极在珠三角地区的显著空间溢出效应是该地区第三产业集聚水平提升与产业分工不断深化的结果。一方面，图6-4显示珠三角地区第三产业空间基尼系数保持了稳步增长的趋势，说明第三产业在该区域的集聚发展水平不断提升。在高科技水平发展的新经济环境下，资本和技术等可以重复利用的要素的集聚能够产生更高的生产效率（李橙，2018），而经济要素（尤其是技术）的集聚效应能够带来更多的创新可能，再加上要素存在共享特征，这使溢出效应更加明显。因此，海关特殊监管区在珠三角地区对广州等21个第三产业经济要素集聚节点城市的空间溢出效应十分明显。

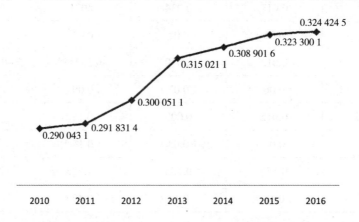

图6-4 2010—2016年珠三角地区第三产业空间基尼系数变化趋势

（资料来源：根据《广东统计年鉴》数据，作者自制）

另一方面，珠三角地区的产业趋于深化分工阶段，已经形成了以深圳市为金融中心，以广州市为高端制造业中心与研发中心，制造业向外围珠海、惠州等城市转移的空间布局（赵雪娇，2018）。本部分借助克鲁格曼的"核心—边缘"模型进一步检验分工深化与中国海关特殊监管区空间溢出效应的关联性。

假设：生产系统中存在农业（A）和工业（I）两个部门、劳动要素（L）和中间产品（M）两类生产要素及两个地区（i和j）；工业部门是垄断竞争部门，且生产要素在两个区域间存在运输成本 τ（冰山交易成本）；农业部门属于收益递减函数，即 $A(1-r_j)=(k/\eta)[(1-r_j)/k]^{\eta}$，其中 $A(1-r_j)$ 为农业部门的边际产出，是严格凹函数；工业部门的中间品价格函数为 $G_j=[\sum_{i=1}^{R}\eta_i(p_i\tau_{ij})^{1-\delta}]^{1/(1-\delta)}$，且不同地区的劳动力要素不能跨区域流动；工业部门投入中间产品的劳动投入比例为 $1-\alpha$，工业部门的产品厂商价格为 $p_j = w_j^{1-\alpha} G_j^{\alpha}$；模型的其他变量依次为消费者收入 Y、消费者最低食物消费水平 $\bar{Y}$、购买工业产品的比例 θ，购买工业产品的支出 $\theta(Y - \bar{Y})$、生产效率水平 X。

基于上述假设可以构建的工业部门中间产品模型为

$$w_j r_j = (1-\alpha)\eta_j p_j [1/(1-\alpha)] \tag{6-13}$$

厂商的定价为

$$p_j = w_j^{1-\alpha} G_j^{\alpha} \tag{6-14}$$

将上述两式代入工业部门的产品价格指数，可以得出：

$$G_j^{1-\alpha} = \sum_{i=1}^{R} X\gamma_i w_i^{1-\delta(1-\alpha)} G_i^{-\alpha\delta} \tau_{ij}^{1-\delta} \tag{6-15}$$

根据工业部门所在的垄断竞争中市场的出清条件可以得出：

$$q^* = \sum_{i=1}^{R} (p_j \tau_{ij})^{-\delta} E_i G_i^{\delta-1} \tau_{ij} \tag{6-16}$$

将式（6-13）和式（6-14）代入式（6-16）可以得出工业部门生产效率单位劳动工资函数和收入函数为

$$\frac{(w_j^{1-\alpha} G_j^{\alpha})^{\delta}}{1-\alpha} = \sum_{i=1}^{R} G_i^{\delta-1} E_i \tau_{ij}^{1-\delta} \tag{6-17}$$

$$Y_j = w_j X\gamma_j + A(1-\gamma_j)X \tag{6-18}$$

根据工业部门产品的支出与消费者厂商需求函数：

$$E_j = \theta(Y_j - \bar{Y}) + \alpha w_i X\gamma_j/(1-\alpha) \tag{6-19}$$

根据假定条件在均衡状态下不同产业部门中相同效率劳动应具有的等同工资率：

$$w_j = A'(1-\gamma_j) \tag{6-20}$$

根据式（6-13）～式（6-20），初始产业集中在一个区域并形成经济中心，进而开始扩散。假设在不同区域模型中，区域的生产相对工资率水平为

$$(w_j/w_i)^{\delta(1-\alpha)}\tau^{\alpha\delta} = (E_i\tau^{1-\delta} + E_j\tau^{\delta-1})/(E_i + E_j) \tag{6-21}$$

根据工业部门产品满足两个地区市场需求的条件，i 区域工资水平满足条件：

$$w_i X\gamma_i = (1-\alpha)(E_i + E_j) \tag{6-22}$$

根据公式（6-13）～（6-22）可以得出维持 i 区域经济中心需要的条件，即 $X \leqslant f(\tau)$。一方面，i 区域的工资水平随着 X 的提高而增加，因此提升 j 区域企业的吸引力，进一步反映出工资要素促进了产业的扩散溢出；另一方面，X 提升会带来 γ_i 和 w_i 的提升，对 i 区域来说更多的企业在此形成集聚，其支出

成本也不断上升，这一过程再次强化了企业向核心地区的集聚水平。克鲁格曼对"核心—边缘"模型进行实证检验发现，扩散效应发生的条件是上述集聚效应的失衡，即"核心—边缘"结构的突破。综上分析，模型中的扩散要素 $A^i(1-\gamma_i)$ 是区域一体化发展的内生力量，也是促进产业在不同地区整合的推动力，而产业重构的过程即为分工深化过程。

从将该模型分析拓展到珠三角地区的经济一体化发展现状来看，金融产业在深圳市的集聚、高端制造业在广州市的集聚及制造业在珠海市的集聚并非同时由初始集聚的核心地区向边缘地区进行扩散，而是在地区产业差异性发展条件下，在地区经济发展周期中依次发生的，即某一城市发展中的重点产业在通过扩散效应转移至其他城市过程中，该城市从扩散效应中也获得了更好的发展。根据模型分析可以推论出，珠三角地区城市的分工深化趋势一方面体现在不同产业在不同城市间的空间分布得以优化，如劳动密集型的制造业向成本更低的周边地区转移，而知识密集型产业（金融、科技）向中心城市集聚；另一方面体现在中国海关特殊监管区所在中心城市的发展对外围城市溢出效应的提升，中心城市的经济增长辐射外围城市从而带动外围城市发展，可见分工深化带来的正向溢出效应明显。

此外，对珠三角地区其他控制变量的参数估计结果有几点值得注意：第一，人力资本水平对经济增长存在正向溢出效应，这说明在以第三产业为主的珠三角地区，具有高教育水平和创新能力的劳动力要素对周边地区经济增长具有正向促进效果；第二，技术创新对珠三角地区的经济增长具有显著的正向溢出效应；第三，政府支出在珠三角地区具有显著的负向溢出效应，说明现阶段该地区的市场化程度较高，政府在市场投资和公共物品上的公共支出对空间溢出产生了不利影响。

三、稳健性检验

从前面实证检验中国海关特殊监管区贸易增长极的空间溢出效应发现，海关特殊监管区的培育和发展在全国总样本及不同区域经济增长中的溢出效应存在显著差异。为验证实证结果的稳健可靠性，本书进一步从替换变量方面进行稳健性检验，即对前面实证中的核心解释变量海关特殊监管区个数和进出口总额进行替换，利用海关特殊监管区面积替换个数重新构造核心解释变量，并利用空间杜宾模型（SDM）进行重新拟合，结果如表6-14所示。可以看出，在核心解释变量替换后的稳健性检验中，海关特殊监管区从面积和进出口总额上对全国样本、长三角地区和珠三角地区的空间溢出效应仍然十分显著，而在对京津冀地区的空间溢出上，海关特殊监管区进出口总额呈现较低的溢出效应，海关特殊监管区面积的空间溢出不显著。总体上看，替换核心变量后的检验与前面实证表现出一致的结果。因此，替换海关特殊监管区个数的核心解释变量不会对中国海关特殊监管区贸易增长极的空间溢出效应产生实质性影响，这说明本书溢出效应实证检验结论的稳健与可靠。

表6-14　中国海关特殊监管区贸易增长极空间溢出效应的稳健性检验

UGDP	全国样本		京津冀地区		长三角地区		珠三角地区	
	直接效应	间接效应	直接效应	间接效应	直接效应	间接效应	直接效应	间接效应
ARE	0.022*	0.021**	0.013**	0.024	0.025*	0.025***	0.019***	0.023***
	（0.03）	（0.07）	（0.03）	（0.53）	（0.02）	（0.01）	（0.03）	（0.03）
TEI	0.015***	0.026*	0.033*	0.006*	0.016**	0.024**	0.022**	0.019**
	（0.04）	（0.05）	（0.03）	（0.03）	（0.05）	（0.02）	（0.04）	（0.03）
SIA	0.023*	0.021**	0.001	−0.014	−0.032	0.071	0.011*	0.301
	（0.06）	（0.09）	（0.02）	（0.05）	（0.03）	（0.04）	（0.23）	（0.04）
TIA	0.011*	0.704*	0.176	−0.966	−0.157	0.108	0.259	0.027
	（0.01）	（0.02）	（0.66）	（0.42）	（0.81）	（0.67）	（0.28）	（0.09）
EOE	0.023**	0.099**	0.017*	0.044**	0.041	0.027**	0.025**	0.015*
	（0.04）	（0.03）	（0.05）	（0.15）	（0.27）	（0.02）	（0.03）	（0.04）
NW	0.041***	−0.026	0.044	−0.203	0.021	0.024	−0.032	0.058
	（0.07）	（0.35）	（0.14）	（0.31）	（0.18）	（0.24）	（0.26）	（0.15）
UIFA	0.101*	−0.002	0.006**	0.007	0.003*	−0.204	0.009*	−0.013
	（0.07）	（0.53）	（0.05）	（0.55）	（0.28）	（0.46）	（0.02）	（0.16）
ESU	0.007	0.231	0.021	0.012	0.022	0.001	0.031	0.072
	（0.61）	（0.59）	（0.54）	（0.54）	（0.46）	（0.51）	（0.62）	（0.54）
BE	0.049**	−0.006***	0.035***	−0.008**	0.001**	−0.006**	0.06**	−0.031***
	（0.01）	（0.01）	（0.01）	（0.06）	（0.06）	（0.07）	（0.08）	（0.02）

UGDP	全国样本		京津冀地区		长三角地区		珠三角地区	
	直接效应	间接效应	直接效应	间接效应	直接效应	间接效应	直接效应	间接效应
RSCG	0.014*	−0.524	0.291	0.052	0.015	0.032	0.004	−0.105
	（0.44）	（0.54）	（0.56）	（0.58）	（0.51）	（0.56）	（0.53）	（0.64）
UBL	0.001**	0.102	0.042*	0.041	0.262	−0.191	0.146	−0.222
	（0.08）	（0.59）	（0.42）	（0.85）	（0.57）	（0.64）	（0.54）	（0.69）

第五节 空间溢出效应的非对称性检验

Myrdalg（1957），Combes、Thisse 等（2008）及孙久文（2017）等研究发现，"回波效应"和"溢出效应"并存于经济发达地区和经济欠发达地区。在上述两种效应的合力下，经济发达地区对欠发达地区先是形成人口、资本及贸易活动的净吸引，再进行扩散，形成了区域经济发展差距的先扩大、后降低格局。中国海关特殊监管区贸易增长极的空间过程与中国渐进式的扩大开放进程相一致，前面实证验证了中国海关特殊监管区通过增长极与点轴开发功能强化了地区城市间的经济联动性，带动了中国海关特殊监管区、所在城市及周边地区的"点"—"线"—"面"发展。那么，在目前中国海关特殊监管区的沿海与内陆、港口与非港口、省级行政边界与非省级行政边界布局现状下，这种正向的空间溢出是否具有均衡性或非对称性呢？本节基于空间杜宾模型进一步展开讨论。

一、模型构建与变量选择

基于前面构建的中国海关特殊监管区贸易增长极空间溢出模型，本书借鉴 Elhorst 和 Freret（2009）的研究思路，构建中国海关特殊监管区贸易增长极空间溢出的两区制 SDM 模型如下。

$$UGDP_{it} = \rho_1 d_{it} \sum_{j=1}^{N} \varpi_{ij} UGDP_{jt} + \rho_2 (1 - d_{it}) \sum_{j=1}^{N} \varpi_{ij} UGDP_{jt} + \alpha UGDP_{it-1} +$$
$$\beta \sum_{j=1}^{N} \varpi_{ij} EX_{jt} + \gamma EX_{it} + \sum_{i} \theta_i X_{it} + \sigma_i + \varsigma_i + \xi_{it}$$

　　模型中的 EX 解释变量、X 控制变量以及 ξ_{it} 随机干扰项在模型变量表 6-1 中已经详细列出；d_{it} 为中国海关特殊监管区所在地级城市的二值虚拟变量；ρ_1 和 ρ_2 表示中国海关特殊监管区布局中存在沿海、港口与省级行政边界效应下的经济增长溢出弹性；$d_{it}\sum_{j=1}^{N}\varpi_{ij}UGDP_{jt}$ 和 $(1-d_{it})\sum_{j=1}^{N}\varpi_{ij}UGDP_{jt}$ 的系数表示分属不同溢出效应下的 $UGDP_{it}$ 与 $UGDP_{jt}$ 策略互动。根据本书对空间溢出非对称性的研究需要及中国海关特殊监管区的空间布局现实，二值虚拟变量分为三种类别：一是沿海与内陆效应，如果中国海关特殊监管区所在的城市属于沿海省份，则定义 $d_{it}=1$，其他为 0；二是港口与非港口效应，如果中国海关特殊监管区所在的城市属于港口（包括沿海与内河），则定义 $d_{it}=1$，其他为 0；三是省级行政边界与非省级行政边界效应，如果中国海关特殊监管区所在的城市属于省级行政边界，则定义 $d_{it}=1$，其他为 0。基于上述分类标准，沿海效应城市为天津、大连、上海、张家港、福州、宁波、厦门、青岛、广州、深圳、珠海、汕头、苏州、南京、烟台、海口、连云港、扬州、镇江、泰州、常熟、杭州、嘉兴、慈溪、泉州、无锡、南通、淮安、盐城、泰州、昆山、济南、潍坊、临沂、红河州、凭祥和北海等，港口效应城市为天津、大连、上海、张家港、宁波、福州、厦门、青岛、广州、深圳、珠海、汕头、烟台、海口、重庆、北海、福州、秦皇岛、苏州、南通、盐城、南京和杭州等，省级行政边界效应城市为天津、上海、重庆、临沂、北京、廊坊、连云港、赣州、九江、南京、东营、淮安、芜湖等。

二、非对称性实证结果分析

　　基于中国海关特殊监管区所在地级市经济系统可能存在联立内生问题，而传统的 2SLS 和 OLS 估计方法可能产生偏误，或导致空间滞后项与 d_{it} 的交互项估计结果无效。本书对空间溢出的非对称性检验采用 SDM 模型的 MLE 法（极大似然法）进行无偏估计，以避免误差项存在空间自相关或模型变量内生性导致的结果偏误。通过软件 Stata 15.1 进行空间溢出效应非对称性检验的结果如表 6-15 所示。

表6-15　空间溢出效应非对称性检验结果

变量与模型	沿海效应模型	港口效应模型	省级行政边界效应模型
ρ_1	0.083*** （0.29）	0.071*** （0.11）	0.058*** （0.08）

变量与模型	沿海效应模型	港口效应模型	省级行政边界效应模型
ρ_2	0.051*** （0.22）	0.053*** （0.14）	0.059*** （0.17）
ln（UGDP）	0.103** （0.34）	0.094** （0.33）	0.104** （0.27）
ln（NM）	0.025***	−0.003	0.028***
	（0.01）	（0.01）	（0.01）
ln（TEI）	0.011*	0.012*	0.011*
	（0.01）	（0.01）	（0.01）
ln（SIA）	0.018*	0.023*	0.064*
	（0.08）	（0.09）	（0.09）
ln（TIA）	−0.067*	−0.056*	−0.098*
	（0.13）	（0.13）	（0.13）
ln（EOE）	0.052	0.049	0.068*
	（0.12）	（0.11）	（0.12）
ln（NW）	0.011*	0.018	0.015*
	（0.03）	（0.03）	（0.03）
ln（UIFA）	0.013***	0.058***	0.077***
	（0.02）	（0.02）	（0.02）
ln（ESU）	0.026**	0.032**	0.033***
	（0.01）	（0.01）	（0.01）
ln（BE）	0.055*	−0.019	0.038
	（0.03）	（0.02）	（0.03）
ln（RSCG）	0.055***	0.041	0.044***
	（0.04）	（0.04）	（0.05）
ln（UBL）	−0.012**	−0.036**	−0.028*
	（0.14）	（0.13）	（0.14）

变量与模型	沿海效应模型	港口效应模型	省级行政边界效应模型
β	0.031***	0.022***	0.003**
	（0.04）	（0.04）	（0.04）
Log-Likelihood	1 994.238	1 994.059	1 994.143
时间与城市固定效应	是	是	是
Observations	1 883	1 883	1 883
R-squared	0.371	0.406	0.328
Number of cityid	128	128	128

由表 6-15 中国海关特殊监管区贸易增长极的空间溢出效应非对称性检验结果可以看出：①沿海效应、港口效应和省级行政边界效应模型下的 β 估计均为显著正值，说明中国海关特殊监管区贸易增长极的空间溢出在上述三类模型中均不存在 β 收敛特征，中国海关特殊监管区通过增长极与点轴开发功能带动中国海关特殊监管区所在城市及周边地区的"点"—"线"—"面"发展关系依然成立。②沿海效应模型中的 ρ_1 和 ρ_2 分别表示中国海关特殊监管区所在沿海地区与非沿海地区的空间溢出系数。ρ_1 和 ρ_2 均在 1% 置信水平下显著，系数为 0.083 和 0.051，可见中国海关特殊监管区的沿海地区空间溢出效应明显高于非沿海地区。港口效应模型中的 ρ_1 和 ρ_2 分别表示中国海关特殊监管区所在港口地区与非港口地区的空间溢出系数。ρ_1 和 ρ_2 均在 1% 置信水平下显著，系数为 0.071 和 0.053，可见中国海关特殊监管区的港口地区空间溢出效应明显高于非港口地区。省级行政边界效应模型中的 ρ_1 和 ρ_2 分别表示中国海关特殊监管区所在省级行政边界地区与非省级行政边界地区的空间溢出系数。ρ_1 和 ρ_2 均在 1% 置信水平下显著，系数为 0.058 和 0.059，可见中国海关特殊监管区的省级行政边界地区空间溢出效应与非省级行政边界地区相当。③通过对比中国海关特殊监管区空间溢出效应的沿海效应模型、港口效应模型和省级行政边界效应模型估计结果，发现沿海与非沿海的空间溢出效应非对称最为明显，其次是港口与非港口，而省级行政边界与非省级行政边界的空间溢出效应基本不呈现非对称。

中国海关特殊监管区贸易增长极的空间溢出效应非对称性检验结果表明：①沿海地区和港口地区是中国对外开放的门户，在中国从沿海港口城市到沿海经济带，再从沿海经济带到内陆腹地经济区域渐进式的扩大对外开放中，中国海关特殊监管区的培育和发展受益于沿海地区和港口地区发达的航运物流基础设施和完善的港口物流服务，港口地区与城市紧密的空间互动关系，沿海地区和港口地区独特的货流、人流、资金流和信息流集聚点区位优势，形成了中国海关特殊监管区贸易增长极空间溢出效应的非对称特征，表现为在非沿海地区和非港口地区的空间溢出不足。②省级行政边界效应模型验证了中国海关特殊监管区通过强制性制度变迁与诱致性制度变迁的途径破除省区边界屏蔽效应，增强要素的流动性并优化经济空间结构的功能。孙久文等（2018）的研究表明，中国的省级行政边界通过制度约束限制了生产要素的集聚和流通，对空间经济增长存在显著的抑制效果。本书经实证发现，中国海关特殊监管区空间溢出的省级行政边界抑制效果不明显，边界地区的空间溢出为 0.058，非边界地区的空间溢出为 0.059。上述结果再次强化了中国海关特殊监管区贸易增长极的"点"培育和发展功用之一是破除省区行政干预屏蔽，在空间布局中更有利于各种资源要素市场取向的优化配置，发挥增长极突出的中介效应。

第六节　本章小结

中国设立海关特殊监管区是通过政策手段促进区域全要素资源流动和扩大贸易开放，从而推动产业化和专业化的区域聚集，在集聚力和分散力作用下形成该区域和周边区域经济发展的均衡。在该过程中，中国海关特殊监管区不断改善的自由贸易环境会带来相关产业联动集聚而形成贸易增长极，带动所在核心城市发展，而核心城市发展的经济中心会向周围区域形成溢出效应，带动周围区域发展，最终促进中心区与外围区共同发展。本章构建空间计量经济模型对中国海关特殊监管区贸易增长极的空间溢出效应进行实证研究，得出的主要结论如下。

第一，中国海关特殊监管区贸易增长极通过增长极与点轴开发功能强化地区城市间的经济联动性，带动了中国海关特殊监管区、所在城市及周边地区的"点"—"线"—"面"发展。海关特殊监管区个数对各市经济增长的间接效应存在显著正向影响，影响系数为 0.125，表明在其他变量不变的情况下，海关特殊监管区个数增加 1%，将带动周边城市经济增长提升 0.125%；海关特殊监管区进出口总额对各市经济增长的间接效应存在显著正向影响，影响系数为

0.077，表明海关特殊监管区进出口总额增加 1%，将带动周边城市经济增长提升 0.077%。总体来看，海关特殊监管区的培育和发展对地区经济具有显著的正向溢出效应，其原因有三个方面：产业升级的对外溢出、进出口贸易的对外溢出和扩大对外开放的溢出。

第二，从对京津冀地区、长三角地区和珠三角地区等进行海关特殊监管区空间效应的区域检验结果看：①京津冀地区，海关特殊监管区个数不存在空间溢出效应，海关特殊监管区进出口总额存在较小的空间溢出效应。总体来看，京津冀地区的海关特殊监管区贸易增长极培育的空间溢出效应十分有限。其原因是，一方面，海关特殊监管区对京津冀地区的空间溢出效应在以北京为核心的地区内部结构中被极化效应削弱；另一方面，京津冀地区的第二产业份额呈不断上升趋势（尤其是天津市和河北省），海关特殊监管区对津冀地区第二产业的集聚弱化导致了空间溢出有限。②长三角地区，海关特殊监管区个数对各市经济增长的间接效应存在显著正向影响，海关特殊监管区进出口总额对各市经济增长的间接效应存在显著正向影响。总体来看，长三角地区海关特殊监管区的培育和发展具有十分显著的空间溢出效应。通过原因分析得出，海关特殊监管区贸易增长极对长三角地区的显著空间溢出效应受益于该区域多中心的发展格局、一体化的区域功能体系和不断增长的第三产业空间基尼系数。③珠三角地区，海关特殊监管区个数对各市经济增长的间接效应存在显著正向影响，海关特殊监管区进出口总额对各市经济增长的间接效应存在显著正向影响。总体来看，珠三角地区海关特殊监管区贸易增长极存在显著的空间溢出效应，但溢出系数与长三角地区相比偏低。通过原因分析得出，海关特殊监管区贸易增长极在珠三角地区的显著空间溢出效应是该地区第三产业空间基尼系数稳步增长与产业分工不断深化的结果。

第三，中国海关特殊监管区贸易增长极的空间溢出效应具有非对称性，非沿海地区和非港口城市的空间溢出效应要弱于沿海地区和港口城市，非省级行政边界地区的空间溢出效应与省级行政边界地区相当。①沿海效应、港口效应和省级行政边界效应模型中均不存在 β 收敛特征，中国海关特殊监管区通过增长极与点轴开发功能带动中国海关特殊监管区所在城市及周边地区的"点"—"线"—"面"发展关系依然成立。对比沿海效应、港口效应和省级行政边界效应模型的估计结果发现，沿海与非沿海的空间溢出非对称最为明显，其次是港口与非港口，而省级行政边界与非省级行政边界的空间溢出基本不呈现非对称。②中国海关特殊监管区的培育和发展受益于沿海地区和港口地区发达的航运物流基础设施和完善的港口物流服务，港口地区与城市紧密的空间互动关系，沿海地区和港口地区独特的货流、人流、资金流和信息流集聚点区位优势，形成了中国海关特殊监管区贸易增长极空间溢出效应的非对称特征。省级行政边界效应模型验证了中国海关特殊监管区通过强制性制度变迁与诱致性制度变迁的途径破除省区边界屏蔽效应，增强要素的流动性并优化经济空间结构的功能。

上述结论对中国海关特殊监管区新一轮的培育和建设具有以下几点启示：第一，进一步加快中国海关特殊监管区贸易增长极的培育，通过贸易增长极显著的空间溢出效应带动周边地区发展，实现非均衡增长的空间最优布局，尤其要加大对非沿海地区和非港口城市的中国海关特殊监管区培育，促进开放型市场经济的发展。第二，京津冀地区是环渤海经济区和"一带一路"倡议的出发点和交汇点，在中国海关特殊监管区贸易增长极空间溢出的改善上需要进一步强化功能区和新城承载疏解功能，通过科学的产业转移和城市群空间布局缓解北京地区的极化效应，并疏解津冀地区钢铁行业和水泥行业等高耗能行业集聚。第三，长三角地区继续坚持和深化以上海国际经济、金融、贸易和航运中心为核心，通过海关特殊监管区贸易增长极的点轴开发功能实现地区城市间的经济联动性，带动长三角区域"面"的经济发展。第四，珠三角地区继续深化产业分工，打造现代服务业基地。在现有的现代化服务业基础上，推进生产性服务业向更加高端化和专业化发展，并发挥粤港澳大湾区的产业优势，通过合作共赢的产业分工布局进一步促进中国海关特殊监管区贸易增长极的空间溢出效应。第五，控制变量中的第二产业集聚、第三产业集聚、人力资本和技术创新对中国海关特殊监管区贸易增长极的空间溢出存在正向影响。因此，应采取积极的产业政策提升产业集聚水平，包括采取加大基础设施建设投资力度、提升城市化水平，加大对外开放力度、降低地区税负、解决财政紧张等措施来提升中国海关特殊监管区贸易增长极对第二、三产业的空间集聚水平，同时加大人力资本投资并促进技术创新，提升中国海关特殊监管区贸易增长极的空间溢出。

第七章 中国海关特殊监管区贸易增长极的绩效评价

中国海关特殊监管区的设立就是扩大对外开放制度的变革，对海关特殊监管区贸易增长极空间效应的研究本质就是研究对外开放制度对空间效应的影响，也可以看成如何科学地评价海关特殊监管区政策实施以后带来的效果或者绩效。

本章的研究目的是采用倾向得分匹配法（PSM）分析中国海关特殊监管区贸易增长极的绩效。由于现有的相关文献全部是针对海关特殊监管区（自由贸易园区）贸易增长极在东、中、西三大区域的绩效差异性研究，而针对海关特殊监管区在港口型和腹地型的绩效研究是一项空白，因此本章创新研究视角，分别对港口型和腹地型地区采用 PSM 方法分析中国海关特殊监管区的绩效差异。本章内容安排如下：第一节是实证研究设计，主要分析 PSM 方法在本书的应用和具体分析过程；第二节是指标选择和数据描述，对本章实证对象和匹配变量等进行解释；第三节是 PSM 绩效分析，对全样本、港口型和腹地型地区的中国海关特殊监管区贸易增长极培育系统进行绩效评价；第四节是耦合协调检验，对中国海关特殊监管区贸易增长极培育与中国扩大对外开放进行耦合评价；第五节是结论，对本章实证结果进行总结，提出对本书研究的启示。

第一节 实证研究设计

一、PSM 方法应用分析

经济系统绩效评价中由于存在内生性问题，难以说明得到的效果和绩效是由政策实施带来的。近年来，统计与计量经济学家经过不断研究与探索，在内生性问题的处理方法方面提出了很多可行方式，其中倾向得分匹配法（Propensity Score Matching，PSM）具有很多优势，因而 PSM 分析方法在评估政策绩效和效果方面得到了广泛的应用。PSM 分析中国海关特殊监管区设立的绩效评价，需要评估中国海关特殊监管区的设立对各地区经济发展的影响，期望得到的结果是中国海关特殊监管区的设立能够促进经济发展，促进绩效水平的提高，也就是中国海关特殊监管区设立的地区相比无中国海关特殊监管区设立的地区经济发展水平更高，确定中国海关特殊监管区的设立绩效为正。但直接分析很可能得到的结果为负或者不显著，因为如果直接比较有中国海关特殊监管区设立的地区和无中国海关特殊监管区设立的地区绩效，就面临着内生性的问题。因为中国海关特殊监管区设立的地区自身经济发展水平较高，而无中国海关特殊监管区设立的地区自身发展水平较低，无论有无中国海关特殊监管区的设立，两类地区本身存在着经济发展差距，所以不能直接进行比较。

在解决内生性问题方面，一般的做法是在回归模型中加入控制变量。但加入控制变量并不能完全消除面临的内生性问题，由于中国海关特殊监管区的设立与否受到各地区的经济发展情况影响，相当于说明中国海关特殊监管区的设立受到控制变量的影响，因此加入控制变量对消除内生性无益，而倾向得分匹配法在处理内生性问题方面可以起到很好的效果。

二、PSM 分析过程

在具体的 PSM 分析过程中，中国海关特殊监管区设立以后的绩效如何，需要通过科学合理的方式进行评估。假定要对中国海关特殊监管区设立的政策绩效进行评估，一类地区称之为"处理组"（treatment group），设立了海关特殊监管区；另一类地区称之为"控制组"（control group），没有设立海关特殊监管区。参与组的绩效变量定义为 B_1，控制组的绩效变量定义为 B_0，$H=(0,1)$ 为选择变量，它的取值是 1 时，代表设立了海关特殊监管区，否则就说明没有设立海关特殊监管区，需要研究的是设立了海关特殊监管区的绩效和未设立海关特殊监管区的绩效差异。但是，要计算中国海关特殊监管区设立的每个地区的绩效差异是没有必要的，通常来讲要求得到所有地区设立了海关特殊监管区后的平均绩效，平均绩效称为 ATT（Average Treatment Effect on the Treat）。ATT 的计算方程式如下：

$$ATT = E\left[B_1 \mid H = 1\right] - E\left[B_0 \mid H = 0\right] \qquad (7\text{-}1)$$

评价绩效差异最理想的方式是找到同一地区设立了海关特殊监管区和未设立海关特殊监管区的绩效之差，但实际的情况是同一地区设立了海关特殊监管区的绩效数据和未设立海关特殊监管区的绩效数据不可能同时获取，一般可以获得其中一种情形下的相关数据，或者是设立了海关特殊监管区的绩效数据，或者是未设立海关特殊监管区的绩效数据，这种情况下的绩效差异分析就需要通过 PSM 方法进行。PSM 分析的关键之处在于设立了海关特殊监管区与未设立海关特殊监管区的两地区中找到经济发展特征相同的两类地区进行匹配比较。由于各地区的特征变量有多个，找到完全相同的两类地区进行匹配分析往往是不现实的，在实际应用中可行的方法是对两类地区匹配变量进一步降维，通常是运用加权的方法将匹配维度由多维降为一维，这是 PSM 方法的核心处理内容。该方法最先由 Rosenbaum 和 Rubin（1983）提出，处理思路是计算两类地区的倾向得分值，如果设立与未设立海关特殊监管区的地区倾向得分数值相同，就可以对这两个地区的绩效进行比较，通过这样的分析就可以发现中国海关特殊监管区的设立是否提升了地区绩效。

基于上述分析，本部分对海关特殊监管区贸易增长极绩效评价的 PSM 的分析过程如下：①通过 logit 回归并采用逐步回归法筛选出对是否设立海关特殊监管区有显著影响的变量；②计算每个地区的倾向得分数值；③检验是否满足共同支撑假设；④依据两类地区的倾向得分值进行配对；⑤检验是否满足平衡性假设；⑥比较设立与未设立地区的绩效差异，并分析是否显著。具体过程：通过采用 Stata 15.1 软件进行 PSM 分析，在上述 PSM 分析步骤中第②③④由软件一步完成。

在 PSM 分析方法中，处理组和控制组的选择可以采用的方法有近邻匹配分析法、半径匹配分析法和核匹配分析法。近邻匹配分析法是指在控制组中选择一个或多个同处理组中最为相似的地区，对两者的绩效进行比较。半径匹配分析法需先给定半径的数值，当处理组与控制组的倾向得分值差异小于半径值时，则比较两类地区的绩效差异，否则绩效差异不予比较。核匹配分析法同前面两种分析方法不同的是，在分析时，控制组的所有地区都要赋相应权重同处理组进行比较，权重由两类地区倾向得分值之差决定，倾向得分差值越大，参与匹配的权重就越小，本书在做 PSM 分析时采用近邻匹配法。

第二节 指标选择和数据描述

一、指标选择

本章实证的指标选择依据与中国海关特殊监管区贸易增长极空间集聚与溢出效应分析中的选择依据相同。PSM 模型的研究对象选择各市经济增长（*LUGDP*），以各市实际生产总值取自然对数代表。匹配变量包括以下几个：①第二产业集聚（*SIA*），用第二产业总产值的区位熵表示；②第三产业集聚（*TIA*），用第三产业总产值的区位熵表示；③人力资本（*LEOE*），用教育事业费支出取自然对数代表；④劳动力投入（*LNW*），用职工人数取自然对数代表；⑤固定资产投资（*LUIFA*），用各市固定资产投资取自然对数代表；⑥技术创新（*LESU*），用科学事业费支出取自然对数代表；⑦政府支出（*LBE*），用财政预算内支出取自然对数代表；⑧市场需求（*LRSCG*），用社会消费品零售总额取自然对数代表；⑨城市化水平（*LUBL*），用城镇人数取自然对数代表；⑩市场开放度（*LAFI*），用外商实际投资额取对数代表；⑪基础设施（*LHPV*），用公路客运量取对数代表；⑫年度（*year*），取值范围为 2010—2016 年，年度虚拟变量直接参与匹配；⑬区域（*group*），分东、中、西 3 个区域，区域虚拟变量直接参与匹配；⑭口岸城市（*port*），口岸城市取值为 1，其余取值为 0，该虚拟变量直接参与匹配。匹配变量的符号、名称和含义如表 7-1 所示。

表7-1 PSM 分析匹配变量表

序　号	符　号	名　称	含　义
1	*SIA*	第二产业集聚	第二产业 GDP 区位熵
2	*TIA*	第三产业集聚	第三产业 GDP 区位熵
3	*LEOE*	人力资本	教育事业费支出取对数
4	*LNW*	劳动力投入	职工人数取对数
5	*LUIFA*	固定资产投资	各市固定资产投资取对数
6	*LESU*	技术创新	科学事业费支出取对数

序　号	符　号	名　称	含　义
7	*LBE*	政府支付	财政预算内支出取对数
8	*LRSCG*	市场需求	社会消费品零售总额取对数
9	*LUBL*	城市化水平	城镇人数取对数
10	*LAFI*	市场开放度	外商实际投资额取对数
11	*LHPV*	基础设施	公路客运量取对数
12	*year*	年度	2010—2016 年
13	*group*	区域	1. 西部地区；2. 中部地区；3. 东部地区
14	*port*	口岸城市	1 为口岸城市；0 为非口岸城市

二、数据来源与变量描述性统计

在数据来源方面，中国海关总署自 2010 年全面开始对中国海关特殊监管区贸易增长极的进出口总额统一口径的统计，为保证本书实证研究的严谨性，本章采用中国地级市 2010—2016 年的面板数据分析海关特殊监管区贸易增长极的绩效。地级市经济增长的数据来源于国泰安数据库和《中国城市统计年鉴》，匹配变量中的产业区位熵测算中 GDP、人力资本、劳动力投入及技术创新等变量数据来源于历年的《中国统计年鉴》，中国海关特殊监管区数据来源于中国开发区网和《中国保税区出口加工区年鉴》，口岸城市目录根据中国口岸协会网站和《中国口岸年鉴》，以地级市为口径进行整理。在 PSM 分析前，对数据处理如下：①对存在数据缺失的地级市样本进行删除处理；②为了解决样本中的异常数值对回归结果造成的影响，对采用的数据进行缩尾处理，缩尾标准为 1% 水平；③进一步将数据处理为平行面板，因此若某地级市在某一年度存在数据缺失，则该地级市也进行删除处理；④对各市人均固定资产投资变量采用固定资产投资价格指数进行缩减处理，对包括各市人均 GDP 在内的其他变量采用 GDP 平减指数进行缩减处理；⑤为消除数据的异方差问题，对除海关特殊监管区个数外的模型涉及的变量取自然对数。对数据进行处理后，共得到 269 个地级市的 1 883 笔观察值，构成的面板数据为非平行面板，涉及除西藏外的 30 个省（市、区）。PSM 分析的匹配变量描述性统计量具体如表 7-2 所示。

表7-2　PSM分析匹配变量基本统计量表

变　量	全样本	均　值	标准差	最小值	中位数	最大值
SIA	1 883	1.141	0.168	0.873	1.153	1.397
TIA	1 883	0.795	0.136	0.599	0.781	1.024
LEOE	1 883	12.7	0.599	11.814	12.704	13.591
LNW	1 883	3.544	0.644	2.626	3.484	4.662
LUIFA	1 883	16.097	0.681	15.108	16.047	17.239
LESU	1 883	9.946	0.981	8.611	9.799	11.67
LBE	1 883	14.412	0.492	13.672	14.374	15.252
LRSCG	1 883	15.211	0.779	14.031	15.129	16.579
LUBL	1 883	3.544	0.643	2.63	3.484	4.662
LAFA	1 883	9.937	1.339	7.79	9.908	12.022
LHPV	1 883	8.626	0.738	7.488	8.653	9.766

研究的绩效变量基本统计量如表 7-3 所示。

表7-3　PSM绩效变量基本统计量表

变　量	全样本	均　值	标准差	最小值	中位数	最大值
LUGDP	1 883	7.046	0.857	3.810	6.923	9.802

由表 7-3 可知，研究的绩效变量各市经济增长（LUGDP）的均值为 7.046，标准差为 0.857，最小值为 3.810，中位数为 6.923，最大值为 9.802。

海关特殊监管区设立样本及地区分布统计如表 7-4 所示。

表7-4　PSM分析地区分布统计表

	全样本	设立地区	未设立地区
全国	1 883	374	1 509
东部	707	222	485
中部	756	86	670
西部	420	66	354

由表 7-4 可知，中国设立海关特殊监管区的地区有 374 个样本，未设立海关特殊监管区的地区有 1 509 个样本。从样本地区的分布情况来看，东、中、西部中海关特殊监管区设立的地区占比，东部地区最高达到 31.40%，中部地区占比 11.38%，西部地区占比 15.71%。

三、变量差异性检验

在进行 PSM 分析之前，先对匹配前的变量做差异性检验，方法采用独立样本的 t 检验，软件采用 SPSS 25.0，根据有无设立海关特殊监管区对样本进行分组，差异性检验结果如表 7-5 所示。

表7-5　PSM分析变量均值差异性分析

变　量	设立了海关特殊监管区	未设立海关特殊监管区	平均值差值	t	Sig.（双侧）
LUGDP	7.934	6.826	1.108	26.121	0.000
SIA	1.097	1.152	−0.055	−5.694	0.000
TIA	0.91	0.767	0.143	20.019	0.000
LEOE	13.17	12.583	0.587	20.025	0.000
LNW	4.165	3.39	0.775	23.732	0.000
LUIFA	16.737	15.938	0.799	22.973	0.000
LESU	10.944	9.699	1.245	25.483	0.000
LBE	14.88	14.295	0.585	23.407	0.000
LRSCG	15.966	15.023	0.943	23.928	0.000
LUBL	4.164	3.391	0.774	23.724	0.000
LAFI	11.306	9.598	1.709	25.656	0.000
LHPV	8.945	8.548	0.397	9.503	0.000

由表 7-5 变量的差异性检验结果可以看出，有无海关特殊监管区设立的地区第二产业集聚（SIA）、第三产业集聚（TIA）、人力资本（LEOE）、劳动力投入（LNW）、固定资产投资（LUIFA）、技术创新（LESU）、政府支出（LBE）、市场需求（LRSCG）、城市化水平（LUBL）、市场开放度（LAFI）、基础设施

（*LHPV*）等变量均值差异显著，说明在匹配之前，各地区之间的情况存在显著不同，直接进行比较并不合理。在 PSM 分析前，在海关特殊监管区设立的各市经济增长（*LUGDP*）均值要显著高于未设立海关特殊监管区的地区，说明设立海关特殊监管区的地区本身的经济发展水平较高。由于海关特殊监管区设立的内生性问题，如果直接比较有无海关特殊监管区设立的地区的经济发展水平，则并不科学。

第三节 PSM 绩效评价

本节分析海关特殊监管区设立的绩效评价，先对全样本进行绩效评价，再对港口型和腹地型地区进行绩效评价。PSM 分析步骤为，先筛选出对是否设立海关特殊监管区有显著影响的变量，并做 PSM 匹配分析，匹配分析方法采用最近邻匹配法，按照 PSM 分析的要求对平衡性与共同支撑假设是否得到满足进行检验。

一、全样本绩效评价

（一）筛选匹配变量

PSM 分析需要先筛选出对海关特殊监管区是否设立有显著影响的变量，变量筛选方法为采用 logit 回归并进行逐步回归，保留的变量为对因变量影响显著性水平在 10% 以下的变量，筛选后的变量如表 7-6 所示。

表7-6 全样本PSM匹配变量筛选

NM2	Coef.	Std.Err.	z	P>z	95% Conf.Interval
SIA	−2.993	0.782	−3.830	0.000	[−4.527,−1.460]
TIA	2.851	1.040	2.740	0.006	[0.813,4.889]
LAFI	0.999	0.111	9.010	0.000	[0.782,1.216]
LNW	0.765	0.291	2.630	0.009	[0.195,1.335]
LUIFA	0.584	0.251	2.330	0.020	[0.092,1.076]
LESU	0.476	0.157	3.030	0.002	[0.169,0.784]
LHPV	−0.519	0.134	−3.890	0.000	[−0.781,−0.257]

NM2	Coef.	Std.Err.	z	P>z	95% Conf.Interval
LRSCG	−0.677	0.309	−2.190	0.028	[−1.283,−0.072]
cons	−13.250	3.416	−3.880	0.000	[−19.946,−6.554]

由表 7–6 可知，第二产业集聚（*SIA*）对是否设立海关特殊监管区存在显著负向影响，海关特殊监管区的设立倾向第二产业集聚程度较低的地区；第三产业集聚（*TIA*）对是否设立海关特殊监管区存在显著正向影响，海关特殊监管区的设立倾向第三产业集聚程度较高的地区；市场开放度（*LAFI*）对是否设立海关特殊监管区存在显著正向影响，海关特殊监管区的设立倾向市场开放度较高的地区；劳动力投入（*LNW*）对是否设立海关特殊监管区存在显著正向影响，海关特殊监管区的设立倾向劳动力投入较高的地区；固定资产投资（*LUIFA*）对是否设立海关特殊监管区存在显著正向影响，海关特殊监管区的设立倾向固定资产投资较高的地区；技术创新（*LESU*）对是否设立海关特殊监管区存在显著正向影响，海关特殊监管区的设立倾向技术创新程度较高的地区；基础设施（*LHPV*）对是否设立海关特殊监管区存在显著负向影响，整体来看，海关特殊监管区的设立倾向基础设施水平较低的地区；市场需求（*LRSCG*）对是否设立海关特殊监管区存在显著负向影响，整体来看，海关特殊监管区的设立倾向市场需求较低的地区；人力资本（*LEOE*）、政府支出（*LBE*）、城市化水平（*UBL*）对是否设立海关特殊监管区影响不显著，这 3 个变量不作为最终的匹配变量。

（二）匹配结果分析

根据前一小节筛选获得的匹配变量，应用 Stata 15.1 软件对中国海关特殊监管区贸易增长极的绩效评价开展 PSM 分析，采用的匹配方法为最近邻匹配法，PSM 分析结果如表 7–7 所示。

表7–7　全样本倾向得分匹配结果

variable	Sample	Treated	Control	Difference	S.E	*T*–stat
LUGDP	Unmatched	7.943	6.827	1.116	0.043	26.260***
	ATT	7.943	7.752	0.191	0.094	2.040**

注：*** 代表在 1% 的水平下显著，** 代表在 5% 的水平下显著，* 代表在 10% 的水平下显著，下同。

表 7-7 中 Unmatched 行的结果是在 PSM 分析匹配之前绩效变量各地经济增长（*LUGDP*）的对比结果；ATT 行的结果是 PSM 之后绩效变量各地经济增长（*LUGDP*）的对比结果；Treated 列的结果代表处理组，即设立了海关特殊监管区的地区；Controls 列的结果代表控制组，即未设立海关特殊监管区的地区；Difference 列代表有无设立海关特殊监管区的地区绩效变量各地经济增长（*LUGDP*）平均差异；S.E. 列的结果为标准误；*T*-stat 列的结果为 *T* 值，当 1.645 ≤ |*T*|<1.96 时，代表绩效变量各地经济增长（*LUGDP*）的差异显著性水平达 10%；当 1.96 ≤ |*T*|<2.576 时，代表绩效变量各地经济增长（*LUGDP*）的差异显著性水平达 5%；当 |*T*| ≥ 2.576 时，代表绩效变量各地经济增长（*LUGDP*）的差异显著性水平达 1%。

由表 7-7 可知，在 PSM 分析之前设立了海关特殊监管区的地区比未设立海关特殊监管区的地区经济增长（*LUGDP*）水平要高，差异显著性水平达 1%；在匹配之后设立了海关特殊监管区的地区比未设立海关特殊监管区的地区经济增长（*LUGDP*）水平要高，差异显著性水平达 5%。由 PSM 的分析结果可知，海关特殊监管区的设立有利于促进地区经济增长（*LUGDP*），使绩效水平得到提升。

PSM 分析的共同支撑假设检验结果如表 7-8 所示。

表7-8　全样本共同支撑假设检验结果

psmatch2:Treatment assignment	psmatch2: Common support		
	Off suppor	On suppor	Total
Untreated	0	1 507	1 507
Treated	0	371	371
Total	0	1 878	1 878

由表 7-8 的共同支撑假设检验可知，满足共同支撑的地区样本数为 1 878 个，处理组的地区样本数有 371 个，控制组的地区样本数有 1 507 个，研究的样本均符合共同支撑假设。

PSM 分析的平衡假设检验结果如表 7-9 所示。

表7-9　全样本变量平衡假设检验结果

Variable	Unmatched Matched	Mean Treated	Control	%reduct %bias	bias	t-test t	P>t	V(T)/ V(C)
SIA	U	1.099	1.151	−33.600		−5.500	0.000	0.68*
	M	1.099	1.076	14.200	57.900	1.950	0.052	0.84
TIA	U	0.909	0.767	119.100		19.900	0.000	0.80*
	M	0.909	0.906	3.000	97.400	0.420	0.673	0.90
LAFI	U	11.319	9.598	158.400		25.770	0.000	0.66*
	M	11.319	11.251	6.200	96.100	0.970	0.332	1.11
LNW	U	4.173	3.390	136.000		23.930	0.000	1.130
	M	4.173	4.137	6.200	95.400	0.830	0.405	1.16
LUIFA	U	16.742	15.938	134.500		23.030	0.000	0.95
	M	16.742	16.727	2.500	98.100	0.350	0.723	1.19
LESU	U	10.957	9.698	148.300		25.74	0.000	1.04
	M	10.957	10.857	11.800	92.000	1.66	0.098	1.16
LHPV	U	8.945	8.548	54.500		9.500	0.000	1.07
	M	8.945	8.931	1.900	96.500	0.260	0.791	1.03
LRSCG	U	15.974	15.024	137.700		24.020	0.000	1.07
	M	15.974	15.941	4.700	96.600	0.640	0.525	1.16

表 7-9 中的 U 行结果代表的是 PSM 之前，设立了海关特殊监管区的地区和未设立海关特殊监管区的地区样本匹配变量的差异情况；M 行结果代表的是 PSM 之后，设立了海关特殊监管区的地区和未设立海关特殊监管区的地区样本匹配变量的差异情况。由表 7-9 中的显著性 P 值结果可知，在 PSM 匹配之前，各匹配变量均在 1% 的水平下存在显著差异，在 PSM 匹配之后，设立了海关特殊监管区的地区和未设立海关特殊监管区的地区匹配变量的差异性已不存在，说明平衡假设条件得到满足。PSM 分析的共同支撑和平衡假设都得到了满足，说明 PSM 分析的结论可信。

二、港口型地区绩效评价

(一) 筛选匹配变量

港口型地区绩效评价, PSM 分析步骤中先需要筛选出对港口型地区海关特殊监管区是否设立有显著影响的变量, 变量筛选方法为采用 logit 回归并进行逐步回归, 保留的变量为对因变量影响显著性水平在 10% 以下的变量, 筛选后变量如表 7-10 所示。

表7-10　港口型地区PSM分析匹配变量筛选

NM2	Coef.	Std.Err.	z	P>z	95% Conf.Interval
SIA	−5.115	1.400	−3.650	0.000	[−7.858,−2.371]
TIA	5.125	1.872	2.740	0.006	[1.455,8.795]
LAFI	1.275	0.206	6.180	0.000	[0.871,1.680]
LNW	1.402	0.466	3.010	0.003	[0.489,2.315]
LHPV	−0.471	0.187	−2.520	0.012	[−0.838,−0.104]
LESU	0.695	0.288	2.410	0.016	[0.131,1.260]
LBE	−2.797	0.691	−4.040	0.000	[−4.152,−1.441]
LRSCG	0.969	0.525	1.850	0.065	[−0.059,1.997]
cons	2.506	6.652	0.380	0.706	[−10.532,15.544]

由表 7-10 可知, 港口型地区, 第二产业集聚 (SIA) 对是否设立海关特殊监管区存在显著负向影响, 海关特殊监管区的设立倾向第二产业集聚程度较低的地区; 第三产业集聚 (TIA) 对是否设立海关特殊监管区存在显著正向影响, 海关特殊监管区的设立倾向第三产业集聚程度较高的地区; 市场开放度 (LAFI) 对是否设立海关特殊监管区存在显著正向影响, 海关特殊监管区的设立倾向市场开放度较高的地区; 劳动力投入 (LNW) 对是否设立海关特殊监管区存在显著正向影响, 海关特殊监管区的设立倾向劳动力投入较高的地区; 基础设施 (LHPV) 对是否设立海关特殊监管区存在显著负向影响, 海关特殊监管区的设立倾向基础设施水平较低的地区; 技术创新 (LESU) 对是否设立海关特殊监管区存在显著正向影响, 海关特殊监管区的设立倾向技术创新程度较

高的地区；政府支出（*LBE*）对是否设立海关特殊监管区存在显著负向影响，海关特殊监管区的设立倾向于政府支出较低的地区；市场需求（*LRSCG*）对是否设立海关特殊监管区存在显著正向影响，海关特殊监管区的设立倾向于市场需求（*LRSCG*）较高的地区；人力资本（*LEOE*）、固定资产投资（*LUIFA*）、城市化水平（*UBL*）对是否设立海关特殊监管区影响不显著，这 3 个变量不作为最终的匹配变量。

（二）匹配结果

根据前一小节筛选获得的匹配变量，应用 Stata 15.1 软件对中国海关特殊监管区贸易增长极的绩效评价开展 PSM 分析，采用的匹配方法为最近邻匹配法，选择 3 个匹配对象进行匹配，PSM 分析结果如表 7-11 所示。

表7-11　港口型地区倾向得分匹配结果

variable	Sample	Treated	Controls	Difference	S.E	*T*-stat
LUGDP	Unmatched	8.177	7.019	1.157	0.096	12.040***
	ATT	8.177	7.755	0.422	0.155	2.720***

注：*** 代表在 1% 的水平下显著，** 代表在 5% 的水平下显著，* 代表在10% 的水平下显著，下同。

表 7-11 中 Unmatched 行的结果是在 PSM 分析匹配之前绩效变量各地经济增长（*LUGDP*）的对比结果；ATT 行的结果是 PSM 之后绩效变量各地经济增长（*LUGDP*）的对比结果；Treated 列的结果代表处理组，即设立了海关特殊监管区的地区；Controls 列的结果代表控制组，即未设立海关特殊监管区的地区；Difference 列代表有无设立海关特殊监管区的地区绩效变量各地经济增长（*LUGDP*）平均差异；S.E. 列的结果为标准误；T-stat 列的结果为 *T* 值，当 1.645 ≤ |*T*|<1.96 时，代表绩效变量各地经济增长（*LUGDP*）的差异显著性水平达 10%；当 1.96 ≤ |*T*|<2.576 时，代表绩效变量各地经济增长（*LUGDP*）的差异显著性水平达 5%；当 |*T*| ≥ 2.576 时，代表绩效变量各地经济增长（*LUGDP*）的差异显著性水平达 1%。

由表 7-11 可知，在 PSM 分析之前设立了海关特殊监管区的地区比未设立海关特殊监管区的地区经济增长水平要高，差异显著性水平达 1%；在匹配之后设立了海关特殊监管区的地区的得分为 8.177，比未设立海关特殊监管区的地区经济增长水平（7.755）要高，差异显著性水平达 1%。由 PSM 的分析结果可知，港口型地区海关特殊监管区的设立有利于促进地区经济增长，使绩效水平得到提升。

PSM 分析的共同支撑假设检验结果如表 7-12 所示。

表7-12　港口型地区共同支撑假设检验结果

psmatch2:Treatment assignment	psmatch2: Common support		
	Off suppor	On suppor	Total
Untreated	0	224	224
Treated	0	133	133
Total	0	357	357

由表 7-12 的共同支撑假设检验可知，满足共同支撑的地区样本数为 357 个，处理组的地区样本数有 133 个，控制组的地区样本数有 224 个，研究的样本均符合共同支撑假设。

PSM 分析的平衡假设检验结果如表 7-13 所示。

表7-13　港口型地区变量平衡假设检验结果

Variable	Unmatched Matched	Mean Treated	Contro	%reduct %bias	bias	t-test t	$P>t$	V(T)/ V(C)
SIA	U	1.052	1.155	-60.500		-6.020	0.000	0.57*
	M	1.052	1.036	9.600	84.000	0.840	0.403	0.71*
TIA	U	0.955	0.754	180.500		17.460	0.000	0.47*
	M	0.955	0.953	2.000	98.900	0.210	0.837	1.11
LAFI	U	11.465	9.463	183.000		17.700	0.000	0.47*
	M	11.465	11.388	7.100	96.100	0.760	0.451	1.20
LNW	U	4.314	3.331	173.100		19.000	0.000	0.98
	M	4.314	4.417	-18.000	89.600	-1.570	0.119	1.28
LHPV	U	9.102	8.504	71.500		8.540	0.000	1.44*
	M	9.102	9.195	-11.200	84.300	-0.970	0.335	1.93*

Variable	Unmatched Matched	Mean Treated	Contro	%reduct %bias	bias	t-test t	P>t	V(T)/ V(C)
LESU	U	11.132	9.605	166.500		19.440	0.000	1.30
	M	11.132	11.223	−10.000	94.000	−0.850	0.397	1.61*
LBE	U	14.881	14.245	132.800		15.450	0.000	1.28
	M	14.881	14.977	−19.900	85.000	−1.720	0.087	1.68*
LRSCG	U	16.141	14.948	172.600		18.780	0.000	0.94
	M	16.141	16.274	−19.200	88.900	−1.750	0.081	1.52*

表 7-13 中的 U 行结果代表的是 PSM 之前，设立了海关特殊监管区的地区和未设立海关特殊监管区的地区样本匹配变量的差异情况；M 行结果代表的是 PSM 之后，设立了海关特殊监管区的地区和未设立海关特殊监管区的地区样本匹配变量的差异情况。由表 7-13 中的显著性 P 值结果可知，在 PSM 匹配之前，各匹配变量均在 1% 的水平下存在显著差异，在 PSM 匹配之后，设立了海关特殊监管区的地区和未设立海关特殊监管区的地区匹配变量的差异性显著减小，变量差异均未达 5% 显著水平，说明平衡假设条件得到满足。PSM 分析的共同支撑和平衡假设都得到了满足，说明 PSM 分析的结论可信。

三、腹地型地区绩效评价

（一）筛选匹配变量

筛选匹配变量腹地型地区绩效评价，PSM 分析步骤中需要先筛选出对腹地型地区海关特殊监管区是否设立有显著影响的变量，变量筛选方法为采用 logit 回归并做逐步回归，保留的变量为对因变量影响显著性水平在 10% 以下的变量，筛选后的变量如表 7-14 所示。

表7-14　腹地型地区PSM分析匹配变量筛选

NM2	Coef.	Std.Err.	z	P>z	95% Conf.Interval
SIA	−2.273	0.904	−2.520	0.012	[−4.044,−0.502]

NM2	Coef.	Std.Err.	z	P>z	95% Conf.Interval
TIA	2.346	1.249	1.880	0.006	[−0.102,4.795]
LAFI	0.854	0.126	6.780	0.000	[0.607,1.101]
LHPV	−0.459	0.152	−3.010	0.003	[−0.757,−0.160]
LUIFA	1.102	0.355	3.100	0.002	[0.406,1.798]
LESU	0.646	0.188	3.440	0.001	[0.278,1.015]
LBE	1.447	0.509	2.840	0.005	[0.449,2.446]
LRSCG	−1.222	0.313	−3.910	0.000	[−1.835,−0.609]
cons	−32.971	4.040	−8.160	0.000	[−40.890,−25.052]

由表 7-14 可知，腹地型地区，第二产业集聚（*SIA*）对是否设立海关特殊监管区存在显著负向影响，海关特殊监管区的设立倾向第二产业集聚较低的地区；第三产业集聚（*TIA*）对是否设立海关特殊监管区存在显著正向影响，海关特殊监管区的设立倾向第三产业集聚较高的地区；市场开放度（*LAFI*）对是否设立海关特殊监管区存在显著正向影响，海关特殊监管区的设立倾向市场开放度较高的地区；基础设施（*LHPV*）对是否设立海关特殊监管区存在显著负向影响，海关特殊监管区的设立倾向基础设施较低的地区；固定资产投资（*LUIFA*）对是否设立海关特殊监管区存在显著正向影响，海关特殊监管区的设立倾向固定资产投资较高的地区；技术创新（LESU）对是否设立海关特殊监管区存在显著正向影响，海关特殊监管区的设立倾向于技术创新较高的地区；政府支出（*LBE*）对是否设立海关特殊监管区存在显著正向影响，海关特殊监管区的设立倾向政府支出较高的地区；市场需求（*LRSCG*）对是否设立海关特殊监管区存在显著负向影响，海关特殊监管区的设立倾向市场需求（*LRSCG*）较低的地区。而人力资本（*LEOE*）、劳动力投入（*LNW*）、城市化水平（*UBL*）对是否设立海关特殊监管区影响不显著，这 3 个变量不作为最终的匹配变量。

（二）匹配结果

根据前一小节筛选获得的匹配变量，应用 Stata 15.1 软件对中国海关特殊监管区贸易增长极的绩效评价开展 PSM 分析，采用的匹配方法为最近邻匹配法，选择 3 个匹配对象进行匹配，PSM 分析结果如表 7-15 所示。

表7-15　腹地型地区倾向得分匹配结果

variable	Sample	Treated	Controls	Difference	S.E	T-stat
LUGDP	Unmatched	7.812	6.827	0.986	0.049	20.170***
	ATT	7.812	7.625	0.187	0.086	2.180**

注: *** 代表在 1% 的水平下显著,** 代表在 5% 的水平下显著,* 代表在 10% 的水平下显著,下同。

表 7-15 中,Unmatched 行的结果是在 PSM 分析匹配之前绩效变量各地经济增长(*LUGDP*)的对比结果;ATT 行的结果是 PSM 之后绩效变量各地经济增长(*LUGDP*)的对比结果;Treated 列的结果代表处理组,即设立了海关特殊监管区的地区;Controls 列的结果代表控制组,即未设立海关特殊监管区的地区;Difference 列代表有无设立海关特殊监管区的地区绩效变量各地经济增长(*LUGDP*)平均差异;S.E. 列的结果为标准误;T-stat 列的结果为 T 值,当 1.645 ≤ |T|<1.96 时,代表绩效变量各地经济增长(*LUGDP*)的差异显著性水平达 10%,当 1.96 ≤ |T|<2.576 时,代表绩效变量各地经济增长(*LUGDP*)的差异显著性水平达 5%;当 |T| ≥ 2.576 时,代表绩效变量各地经济增长(*LUGDP*)的差异显著性水平达 1%。

由表 7-15 可知,在 PSM 分析之前设立了海关特殊监管区的地区比未设立海关特殊监管区的地区经济增长水平要高,差异显著性水平达 1%;在匹配之后设立了海关特殊监管区的地区的倾向得分为 7.812,比未设立海关特殊监管区的地区经济增长水平(7.625)要高,差异显著性水平达 5%。由 PSM 的分析结果可知,腹地型地区海关特殊监管区的设立有利于促进地区经济增长,使绩效水平得到提升,但相比港口型地区绩效水平(8.177)提升程度较低。

PSM 分析的共同支撑假设检验结果如表 7-16 所示。

表7-16　腹地型地区共同支撑假设检验结果

psmatch2:Treatment assignment	psmatch2: Common support		
	Off suppor	On suppor	Total
Untreated	0	1 507	1 507
Treated	0	238	238
Total	0	1 745	1 745

由表 7-16 的共同支撑假设检验可知，满足共同支撑的地区样本数为 1 745 个，处理组的地区样本数有 238 个，控制组的地区样本数有 1 507 个，研究的样本均符合共同支撑假设。

PSM 分析的平衡假设检验结果如表 7-17 所示。

表7-17　腹地型地区变量平衡假设检验结果

Variable	Unmatched Matched	Mean		%reduct		t-test		V(T)/ V(C)
		Treated	Control	%bias	bias	t	$P>t$	
SIA	U	1.119	1.154	−21.500		−2.910	0.004	0.71*
	M	1.119	1.119	−0.800	96.400	−0.080	0.934	0.69*
TIA	U	0.876	0.764	96.500		13.230	0.000	0.77*
	M	0.876	0.863	11.800	87.800	1.310	0.191	0.82
LAFI	U	11.116	9.574	144.300		19.070	0.000	0.61*
	M	11.116	11.045	6.600	95.400	0.870	0.386	1.21
LHPV	U	8.883	8.538	49.900		7.040	0.000	0.92
	M	8.883	8.841	6.100	87.800	0.670	0.503	0.96
LUIFA	U	16.715	15.930	143.000		19.200	0.000	0.68*
	M	16.715	16.642	13.300	90.700	1.570	0.116	0.91
LESU	U	10.793	9.680	143.500		19.780	0.000	0.80
	M	10.793	10.733	7.700	94.600	0.910	0.366	1.04
LBE	U	14.822	14.286	137.000		18.540	0.000	0.71*
	M	14.822	14.794	7.300	94.700	0.870	0.386	0.99
LRSCG	U	15.805	15.007	121.100		17.220	0.000	0.96
	M	15.805	15.710	14.400	88.100	1.610	0.108	1.05

表 7-17 中的 U 行结果代表的是 PSM 之前，设立了海关特殊监管区的地区和未设立海关特殊监管区的地区样本匹配变量的差异情况；M 行结果代表的是 PSM 之后，设立了海关特殊监管区的地区和未设立海关特殊监管区的地区样本

匹配变量的差异情况。由表 7-17 中的显著性结果（P 值）可知，在 PSM 匹配之前，各匹配变量均在 1% 的水平下存在显著差异，在 PSM 匹配之后，设立了海关特殊监管区的地区和未设立海关特殊监管区的地区匹配变量已不存在显著差异，说明平衡假设条件得到满足。PSM 分析的共同支撑和平衡假设都得到了满足，说明 PSM 分析的结论可信。

第四节　耦合协调检验

本章前文通过 PSM 分析方法对中国海关特殊监管区贸易增长极的绩效进行了评价，主要考察了全样本、港口型地区和腹地型地区中国海关特殊监管区贸易增长极设立前后的绩效对比。PSM 分析实质是对中国海关特殊监管区"系统内"的一种评价，基于中国海关特殊监管区是中国开放型经济贸易制度创新的先行区，是中国扩大对外开放的前沿阵地，本章进一步对中国海关特殊监管区与扩大对外开放的"系统间"关联性进行检验，以更深刻地展现开放型经济下中国海关特殊监管区贸易增长极的空间非均衡协调布局。

耦合表示不同系统或运动之间的相互作用而彼此影响的现象（vefie，1996）。耦合协调分为良性耦合和恶性耦合两类，良性耦合表示系统之间内部的要素能够配合得当，反之要素之间相互摩擦为恶性耦合。耦合的概念最早来源于物理学科，后被广泛应用在经济系统的关联性研究中，其中耦合协调度是度量不同经济系统之间生产要素是否健康发展的重要指标（王伟，2016；汪菁，2017）。中国海关特殊监管区的设立是中国扩大对外开放的重要举措，研究中国海关特殊监管区贸易增长极培育与扩大对外开放之间的耦合协调关系，可以更好地解决中国在推进建设开放型经济前沿阵地中的经济系统失调发展问题，有利于各地区协调增长极培育与对外开放和谐发展。

一、模型构建与指标选取

（一）GM（1，1）模型构建

中国海关特殊监管区贸易增长极与扩大对外开放之间的协调性检验问题实质上是基于变量之间的行为特征值进行动态的变换预测，可以认定为一定范围内的、与时间序列有关的、增长极培育与对外开放经济系统之间的、包含若干已知或未知信息的灰色预测。GM（1，1）模型在灰色预测中可以对时间序列的变量通过一阶线性微分方程的求解进行数列预测，优点在于处理随机原始时间序列上的准确度高，基于此构建 GM（1，1）进行协调性检验。

假设预测变量的非负单调原始数据列为 $X^{(0)}$，对预测变量进行一阶累加（1-AGO）生成一次累加序列：

$$X^{(1)} = \{X^{(1)}(k),\ k = 1,\ 2,\ \cdots,\ n\};$$

进行微分方程的白化处理：$\dfrac{\mathrm{d}X^{(1)}}{\mathrm{d}t} + aX^{(1)} = u;$

微分方程求解为

$$\widehat{X}^{(1)}(k+1) = (X^{(0)}(1) - \frac{u}{a})\mathrm{e}^{-ak} + \frac{u}{a}\ 或\ \widehat{X}^{(1)}(k) = (X^{(0)}(1) - \frac{u}{a})\mathrm{e}^{-a(k-1)} + \frac{u}{a},$$

其中，时间序列用 k 表示；对微分方程解进行累减生成（IAGO）后的 $\widehat{X}^{(1)}(k+1)$（或 $\widehat{X}^{(1)}(k)$）为 $\widehat{X}^{(0)}(k+1)$（或 $\widehat{X}^{(0)}(k)$）；$\widehat{X}^{(1)}(k) = \sum\limits_{i=1}^{k}\widehat{X}^{(0)}(i) = \sum\limits_{i=1}^{k-1}\widehat{X}^{(0)}(i) + \widehat{X}^{(0)}(k)$；$\widehat{X}^{(0)}(k) = \widehat{X}^{(1)}(k)\sum\limits_{i=1}^{k-1}\widehat{X}^{(0)}(i)$。

基于上述 GM（1,1）模型，笔者认为，中国海关特殊监管区贸易增长极与对外开放经济系统之间的相互关联程度和协调性应进一步通过耦合性来进行解释，当不同系统之间的内部生产要素能够有效配合实现良性循环时，称为耦合度较高；当不同系统之间的内部生产要素不能够实现互惠互利时，称为恶性耦合。构建两个经济系统的耦合模型，设定耦合度模型如下：

$$C = n\left[(u_1 \cdot u_2 \cdots u_n) / \prod(u_i + u_j)\right]^{\frac{1}{n}};u = \sum_{i=1}^{m}\lambda_{ij}u_{ij},\sum_{j=1}^{m}\lambda_{ij} = 1 \tag{7-2}$$

基于两个系统变量，因此 $n = 2$，中国海关特殊监管区贸易增长极培育与扩大对外开放的耦合度模型如下：

$$C = 2\sqrt{\left[f(x) \cdot g(y)\right] / \left[f(x) + g(y)\right]^2},f(x) = \sum_{i=1}^{m}\alpha_i x_i^{'} = u_1,g(y) = \sum_{i=1}^{n}\beta_i y_i^{'} = u_2 \tag{7-3}$$

其中，贸易增长极指标中的因子数为 m，对外开放经济系统因子数为 n，贸易增长极标准化特征值为 $x_i^{'}$，对外开放标准特征值为 $y_i^{'}$，α_i 和 β_i 为指标的权重。

（二）指标量化与权重处理

对外开放度指标主要用于反映对外开放与经济增长的相关性，也可以称为贸易依存度。基于学术界对贸易依存度的普遍计算方法，本书参考包群、许和连、赖明勇等学者的测算模型，对实证的贸易开放变量选择实际关税率、修正的外贸依存度及 Dollars 指数等指标进行计算，具体的贸易开放表示如下：

$$\mathrm{open}_{it}^{0} = \frac{\mathrm{IM}_{it}^{0} + \mathrm{EX}_{it}^{0}}{\mathrm{GDP}_{it}} \tag{7-4}$$

其中，i，t 分别为地区和年份，IM 和 EX 分别为对外贸易进口总额与对外贸易出口总额，GDP 为对外贸易经济的产值。以此类推，地区加工贸易的开发度表示为 $\text{open}_{it}^{1} = \dfrac{\text{IM}_{it}^{1} + \text{EX}_{it}^{1}}{\text{GDP}_{it}}$，一般贸易的开放度表示为 $\text{open}_{it}^{2} = \dfrac{\text{IM}_{it}^{2} + \text{EX}_{it}^{2}}{\text{GDP}_{it}}$。

在指标的权重处理上，中国海关特殊监管区贸易增长极培育与扩大对外开放协调性的指标体系选取采用同熵值赋权法。具体方法如下：

假设总评价对象为 m，总评价指标为 n，构建评价指标体系矩阵为 $X = (x_{ij})_{m \times n}$，对第 j 项指标进行标准化处理后确定最优指标（v_{ij}）的最大化和最小化两类标准。其中，最大化的最优指标归一化处理：

$$v_{ij} = \frac{x_{ij} - \min(x_j)}{\max(x_j) - \min(x_j)} \tag{7-5}$$

最小化的最优指标归一化处理：

$$v_{ij} = \frac{\max(x_j) - x_{ij}}{\max(x_j) - \min(x_j)} \tag{7-6}$$

对指标的权重设置：

$$P_{ij} = (p_{ij})_{m \times n} = v_{ij} / \sum_{i=1}^{m} v_{ij} \tag{7-7}$$

指标体系的信息熵值：

$$e_j = -k \sum_{i=1}^{m} p_{ij} \ln p_{ij} \tag{7-8}$$

其中，e_j 越大反映系统的有序程度越好。在此基础上，根据指标体系的信息熵值对指标进行权重计算，处理方法是 $g_i = 1 - e_j$，其中 g_i 表示指标的离异系数，根据离异系数来判断第 j 指标的权重，即 $\omega_i = g_i / \sum_{j=1}^{n} g_i$。

二、实证结果分析

本节实证检验的数据来源于 2010—2016 年的《中国统计年鉴》《中国城市统计年鉴》、国泰安数据库和中国开发区网。通过对中国海关特殊监管区贸易增长极培育与对外开放等数据变量标准化处理后，运用 MATLAB 软件测算的耦合度指数与耦合发展指数如图 7-1 所示。

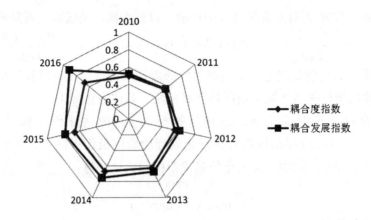

图 7-1　中国海关特殊监管区贸易增长极培育与扩大对外开放的耦合趋势

图 7-1 中的耦合度指数趋势反映了中国海关特殊监管区贸易增长极培育与扩大对外开放之间的相互作用；耦合发展指数趋势是反映在耦合度基础上中国海关特殊监管区贸易增长极培育与扩大对外开放的良性程度，进一步体现了两者之间协调状况的良好。可以看出，中国海关特殊监管区贸易增长极培育与扩大对外开放的耦合发展指数与耦合度指数在 2010 年、2011 年和 2012 年基本保持一致，自 2013 年开始耦合发展指数增幅明显高于耦合度指数，反映出中国海关特殊监管区贸易增长极培育与扩大对外开放的良性互动自 2013 年开始改善效果明显，这受益于 2013 年十八届三中全会对海关特殊监管区功能与整合的重新定位以及海关特殊监管区贸易增长极空间布局自 2013 年开始由东部沿海向中西部内陆地区纵深延伸的新格局。

根据耦合发展的相关系数实证结果，在满足正态性检验和 Pearon 相关系数检验的显著性要求下，进一步提出通过计算地区截面中的异常值来提高实证结果的相关性。首先，构造中国海关特殊监管区贸易增长极培育与分地区对外开放的比值序列 r_1，并对检验结果中的极端值进行剔除处理，剔除海南和新疆后的检验结果为 $P\text{-value}=0.002\,03$，$\text{cor}=0.600\,14$。其次，对构建的比值序列 r_i 进行 S-W 正态分布检验后的结果为 $W=0.925\,5$，$P\text{-value}=0.034\,7$，可以看出，比值序列 r_i 在 5% 显著水平下不能拒绝原假设，可以继续构造检验统计量 Z 进行评估。据此可计算出 2016 年中国海关特殊监管区贸易增长极培育与扩大对外开放比值的正态分布检验统计量值：

$$U=\frac{r_i-\bar{r}}{s}=\frac{0.88-0.92}{0.056}=-0.714>-1.64$$

184

最后，对剔除海南和新疆后剩余28个地区的序列 r_1 根据 $s = \sqrt{\dfrac{n}{n-1}\sum_{i=1}^{n} w_i(z_i - \bar{z})^2}$ 计算分布的标准差为0.033。将上述均值和标准差以及各地区对称性统计量值代入 $Z = \dfrac{z_i - \bar{z}}{s}$ $(i = 1, 2, \cdots, 30)$，得到2016年全部30个地区的检验统计量值，如表7-18所示。

表7-18　地区非均衡协调效应检验结果

地　区	对称性统计量	检验统计量	地　区	对称性统计量	检验统计量
北　京	0.938 7	1.58	河　南	0.899 4	0.74
天　津	0.926 4	1.32	湖　北	0.851 4	0.81
河　北	0.877 9	−0.14	湖　南	0.892 4	0.35
山　西	0.837 3	2.05	广　东	0.923 5	1.34
内蒙古	0.882 4	0.05	广　西	0.810 8	0.37
辽　宁	0.893 4	0.32	海　南	0.742 2	−3.25
吉　林	0.934 2	1.51	重　庆	0.855 6	−1.58
黑龙江	0.861 5	0.66	四　川	0.820 7	−0.44
上　海	0.954 7	2.41	贵　州	0.801 5	0.26
江　苏	0.902 8	0.74	云　南	0.823 3	−0.16
浙　江	0.901 5	0.59	陕　西	0.858 4	−0.63
安　徽	0.834 2	−1.23	甘　肃	0.892 7	0.38
福　建	0.910 1	1.22	青　海	0.801 7	0.81
江　西	0.832 6	−1.34	宁　夏	0.812 1	−1.93
山　东	0.891 4	0.54	新　疆	0.708 1	−3.25

根据表7-18的实证检验结果，剔除海南与新疆后的28个省份地区中国海关特殊监管区贸易增长极培育与扩大对外开放存在地区非均衡效应，2016年统计量最高的三个地区依次是上海（0.954 7）、北京（0.938 7）和广东（0.923 5），统计量最低的三个地区是青海（0.801 7）、贵州（0.801 5）和广西（0.810 8）。从地区非均衡协调效应统计值看，东部地区的统计量均值最

高，中部和西部地区的协调效应低于东部，总体上呈现出"东高西低"和"南高北低"的空间趋势。实证检验结果反映出中国海关特殊监管区贸易增长极培育与扩大对外开放协调效应在东部地区，尤其是上海、北京、广东、江苏和浙江等省份，更具灵活性的对外开放要素转换效率与地区中国海关特殊监管区贸易增长极培育发展形成了良性互动。中国海关特殊监管区贸易增长极培育与扩大对外开放的地区非均衡协调效应与中国对外开放的格局和中国海关特殊监管区的空间布局密不可分。改革开放以来，中国经济的对外开放空间格局形成了以东部沿海为中心、中西部内陆为外围的"中心—外围"结构，产业结构的承接和布局也是如此，受地理区位与对外开放政策因素的影响，沿海地区的海关特殊监管区在面积和个数上均高于内陆地区。2013年，自由贸易试验区成立前，海关特殊监管区贸易增长极主要集中在东部沿海培育，自由贸易试验区成立后，海关特殊监管区贸易增长极空间布局由东部沿海向中西部内陆地区纵深延伸，在全国范围内形成了"1+3+7"的自由贸易试验区新格局，进一步提升了中国海关特殊监管区贸易增长极培育与扩大对外开放的协调度，但仍存在地区的非均衡协调效应，中国海关特殊监管区贸易增长极的空间布局仍有待进一步优化。

第五节　本章小结

本章采用倾向得分匹配法（PSM）分析中国海关特殊监管区贸易增长极的绩效，并进一步讨论了中国海关特殊监管区贸易增长极培育与扩大对外开放的耦合协调关系。研究发现：

（1）海关特殊监管区在全国总体、港口型地区和腹地型地区的设立均促进了地区经济的增长水平，海关特殊监管区贸易增长极的绩效水平得到提升，但港口地区的增长绩效高于腹地地区。该结论与中国由点到面的对外开放格局相一致。中国对外开放的路径是从沿海港口城市到沿海经济带，再从沿海经济带到内陆腹地经济区域，在从点到面、从局部到全面的开放格局中，开放领域也从单一的外贸向投资、贸易和区域合作等方面展开。由点到面的渐进式的对外开放政策在客观上造成了区域间对外开放程度的差异，东西部之间、各省以及区域之间的开放水平均存在较为明显的不均衡。港口型地区是中国对外开放的门户，从初期的沿海港口开放城市政策，保税区、出口加工区政策，到保税物流园区建设，自由贸易试验区和自由贸易港战略无一不是在沿海港口展开，充分发挥了港口区位优势和门户作用。正是渐进式的对外开放政策和港口地区天然的区位优势，导致海关特殊监管区在港口型地区的绩效水平显著高于腹地型地区。在当前国际贸易环境新变迁下，国家提出"一带一路"倡议，进一步深化开放型的经济体制，对沿线国家和地区进行区域经济合作的新探索，海关特殊监管区无疑将在新一轮的对外开放中继续承担制度改革高地和桥头堡的关键作用。

（2）中国海关特殊监管区贸易增长极培育与扩大对外开放的耦合发展指数与耦合度指数在2013年之前基本保持一致，自2013年开始反映两者良性互动的耦合发展指数增速更明显。该现象产生的原因是2013年十八届三中全会重新定位并整合了海关特殊监管区的功能，以及海关特殊监管区贸易增长极空间布局自2013年开始由东部沿海向中西部内陆地区纵深延伸的新格局。此外，中国海关特殊监管区贸易增长极培育与扩大对外开放存在地区非均衡协调效应，总体上呈现出"东高西低"和"南高北低"的空间趋势，这种非均衡协调效应与中国对外开放的格局和中国海关特殊监管区的空间布局密不可分，同时反映出中国海关特殊监管区贸易增长极的空间布局有待进一步优化。

上述结论对中国海关特殊监管区新一轮的培育和建设具有以下几点启示：第一，中国自沿海向内陆渐进式的对外开放格局带来了渐进式的制度创新和变迁，而渐进式制度变迁带来的传导机制促进中国海关特殊监管区形成了现阶段东中西、港口与腹地的非均衡空间布局。全面提升中国海关特殊监管区对不同类别地区经济增长的绩效水平需要扫除地区制度化障碍，逐渐消除不同地区经济增长竞争造成的区际贸易壁垒，积极探索制度化区域，扩大多外开放合作机制，鼓励和支持中国特殊监管区贸易增长极不同培育区域政府间的对话、交流与合作。例如，继续探索和推广自由贸易试验区中的海关特殊监管区"飞地经济"合作，鼓励地区间形成以制度合作为引导的跨区域中国海关特殊监管区贸易增长极培育和发展，并在合作发展中建立区域间的利益分享和补偿机制，增加区域间经济内外发展和横向发展的联动性。第二，中国正处于发展开放型经济的关键时期，中国对外进出口贸易从长期看进入了相对平稳发展的阶段，由外贸大幅变动引发的港口货流和工业货流供需规模趋于稳定，以中国海关特殊监管区贸易增长极为改革前沿阵地的港口地区在有限货源市场中将存在激烈的竞争。与港口经济相比，中国的陆域腹地经济发展空间更为广阔，随着腹地开放型经济的发展和港口工业产业的内迁，中国海关特殊监管区在港口与腹地的协作发展是必然趋势。一方面，这种竞争中的协作发展需要中央从顶层设计开始进行规划，对中国海关特殊监管区贸易增长极的功能和类型进行整合，自由贸易试验区和自由贸易港的建设正是中国政府在该方面的重大探索实践。另一方面，中国海关特殊监管区贸易增长极对港口与腹地的区域经济一体化带动需要基于区域发展角度的配套政策，这种协作发展不是简单地将港口与腹地经济进行加总，而是通过中国海关特殊监管区贸易增长极的制度创新整合港口与腹地经济的自然资源、社会资源和政策资源，强化不同类别地区在功能分工及道路交通等基础设施上的合作与互通，根据国家发展战略和区域发展规划形成以中国海关特殊监管区贸易增长极为纽带的、分工协调的港口—腹地经济体系。

第八章 主要结论与政策建议

第一节 主要结论

中国对外贸易新格局的建立离不开海关特殊监管区的培育和发展，海关特殊监管区是中国改革开放后融入世界贸易经济活动后参照国际惯例，基于中国国情，针对贸易进行的制度创新，可对促进中国经济的发展起到举足轻重的作用。本章在增长极与点轴理论、"区域—城市—国际贸易"三位一体理论模型、制度变迁理论、边界效应理论和港口与腹地关系理论及国内外实践发展经验基础上，对中国海关特殊监管区贸易增长极的空间效应进行理论和实证分析，并就中国海关特殊监管区的发展成就、功能演变与整合、空间集聚与溢出等问题展开讨论，探索中国海关特殊监管区在当前对外贸易新形势下的整合、创新、优化等升级发展对策，以便中国海关特殊监管区在新的经济发展阶段和国际贸易局势下更好地发挥经济增长极的空间效应，推动中国区域经济稳步健康发展。研究得出的主要结论如下：

（1）中国海关特殊监管区的空间布局优化具有时代同步性和空间递进性。在与时代同步发展的角度上，中国海关特殊监管区从提出到发展成熟经历了"改革开放国家战略的需要—中国承接世界产业转移的历史机遇的需要—区域地方经济竞相发展的需要"这一时间主线；在空间布局优化的递进发展上，中国海关特殊监管区呈现出"经济特区发展下的萌芽—保税区的形成和发展—保税物流园区大力发展—保税港区的形成与发展—自由贸易试验区的形成"这一空间结构。中国海关特殊监管区的集聚扩散作用主要体现在促进产业承接与产业升级、扩大对外开放和贸易增长极等方面：在促进产业承接与产业升级上，中国海关特殊监管区在外商直接投资增速放缓的大环境下表现出了强劲的逆势增长动力，体现了产业承接功能，在推进产业升级上引导园区产业结构从出口加工向加工、贸易、物流三大产业并举；在扩大对外开放上，中国海关特殊监管区设立过程从东南沿海向中西部逐步蔓延,对中国开放型经济增速发展具有重要的作用;在贸易增长极作用上,一方面从所承接的主要国际转移产业直接发展,形成围绕"出口加工产业—联动产业"之间的增长极作用,另一方面作为区域经济中心带动了周边区域的经济发展,形成了"海关特殊监管区中心—外围区域经济发展"模式。中国海关特殊监管区空间优化布局中伴随着功能体系的演变与现代整合:在功能演变上经历了由模糊到清晰、由粗略到精细的延伸过程;功能的现代整合具有以整合促增长、育优势、改格局和图创新等多方面的实践意义,整合内容可以归纳为类型、功能、政策和管理等四个方面的整合,以及产业结构、业务形态、贸易方式和监管服务等四个方面的优化。

(2)中国海关特殊监管区贸易增长极促进了第二产业和第三产业的集聚水平,在空间时序上分别呈现为"倒 U"型和"倒 L"型;中国海关特殊监管区贸易增长极与产业集聚表现为非线性关系,在空间尺度上表现为从"面"到"点"的不均衡空间格局特征。第一,"倒 U"型第二产业集聚促进效应:2013年之前,中国海关特殊监管区贸易增长极对第二产业的集聚促进效应十分明显,表现为对周边地区"面"的集聚促进效应高于所在地区"点"的集聚促进效应,且中国海关特殊监管区贸易增长极个数培育比进出口总额增加更有效地促进了第二产业集聚;2013年之后,中国海关特殊监管区贸易增长极对第二产业的集聚促进表现为从所在地区"点"到周边地区"面"的效果弱化,且中国海关特殊监管区贸易增长极进出口总额的空间集聚衰减效应更明显。第二,"倒 L"型第三产业集聚促进效应:2013年之前,中国海关特殊监管区贸易增长极对第三产业的集聚促进效应微弱,表现为对所在地区"点"集聚的微弱正向效应和对周边地区"面"集聚促进效应的不显著,且仅体现出中国海关特殊监管区贸易增长极进出口总额对"点"集聚的微弱正向效应;2013年之后,中国海关特殊监管区贸易增长极对第三产业的集聚促进效应十分明显,表现为对所在地区"点"与周边地区"面"的集聚促进效应相当,且中国海关特殊监管区贸易增长极进出口总额的贡献度微弱领先于增长极个数的贡献度。第三,非线性关系与不均衡布局:中国海关特殊监管区贸易增长极对第二产业和第三产业的集聚正向促进效应实现需要跨越一定的"门限":海关特殊监管区贸易增长极对第二产业集聚促进效应在监管区面积低于门限变量3.311或监管区个数低于门限变量2.002时表现为线性的负向效应,而后随监管面积的增加(大于3.311)或个数的增加(大于2.002)表现为正向的非线性效应;海关特殊监管区贸易增长极对第三产业集聚促进效应在监管区面积低于门限变量1.996或监管区个数低于门限变量1.992时表现为线性的负向效应,而后随着监管面积的增加（大于 1.996）或个数的增加（大于 1.992）表现为正向的非线性效应；在不同门限变量下的第二产业和第三产业集聚水平较高的地区具有高度一致性，如上海、广东等地区，而云南、黑龙江、新疆、甘肃和贵州等地区的海关特殊监管区对产业集聚影响偏低。这类地区主要集中在东北、西北和西南地区，总体空间表现为从"面"到"点"的不均衡空间格局特征。

（3）中国海关特殊监管区贸易增长极具有正向空间溢出效应，通过增长极与点轴开发功能强化地区城市间的经济联动性，带动了中国海关特殊监管区、所在城市及周边地区的"点"—"线"—"面"的发展，实现了非均衡增长的空间最优布局，促进了开放型市场经济的发展；中国海关特殊监管区贸易增长极的空间溢出效应具有非对称性，非沿海地区和港口城市的空间溢出效应要弱于沿海地区和港口城市，非省级行政边界地区的空间溢出效应与省级行政边界地区相当。第一，正向空间溢出效应：中国海关特殊监管区个数和进出口总额对各市经济增长的间接效应均存在显著正向影响，其原因来自产业升级的对外溢出效应、进出口贸易的对外溢出和扩大对外开放的溢出三方面。第二，空间非对称溢出效应：沿海效应、港口效应和省级行政边界效应模型中均不存在 β 收敛特征；对比沿海效应、港口效应和省级行政边界效应模型估计结果，沿海与非沿海的空间溢出非对称最为明显，其次是港口与非港口，而省级行政边界与非省级行政边界的空间溢出基本不呈现非对称。第三，代表性区域的空间溢出效应：①京津冀地区。中国海关特殊监管区个数不存在空间溢出效应，海关特殊监管区进出口总额存在较小的空间溢出效应。中国海关特殊监管区对京津冀地区的空间溢出效应在以北京为核心的地区内部结构中被极化效应削弱，此外中国海关特殊监管区对津冀地区第二产业的集聚弱化也导致了空间溢出有限。②长三角地区。中国海关特殊监管区个数和进出口总额对各市经济增长的间接效应均存在显著正向影响。中国海关特殊监管区贸易增长极对长三角地区的显著空间溢出效应受益于该区域多中心的发展格局、一体化的区域功能体系和不断增长的第三产业空间基尼系数。③珠三角地区。中国海关特殊监管区个数和进出口总额对各市经济增长的间接效应均存在显著正向影响。中国海关特殊监管区贸易增长极在珠三角地区的显著空间溢出效应是该地区第三产业空间基尼系数稳步增长与产业分工不断深化的结果。

（4）中国海关特殊监管区贸易增长极的培育提升了经济发展绩效水平，对港口型地区的提升效果比腹地型地区更明显；在与扩大对外开放的耦合关联上表现为 2013 年后的耦合发展指数增速更明显，且呈现出"东高西低"和"南高北低"的空间地区非均衡协调效应。第一，绩效水平的空间异质性：该结论与中国由"点"到"面"的对外开放格局相一致。第二，耦合关联的地区非均衡协调性：耦合关联的地区非均衡协调效应与中国由"点"到"面"渐进式的对外开放格局和中国海关特殊监管区自沿海向内陆的空间布局密不可分。

第二节　政策建议

中国海关特殊监管区贸易增长极的培育在扩大对外开放、促进产业承接与升级、带动区域经济一体化及促进中国开放型经济发展上无疑意义重大。中国海关特殊监管区贸易增长极空间效应研究结论对中国海关特殊监管区在新一轮扩大对外开放中的培育和建设具有以下几点启示：

（1）针对中国海关特殊监管区贸易增长极促进产业集聚的从"点"到"面"空间异质性及非线性关系中的从"面"到"点"不均衡空间格局，应采取以下措施。第一，中国海关特殊监管区对第二产业集聚及周边地区第二产业集聚的影响在一定程度上反映出其功能定位重心的转变，在新一轮扩大对外开放上，海关特殊监管区在第二产业承接与升级中应逐步向高附加值的研发和市场端转移，而第二产业尤其是制造业的大量中间环节和附加值较低的生产环节不应再是海关特殊监管区的主体功能。第二，根据本书实证分析得出的中国海关特殊监管区对第三产业及对周边地区第三产业集聚的影响结果，以及2013年以来中国海关特殊监管区的发展实践（自由贸易试验区的成立与海南自由贸易港的探索），中国海关特殊监管区的功能从单一的加工贸易和服务向多元化的物流服务、商务展示、金融投资和贸易服务转型是其在新一轮扩大开放中的必然发展趋势。国务院2019年印发的《国务院关于促进综合保税区高水平开放高质量发展的若干意见》中也明确提出了中国海关特殊监管区进行功能拓展的任务举措，中国海关特殊监管区在高水平开放和高质量发展目标下向具有全球竞争力和影响力的加工制造、研发设计、物流分拨、检测维修和销售服务中心发展。第三，中国海关特殊监管区贸易增长极对产业集聚正向促进效应的实现需要跨越一定的"门限"。为避免循环累积因果作用机制对内陆地区造成的"马太效应"和中国海关特殊监管区对产业集聚效应的空间锁定，中国海关特殊监管区贸易增长极对产业集聚效应的"门限"突破需通过空间布局的优化来破解，在空间格局上形成自东部沿海向内陆纵向延伸的均衡布局，以降低产业集聚空间的不均衡程度。第四，控制变量中的基础设施建设、城市化水平和对外开放度等对第二、三产业及周边地区第二、三产业集聚均有正向影响，而税负水平、财政紧张程度等具有负向影响，因此海关特殊监管区所在地方政府应加大基础设施建设投资力度，提升城市化水平和对外开放力度，并着力解决地区税负和财政紧张对产业集聚发展带来的不利影响。

（2）针对中国海关特殊监管区贸易增长极通过经济联动性带动区域经济的"点"—"线"—"面"式发展及存在的非对称性空间溢出效应应采取以下措施。第一，进一步加快中国海关特殊监管区贸易增长极的培育，通过贸易增长极显著的空间溢出效应带动周边地区发展，实现非均衡增长的空间的最优布局，促进开放型市场经济的发展。本书验证了东部地区，如长三角、珠三角已经形成了有效的海关特殊监管区贸易增长极的空间溢出效应，在新一轮扩大对外开放中，中国海关特殊监管区的培育重心应转向"中心—外围"结构中的中西部内陆地区，通过优化中国海关特殊监管区贸易增长极的空间布局促进中西部地区参与全国经济系统的能力，并提高中西部地区与东部地区的产业关联性，在加强空间集聚效应的同时强化对中西部内陆地区的空间溢出效应。第二，东部地区继续深化扩大对外开放，注重对中国海关特殊监管区贸易增长极功能的优化和整合。例如，京津冀地区是环渤海经济区和"一带一路"倡议的出发点和交汇点，在中国海关特殊监管区贸易增长极空间溢出的改善上需要进一步强化功能区和新城承载疏解功能，通过科学的产业转移和城市群空间布局缓解北京地区的极化效应，并疏解津冀地区的钢铁行业和水泥行业等高耗能行业的集聚；长三角地区继续坚持和深化以上海国际经济、金融、贸易和航运中心为核心，通过海关特殊监管区贸易增长极的点轴开发功能实现地区城市间的经济联动性，带动长三角区域"面"的经济发展；珠三角地区继续深化产业分工，打造现代服务业基地。充分发挥粤港澳大湾区各地产业优势，通过合作共赢的产业分工布局进一步促进中国海关特殊监管区贸易增长极的空间溢出效应。第三，应采取积极的产业政策促进产业集聚水平，包括采取加大基础设施建设投资力度、提升城市化水平和对外开放力度、降低地区税负、解决财政紧张等措施来提升中国海关特殊监管区贸易增长极对第二、三产业的空间集聚水平，同时加大人力资本投资并促进技术创新，提升中国海关特殊监管区贸易增长极的空间溢出。

（3）针对中国海关特殊监管区空间优化布局中的功能现代整合，应采取以下措施。第一，注重中国海关特殊监管区优质营商环境的建设。现阶段，中国六大类别的海关特殊监管区主要以制造业贸易和制造业贸易服务为主（朱福林，2018），新一轮的海关特殊监管区发展需要进一步向金融业、物流业和服务业方向扩大开放，而金融、物流和服务等产业的发展较制造业和制造服务业相比对营商环境的要求更高，因此中国海关特殊监管区应更加注重营商环境的建设与优化来吸引全球资本。首先，需要明确持久的法律法规。中国海关特殊监管区的培育和发展应从国家顶层设计开始，制定既符合中国实践发展又能与国际惯例接轨的法律法规，关键要明确国际法律制度与行政体系与中国的差异性，弄清海关特殊监管区内各类错综复杂的生产关系和混合渗透的经济成分，制定相应的法律法规。此外，中国海关特殊监管区是市场改革的高地，应建立完善的法律体系来防控其对原有监管体系和市场体制带来的风险。其次，需要高度透明的政策体系。海关特殊监管区的政策体系构建应形成从中央高度统筹到地方配套的完备体系，在中央总体纲领的指导下，地方政府根据地区经济发展现状和监管区发展目标制定具有可行性的透明、精细配套政策。纵观国际发展成功的海关特殊监管区，如新加坡的裕廊工业区、迪拜的自由贸易港和韩国的马山出口加工区等，无一不形成了政府的高效管理体制和完善配套政策。中国海关特殊监管区可以效仿新加坡、中国香港和韩国等实践经验，在扩大对外开放中完善投资制度、金融制度、税收制度及海关监管制度等以及相关配套制度，有效保障监管区内经济活动的自由化和多样化，形成以"放管服"为核心的政府与企业商事制度体系，努力打造海关特殊监管区内引智、创新、发展的营商环境。第二，注重海关特殊监管区与区域经济的一体化发展。海关特殊监管区在中国对外贸易发展中形成了区域增长极作用，一方面是直接带动产业的发展，从所承接的主要国际转移产业直接发展，进而带动了相关产业的发展，形成围绕"出口加工产业—联动产业"之间的增长极作用；另一方面是海关特殊监管区作为区域经济中心辐射带动了周边区域经济发展，形成了"海关特殊监管区域中心—外围区域经济发展"模式的经济增长极辐射带动作用。此外，海关特殊监管区联接国际国内两个市场的重要节点，在功能政策较优、产出效益较好、集约水平较高等方面优势明显，在政策、产出、集约等方面实现了"国际贸易—城市—区域发展"的三位一体贸易增长极作用。鉴于此，如何实现规模较小的海关特殊监管区与规模庞大的腹地经济一体化发展具有重要的现实意义，这也是海关特殊监管区培育发展的初衷。在一体化发展上，一是在中国海关特殊监管区培育和发展上充分考虑其腹地产业的关联性效应，可以借鉴巴西马瑙斯的发展经验，在经济相对不发达的地区建设以地区特色产业为主导的海关特殊监管区（自由贸易港），通过监管区内产业的示范和溢出效应促进周边区域经济一体化的发展；或仿照日本冲绳海关特殊监管区的实践，通过地方政府的产业扶持基金引导周边区域新兴产业在监管园区内的集聚，形成规模经济并解决地方就业；二是合理空间布局，中国海关特殊监管区兼顾产业承接与升级和扩大对外开放等多重任务，在空间布局上选择基础设施较为完善的腹地城市或区位优势明显的港口城市，充分利用自然资源优势与劳动力成本优势发展外向型经济。此外，随着国家西部大开发战略和"一带一路"倡议的实施和推进，中国海关特殊监管区的培育可以选择经济基础良好、基础设施建设完备的核心城市或地区进行布局，如在中西部地区或"一带一路"经济带依托关键核心城市或中欧班列和空港进行内陆（无水）自由贸易港的布局。第三，完善中国海关特殊监管区的功能定位。2015年，国务院办公厅印发的《关于加快海关特殊监管区域整合优化方案》对海关特殊监管区的功能定位进行了统筹优化和整合，在已经明晰的顶层设计基础上，地方海关特殊监管区的培育和发展不能全盘照搬已经成功的地区案例，应在借鉴成熟的发展模式上根据地区实际完善海关特殊监管区的功能定位；2019年，国务院在《国务院关于促进综合保税区高水平开放高质量发展的若干意见》中提出了海关特殊监管区高水平开放和高质量发展的"五大中心"：统筹两个市场，打造加工制造中心；推动创新创业，打造研发设计中心；推进贸易便利化，打造物流分拨中心；延伸产业链条，打造检测维修中心；培育新动能新优势，打造销售服务中心，从顶层设计明晰了新时期中国海关特殊监管区的功能拓展任务。中国地区经济发展十分不平衡，受地理区位和地区产业发展等客观因素的影响，海关特殊监管区的培育和发展功能定位必然存在显著的差异性，而国际成功的各类海关特殊监管区发展实践也验证了每个监管区功能侧重点的差异，如荷兰的鹿特丹港是物流型海关特殊监管区的代表案例，新加坡是综合型的自由贸易港，香农国际机场为出口加工型海关特殊监管区，迪拜的杰贝阿里是金融与服务的无水自由贸易港等。本书认为，中国海关特殊监管区的功能定位需要与区域经济的产业发展、区位条件、对外贸易流量和生产要素供给等现实条件相契合，在具体实践中根据"监管区基本功能"＋"区域扩展功能"的思路对海关特殊监管区的功能定位进行设计。在监管区基本功能上，根据本书第三章中国海关特殊监管区功能整合部分的归纳分析结果，基本功能定位在海关特殊监管区以开展保税加工和保税物流业务为主，将研发、销售、结算、维修等生产性服务等功能与跨境电子商务、融资租赁、期货保税交割等"保税＋"新模式、新业态的整合。在区域扩展功能上，根据中国海关特殊监管区所在区域的实际情况，按"一事一议"原则进行功能的扩展。中国海关特殊监管区的区域扩展功能是新一轮向金融业、物流业和服务业方向扩大开放过程。一方面，根据区位和产业差异定位监管区的功能特色，如以物流转口为特色的监管区、以制造加工贸易为特色的监管区、以金融和投资服务为特色的监管区等；另一方面，在拓展监管区区域功能的同时同步推进制度创新。国际发展成熟的海关监管区不但实现了转口贸易自由，而且在金融、投资和服务贸易等领域实现了相应的制度创新，尤其在资本项目自由化与商务自然人流动、离岸贸易与金融、服务贸易和服务业开放、贸易和投资便利化等关键领域的功能拓展与制度创新十分明显（李猛，2018；张绍乐，2018；朱福林，2018；李思奇，2018）。中国海关特殊监管区作为国家市场经济体制改革的桥头堡，功能建设与制度创新的同步推进可以为中国新一轮的扩大开放经济系统测试压力（李思奇，2018），对中国积累开放经验以参与全球经贸合作新格局的政策储备也具有重要的现实意义。在"监管区基本功能"与"区域扩展功能"之外，中国海关特殊监管区的功能定位应与国家"一带一路"倡议相契合。"一带一路"倡议提出了建设"水路、公路、铁路、航路、管路和信息高速路"的顶层设计，中国海关特殊监管区在功能设计和布局规划上除了沿海港口外，可以在"丝绸之路经济带"的重要沿线省市，如河南、湖北、重庆、四川和陕西等探索建设"内陆无水港"型海关特殊监管区，通过跨境电子商务等新业态和新模式推动"丝绸之路经济带"沿线的经济发展（朱福林，2018）。例如，河南省的自由贸易试验区处于国家铁路、高速公路和航空的交通中心位置，在现代化综合交通枢纽区位优势下可以培育具有现代物流和流通功能的、服务于"一带一路"的内陆型自由贸易港；陕西省是"一带一路"和"丝绸之路经济带"等战略的重要节点，可以通过制度创新与中国海关特殊监管区建设的同步推进来打造内陆型改革开放的新高地和人文交流的重要支点。

第三节　研究展望

改革开放四十多年来，中国已经形成了全面对外开放的新格局，新一轮的海关特殊监管区培育与发展中仍存在值得思考的问题。

第一，中国海关特殊监管区在吸引外资中的"改革高地"与"政策洼地"。目前，海关特殊监管区对内资和外资都表现出了强劲的吸盘效应，但数据上内资的比例远远高于外资（佟家栋，2018）。可以看出，中国海关特殊监管区对内资企业的吸引集聚已经凸显了其深化市场经济体制改革的初衷，良好的营商环境导致内资企业在监管区内集聚效应明显，但也反映出中国海关特殊监管区在扩大对外开放中吸引外资能力的不足，需要进一步营造更具有竞争力的国际投资环境。如何实现中国海关特殊监管区在扩大对外开放中对内资和外资的集聚平衡是笔者日后进一步研究的方向之一。

第二，中国海关特殊监管区的发展方向与空间布局设计。国务院办公厅在2015年《关于加快海关特殊监管区域整合优化方案》中提出要推进海关特殊监管区域"四个整合""四方面优化"，在2019年的《国务院关于促进综合保税区高水平开放高质量发展的若干意见》中明晰了新时期中国海关特殊监管区的功能拓展任务，但对于具体的各个海关特殊监管区的发展方向与空间布局设计，总体方案中没有明确指出。党的十九大报告提出了在自由贸易试验区基础上探索建设自由贸易港的思路，对海关特殊监管区未来的发展方向带来两方面的启示，一是继续承担深化市场经济体制改革的重任，通过深化对外开放带动区域经济一体化发展；二是在自由贸易试验区的海关特殊监管区域内探索建立自由贸易港，形成"境内关外"的独立区（"飞地"）。对中国海关特殊监管区的发展方向研究以及在中西部地区的空间布局设计等问题的研究是笔者日后进一步研究的方向之一。

第三，中国海关特殊监管区与区域经济的均衡发展。2018年，中国GDP过万亿的城市已经增至16个，占全国GDP总量的29.9%，并且中西部省份普遍存在"一城独大"的现象（2018年，银川GDP占宁夏52%；西宁占青海48.6%；长春占吉林42.7%；哈尔滨占黑龙江39.2%；成都占四川37.6%；武汉占湖北36.7%；拉萨占西藏36%；西安占陕西34.1%）。可以看出，全国八个"一城独大"地区中有6个属于中西部省份，2个属于东北地区，而东部地区没有。呈点状分布的中国海关特殊监管区贸易增长极在国家特殊园区制度和政策的扶持下，借助交通、信息和能源等载体的生产要素流动形成了园区间主导产业或优势产业的轴线集聚效应，并能通过空间溢出效应形成区域经济由"点"到"面"式的发展。基于该点，中国海关特殊监管区与区域经济的均衡发展研究也是笔者日后进一步研究的方向之一。

第四，中国海关特殊监管区的配套政策体系建设与国外成熟经验的借鉴。从海关特殊监管区的政策体系构建特点看，配套且能够即可落地的政策体系是监管区保持核心竞争力的重要政策保障。在扩大对外开放上，外国企业必然对待进入海关特殊监管区的一系列金融、贸易、生产和投资政策进行综合考量。如果海关特殊监管区在既定的政策框架下分步出台配套政策，必然延缓甚至阻碍外资企业的相关投资行为，海关特殊监管区的健康发展需要明确持久的法律制度和高度透明的政策体系来共同支撑。积极借鉴国外成熟的发展经验，通过引入国外先进要素来优化中国海关特殊监管区贸易增长的空间布局也是笔者日后进一步研究内容之一。

参考文献

[1] 安虎森 . 新区域经济学 [M]. 大连 : 东北财经大学出版社 , 2007.

[2] 包群 , 许和连 , 赖明勇 . 贸易开放度与经济增长 : 理论及中国的经验研究 [J]. 世界经济 , 2003(2): 10–18.

[3] 曹吉云 , 佟家栋 . 两经济体建立自由贸易区的影响因素研究 [J]. 经济管理 , 2011(11): 9–16.

[4] 陈福中 , 陈诚 . 贸易开放水平、区位差异与中国经济增长——基于 1994—2011 年中国省级数据的实证考察 [J]. 国际贸易问题 , 2013(11): 82–93.

[5] 陈浪南 , 童汉飞 , 谢绵陛 . 世界自由贸易区发展模式比较 [J]. 税务研究 , 2005(8): 87–90.

[6] 萨尔瓦多 . 国际经济学 [M]. 北京 : 清华大学出版社 , 2008.

[7] 李嘉图 . 政治经济学的赋税原理 [M]. 北京 : 商务印书馆 , 1974.

[8] 丁国杰 . 论上海国际贸易中心建设的重要突破口 [J]. 开放导报 , 2011(5): 46–49.

[9] 樊纲 . 两种改革成本与两种改革方式 [J]. 经济研究 , 1993(1): 3–15.

[10] 樊纲 , 王小鲁 , 朱恒鹏 . 中国市场化指数——各地区市场化相对进程 2011 年报告 [M]. 北京 : 经济科学出版社 , 2012.

[11] 樊纲 . 论体制转轨的动态过程 : 非国有部门的成长与国有部门的改革 [J]. 经济研究 , 2000(1): 11–21.

[12] 宋小栋 . 中国海关特殊监管区域发展对策研究 [D]. 长沙 : 湖南师范大学 , 2015.

[13] 樊星 . 上海自贸试验区制度创新深化研究 [J]. 科学发展 , 2015(6): 54–61.

[14] 符宁 . 人力资本、研发强度与进口贸易技术溢出——基于我国吸收能力的实证研究 [J]. 世界经济研究 , 2007(11): 37–42.

[15] 高小红 , 周茂荣 . 贸易开放度测度研究述评 [J]. 经济评论 , 2008(6): 145–150.

[16] 高露华 . 国际贸易 [M]. 上海 : 格致出版社 , 上海人民出版社 .2012.

[17] 郭晓合，赖庆晟. 中国（上海）自由贸易区建设问题探讨 [J]. 民生周刊（学术版）人民日报社主办，2013(9): 52–54.

[18] 黄祖健. 整体性治理视角下的广西北部湾海关特殊监管区域管理研究 [D]. 南宁：广西大学，2015.

[19] 郭晓合，赖庆晟. 上海自贸区跨境电子商务创新发展研究 [J]. 北华大学学报（社会科学版），2015, 16(4): 27–32.

[20] 郭雯. 我国与中东欧国家产业合作问题研究 [J]. 对外经贸，2014(3): 31–33.

[21] 惠宁，杨世迪. 丝绸之路经济带的内涵界定、合作内容及实现路径 [J]. 延安大学学报（社会科学版），2014, (4): 60–66.

[22] 海闻，施建准. 国际经济学 [M]. 北京：高等教育出版社，2011.

[23] 胡剑波. 内陆自由贸易园区发展的国际经验与启示 [J]. 经济评论，2014(5): 52–58.

[24] 黄新飞，舒元. 贸易开放度、产业专业化与中国经济增长研究 [J]. 国际贸易问题，2007(12): 11–17.

[25] 黄上国. 开放对制度变迁的影响机制研究——兼论中国入世的制度转型效应 [D]. 杭州：浙江大学，2005.

[26] 田维军. 自贸试验区倒逼下海关特殊监管区域转型升级的对策研究 [D]. 苏州：苏州大学，2016.

[27] 姜国刚，衣保中，乔瑞中. 黑瞎子岛建设自由贸易区的构想与对策 [J]. 东北亚论坛，2012(6): 39–45.

[28] 柯武刚，史漫飞. 制度经济学——社会秩序与公共政策 [M]. 北京：商务印书馆，2000.

[29] 林略. 内陆保税港区保税收益分析及其国际物流通道构建 [D]. 重庆：重庆大学，2010.

[30] 李轩. 中国–东盟自由贸易区建设对中国 FDI 的影响效应 [J]. 国际贸易问题，2011(4): 41–47.

[31] 胡孟影. 苏州海关特殊监管区域转型发展研究 [D]. 苏州：苏州大学，2015.

[32] 李秀娥，孔庆峰. 中国与南部非洲关税同盟建立自由贸易区的经济效应——基于 GTAP 的模拟分析 [J]. 商业经济与管理，2013(7): 65–72.

[33] 李墨丝，沈玉良．中国（上海）自由贸易试验区：实现国家战略的可复制和可推广 [J]. 国际贸易，2013(12): 4–11.

[34] 李建民．"丝路精神"下的区域合作创新模式——战略构想、国际比较和具体落实途径 [J]. 人民论坛·学术前沿，2013(23): 20–25.

[35] 李晓明．我国海关特殊监管区立法研究 [D]. 石家庄：河北师范大学，2014.

[36] 李朴民．共建丝绸之路经济带，共享繁荣发展新机遇 [J]. 宏观经济管理，2014(8): 4–5.

[37] 李志鹏．中国建设自由贸易园区内涵和发展模式探索 [J]. 国际贸易，2013(7): 4–7.

[38] 林毅夫，蔡昉，李周．论中国经济改革的渐进式道路 [J]，经济研究，1993(9): 3–11.

[39] 刘似臣．中国贸易开放度的比较分析 [J]. 统计研究，2005, 22(6): 24–27.

[40] 赖庆晟，郭晓合．扩大开放对我国制度变迁的空间溢出效应 [J]. 经济体制改革，2015(1): 54–58.

[41] 郑小萍．促进海关特殊监管区域创新发展研究 [D]. 南昌：南昌大学，2017.

[42] 赖庆晟，郭晓合．上海自贸区扩容强化制度变迁辐射能力研究 [J]. 技术经济与管理研究，2015(12): 127–131.

[43] 陆丽萍．TPP 协定与上海自贸试验区先行先试改革开放建议 [J]. 科学发展，2016(1): 94–98.

[44] 牛凤君．丝绸之路经济带建设中上合组织贸易便利化发展研究 [J]. 合作经济与科技，2014(18): 82–83.

[45] 裴长洪．全球治理视野的新一轮开放尺度：自上海自贸区观察 [J]. 改革，2013(12): 30–40.

[46] 诺思，张五常．制度变革的经验研究 [M]. 北京：经济科学出版社，2003.

[47] 孙玉敏．上海综合保税区：挺进自由贸易区 [J]. 上海国资，2012(6): 30–33.

[48] 盛毅，余海燕，岳朝敏．关于"一带一路"倡议内涵、特性及战略重点综述 [J]. 经济体制改革，2015(1): 24–29.

[49] 孙元欣．中国自由贸易试验区发展研究报告 2015[M]. 上海：上海人民出版社，格致出版社，2015.

[50] 孙远东.从海关特殊监管区域到自由贸易园区——中国的实践与思考 [M].北京：首都经济贸易大学出版社，2014.

[51] 叶修群.中国自由贸易园区（FTZ）经济效应研究 [D].上海：华东师范大学，2018.

[52] 石良平，孙浩，黄丙志，等.中国（上海）自由贸易试验区建设与上海国际贸易中心转型升级 [M].上海：上海人民出版社，2014.

[53] 上海财经大学自由贸易区研究院.全球自贸区发展研究及借鉴 [M].上海：格致出版社，上海人民出版社，2015

[54] 上海财经大学自由贸易区研究院.全球100个自由贸易区概览 [M].上海：上海财经大学出版社，2014.

[55] 上海财经大学.中国（上海）自由贸易试验区发展研究报告 [M].上海：上海财经大学出版社，2013.

[56] 蒋传海.中国（上海）自由贸易试验区与国际经济合作 [M].上海：上海财经大学出版社，2013.

[57] 沈翔峰.中国（上海）自由贸易试验区接轨 TPP 问题研究——有中国特色的自由贸易园区建设探索 [D].上海：华东师范大学，2014.

[58] 涂人猛，周茂权.点轴理论与区域经济布局 [J].经济问题探索，1993(4): 18–20.

[59] 熊芳，刘德学.中国自由贸易区建设的战略——基于面板数据的实证分析 [J].国际经贸探索，2012, 28(1): 4–11.

[60] 刘金鹏.海关税收政策推动辽宁自贸试验区发展研究 [D].上海：上海海关学院，2018.

[61] 熊灵，魏伟，杨勇.贸易开放对中国区域增长的空间效应研究：1987—2009[J].经济学（季刊），2012, 11(3): 1037–1058.

[62] 陶蔚莲，李九领.中国（上海）自由贸易试验区建设与海关监管制度创新 [M].上海：上海人民出版社，2014.

[63] 王保忠，何炼成，李忠民."新丝绸之路经济带"一体化战略路径与实施对策 [J].经济纵横，2013(11): 60–65.

[64] 姜舰.新一轮改革开放背景下的中国海关监管制度研究 [D]. 北京 : 对外经济贸易大学 , 2017.

[65] 王铮.理论经济地理学 [M]. 北京 : 经济科学出版社 , 2002.

[66] 魏后凯.现代区域经济学 [M]. 北京 : 经济管理出版社 , 2011.

[67] 吴玉鸣.县域经济增长集聚与差异 : 空间计量经济实证分析 [J]. 世界经济文汇 , 2007(2): 37–57.

[68] 吴思.自贸区目标 : 可复制可推广 [J]. 中国经济报告 , 2013(10): 26–31.

[69] 范洪明.自贸区背景下海关特殊监管区域监管制度研究 [D]. 苏州 : 苏州大学 , 2016.

[70] 肖林 , 马海倩.国家试验 : 中国（上海）自由贸易试验区制度设计 [M]. 上海 : 上海人民出版社 , 格致出版社 , 2015.

[71] 习近平.加快实施自由贸易区战略 , 加快构建开放型经济新体制 [N]. 人民日报 , 2014–12–7(1).

[72] 叶飞文.海峡经济区 : 中国经济新增长极战略构想 [M]. 北京 : 北京大学出版社 , 2008.

[73] 杨柳.上海自贸区货物海关分类监管模式研究 [D]. 上海 : 上海师范大学 , 2017.

[74] 亚当·斯密.国民财富的性质和原因的研究 [M]. 北京 : 商务印书馆 , 1974.

[75] 叶修群 , 陈雯诗.中国区域经济增长阶段性差异实证研究——基于省际面板数据 [J]. 南昌航空大学学报（社会科学版）, 2015, 17(2): 26–33, 39.

[76] 杨君 , 龚玉池.有效制度供给不足与中国经济增长 [J]. 经济学家 , 2001(1): 16–20.

[77] 杨凤鸣 , 薛荣久.加入 WTO 与中国 "开放型经济体系" 的确立与完善 [J]. 国际贸易 , 2013(11): 15–18.

[78] 杨建文 , 陆军荣.中国保税港区 : 创新与发展 [M]. 上海 : 上海社会科学院出版社 , 2008.

[79] 袁庆明.新制度经济学 [M]. 上海 : 复旦大学出版社 , 2012.

[80] 袁志刚.中国（上海）自由贸易试验区新战略研究 [M]. 上海 : 格致出版社 , 上海人民出版社 , 2013.

[81] 姚永军 , 张相文 , 程情.区域经济一体化经验研究述评 [J]. 经济评论 , 2009(4): 151–158.

[82] 于晓燕 . 中国推进中日韩自由贸易区建设的策略思考 [J]. 价格理论与实践，2011(4): 19–25.

[83] 赵伟 . 区域开放之制度转型与经济增长效应：一个研究纲要 [J]. 求索，2007(3): 1–3.

[84] 赵伟，黄上国 . 加入 WTO 的制度变迁效应——基于产业组织的分析 [J]. 数量经济技术经济研究，2004(2): 89–93.

[85] 赵伟 . 中国区域经济开放：制度转型与经济增长效应 [M]. 北京：经济科学出版社，2011.

[86] 赵金龙，倪中新 . 自由贸易区态势及其伙伴国外贸出口的战略转型 [J]. 改革，2013(2): 108–115.

[87] 张春才 . 我国海关特殊监管区域税收问题及对策研究 [D]. 天津：天津财经大学，2017.

[88] 张军，吴桂英，张吉鹏 . 中国省际物质资本存量估算：1952—2000[J]. 经济研究，2014(10): 35–44.

[89] 张燕生 . 新一轮高标准改革开放应如何先行先试——中国（上海）自由贸易试验区的改革重点和未来方向 [J]. 学术月刊，2013(10): 74–78.

[90] 张幼文 . 自贸区试验与开放型经济体制建设 [J]. 学术月刊，2014(1): 11–19.

[91] 张幼文 . 探索开放战略的升级 [M]. 上海：上海社会科学院出版社，2008.

[92] 张幼文 . 新开放观：对外开放理论与战略再探索 [M]. 北京：人民出版社，2007.

[93] 张炜 . 外商直接投资对我国制度变迁空间效应的研究 [J]. 经济经纬，2013(4): 16–20.

[94] 周杰琦 . 贸易开放对中国区域增长的影响及其机制分析：1990—2010[J]. 工业技术经济，2014(1): 116–124.

[95] 张立光 . 我国贸易开放度与经济增长关系的实证研究 [J]. 财经研究，2004(3): 113–121.

[96] 李思卿 . 福建自贸区建设背景下完善福州海关监管研究 [D]. 福州：福建师范大学，2017.

[97] 张旭昆 . 论制度的均衡与演化 [J]. 经济研究，1993(9): 44, 65–68.

[98] 中国保税区出口加工区协会 . 中国保税区出口加工区年鉴 [M]. 北京：中国财政经济出版社，2007—2014.

[99] 中国海关通志编纂委员会.中国海关通志（第三分册）[M].北京：方志出版社，
2012.

[100] 秦续忠，王宗水，赵红.公司治理与企业社会责任披露——基于创业板的中小企
业研究 [J].管理评论，2018,30(3): 188–200.

[101] 汪闻勇."一带一路"背景下宁波保税区和自贸区发展研究 [D].北京：中国社会
科学院研究生院，2017.

[102] 赖庆晟.我国从保税区到自由贸易试验区的渐进式扩大贸易开放路径研究 [D].
上海：华东师范大学，2016.

[103] 周贤文.我国海关特殊监管区域整合中的税收政策优化研究 [D].上海：上海海
关学院，2016.

[104] 何荣友.广西海关特殊监管区促进对外贸易发展对策研究 [D].南宁：广西大学，
2014.

[105] 唐芳，张奇.自贸试验区背景下海关特殊监管区域发展模式的思考 [J].国际贸易，
2017(11): 19–24.

[106] 李璐玲.我国综合保税区海关监管制度的完善与创新 [J].中国海洋大学学报（社
会科学版），2016(6): 97–101.

[107] 孙浩.上海自贸试验区海关监管服务改革的创新发展探究 [J].上海经济研究，
2015(12): 79–86, 96.

[108] 姬云香，胡晓红.综合保税区监管模式研究 [J].湖南大学学报（社会科学版），
2015, 29(2): 132–137.

[109] 王志明.海关特殊监管区贸易监管体制改革探索 [J].学海，2014(6): 143–146.

[110] 徐晓林，杨保清.海关特殊监管区向自由贸易区转型问题思考 [J].中国行政管理，
2014(6): 44–46.

[111] 陆军荣，石建勋.海关特殊监管区的国际比较研究 [J].经济纵横，2008(9): 101–
103.

[112] 成思危，陈宏民.从保税区到自由贸易区：中国保税区的改革与发展 [M].北京：
经济科学出版社，2004.

[113] 刘辉群.中国保税区向自由贸易区转型的研究 [J].中国软科学，2005(5): 114–
119.

[114] 张世坤. 保税区向自由贸易区转型的机理和对策研究 [J]. 管理世界 , 2005(10): 151–152.

[115] 李友华. 我国保税区管理体制改革目标模式分析——兼及我国保税区与国外自由贸易区比较 [J]. 烟台大学学报 (哲学社会科学版), 2006, 19(1): 56–60.

[116] 杨明华. 我国保税区向自由贸易区转型研究 [J]. 学海 , 2008(1): 201–204.

[117] 仲伟林. 关于海关特殊监管区向自由贸易园区转型发展的思考 [J]. 港口经济 , 2013(11): 30–32+36.

[118] 徐晓林 , 杨保清. 海关特殊监管区向自由贸易区转型问题思考 [J]. 中国行政管理 , 2014(6): 44–46.

[119] 蒋政音. 从国家战略视角看上海自贸区建立 [J]. 中国国情国力 , 2014(11): 42–44.

[120] ANDERSON J E, PETER N J. Measuring the restrictiveness of trade policy[J]. World Bank Economic Review, 1994(2): 151–169.

[121] ABBOTT, JASON. Export processing zones and the developing world[J]. Contemporary Review, 1997(270): 101–124.

[122] KITWIWATTANACHAI A, NELSON D, REED G. Quantitative impacts of alternative East Asia Free Trade Areas: A Computable General Equilibrium (CGE) assessment[J]. Journal of Policy Modeling, 2012, 32(2): 286–301.

[123] ANSELIN L. Spatial econometrics: methods and models[M].Dordrecht: Kluwer Academic Publishers, 1988.

[124] ANSELIN L, FLORAX R. Small sample properties of tests for spatial dependence in regression models: some further results[J]. Springer, 1995(2): 21–74.

[125] SIBBONS J L H, BOUDEVI LIE JR. Problems of regional economic planning[J]. Geographical Journal, 1967, 133(4): 556.

[126] JUGURNATH B, STEWART M, BROOKS R. Asia/Pacific regional trade agreements: An empirical study[J]. Journal of Asian Economics, 2007, 18(6): 974–987.

[127] BALDWIN R E, VENABLES A J. Regional economic integration[J]. Handbook of International Economics, 1995, 3(4): 1597–1644.

[128] BROOKS Mary R. The governance structure of ports[J]. Review of Network Economics, 2004(7): 168–183.

[129] BOLLE, WILLIAMS. U.S. foreign trade zones: background and issues for congress[R]. CCRS Report for Congress, 2012.

[130] LUCIAN CERNAT.Assessing regional trade arrangements: Are south rtas more trade diverting[J]. International Trade, 2001(1): 54–60.

[131] CORDEN M. Economics of scale and customs union theory[J]. Journal of political Economy, 1972(8): 465–475.

[132] DAPONTE. The foreign zones act: Keeping up with the changing times[J]. Business American, 1997(12): 24–27.

[133] DAVID DOLLAR. Outward–oriented developing economics really do grow more rapidly: Evidence from 95LDCs 1976—1985[J]. Economics Development and Cultral Change, 1992(3): 523–544.

[134] DAVIS L, NORTH DOUGLASS C. Institutional change and American economic growth[M]. London: Cambridge University Press, 1971.

[135] EDWARDS SEBASTIAN. Openness productivity and growth what do we really know[J]. Journal of Development Economics, 1998, 108(447): 383–398.

[136] FAZIO G. Euro mediterranean economic implications of deeper asian integration: An empirical investigation of trade flows[J]. European Regional Science Association, 2006(3): 6–10.

[137] Grossman G M, Helpman E. The politics of free trade Agreements [J].American Economic Review, 1995(85): 667–690.

[138] GE WEI. The dynamics of export processing zones[D]. Lewisburg: Bucknell University, 1999.

[139] GEORGES. Modeling the removal of nafta rules of origin: A dynamic computable general equilibrium analysis[D]. Ottawa: University of Ottawa, 2007.

[140] Grossman G M, Helpman E. Innovation and growth in the global economy[M]. Cambridge: MIT Press, 1993.

[141] HIRSCHMAN A O. The Strategy of economic development[M]. New Havens: Yale University Press, 1945.

[142] HALLAERT J J. Can regional integration accelerate development in Africa CGE

modelsimulations of the impact of the SADCFTA on the republic of madagascar[J]. IMF Working Papers, 2007(4): 1.

[143] HECHSCHER ELI F. The effect of foreign trade on the distribution of income[J]. Ekonomisk Tidskrift, 1919(21): 497–512.

[144] KRUEGER A O. Trade creation and trade diversion under NAFTA[J]. NBER: National Bureau of Economic Research, 199(1): 56–67.

[145] KRUGMAN PAULR. Increasing returns, monopolistic competiction, and international trade[J]. Journal of International Economics, 1979(9): 469–479.

[146] KRUGMAN P. Scale economics, product differentation, and the pattern of trade[J]. American Economic Reviews, 1980(10): 950–959.

[147] KRUGMAN P R. Intra–industry specialization and the gain from trade[J]. Journal of Political Economy, 1981, 89(5): 959–973.

[148] LANCASTER K. intra–Industry trade under perfect monopolistic competition[J]. Journal of International Economics, 1980(10): 151–175.

[149] LEVINE R E, RENELT D. A sensitivity analysis of cross–country growth regression[J]. American Economic Review, 1992, 82(4): 942–963.

[150] LIN J Y. An economic theory of institutional change: induced and imposed change[J]. Cato Journal, 1989, 9(1): 1–33.

[151] MYRDAL G. Economic theory and underdeveloped regions[M]. London: Harper Press, 1957.

[152] FUJITA M, KRUGMAN P, VENABLES A. The spatial economy: cities, regions, and international trade[M].Cambridge: The MIT press, 1999: 329–344.

[153] OHLIN B. Interregional and international trade[M].Cambridge: Harvard University Press, 1933.

[154] KRUGMAN P. Is bilateralism bad?[J]. International Trade and Trade Policy, 1989: 1–22.

[155] PIAZOLO D. Poland's membership in the European Union: an analsysis with a dynamic computable general equilibrium (CGE) model[J]. LICOS Discussion Paper, 2000: 47.

[156] PERROUX F. Economic space: theory and application[J]. Quaterly Journal of

Economics, 1950, 64(1): 89–104.

[157] BAIDWIN R, FORSLID R, MARTIN P. Gianmarco ottavino and frederic Robert–Nicoud: "Economic Geography and Public Policy" [M]. princeton: Princeton University Press, 2003: 29.

[158] RIVERA–BATIZ L A, ROMER P M. Economic integration and endougenous growth[J]. Quarterly Journal of Economic, 1991, 106(2): 531–555.

[159] RHEETAL. Free trade zones in export strategies[M]. Washington DC: The World Bank Industry and Energy Department, 1990.

[160] REMEDIO E M . Export processing zones in the Philippines : a review of employment, working conditions and labour relations[J]. ILO Working Papers, 1996: 44.

[161] ROMERO A T. Export Processing zones in Africa: implications for labour[J]. Competition and Change, 1997, 2(4): 391–418.

[162] FEENSTRA R C. Advanced international trade: theory and evidence[J]. Economics Books, 2015,66(2): 541–544.

[163] STANLEY D L. Labor market structure, new export crops, and inequality: the case of mariculture in Honduras[J]. Economic Development and Cultural Change, 1999, 48(1): 8–14.

[164] SCITOVSKY T. Economic theory and european integration[M]. London: George Allen and Unwin, 1958.

[165] SEYOUM B, RAMIREZ J. Foreign trade zones in the United States: A study with special emphasis on the proposal for trade agreement parity[J]. Journal of Economic Studies, 2012, 39(1): 13–30.

[166] SUMMERFIELD, GALE. The shadow price of labor in export processing zones: A discussion of the social value of employing women in export processing in Mexico and China[J]. Revies of Political Economy, 2006, 7(1): 28–42.

[167] SOLOAGA I, WINTERS L A. Regionalism in the nineties : what effect on trade?[J]. The North American Journal of Economics and Finance, 2001, 12(1): 1–29.

[168] SUSANTO D, ROSSON C P, ADCOCK F J. Trade creation and trade diversion in the North American free trade agreement: the case of agricultural sector[J]. Journal of

Agricultural & Applied Economics, 2007, 39(1): 121–134.

[169] SACHS J D, WAMER A M, SLUND A, et al. Economic reform and the process of global integration[J]. Brookings Papers on Economics Activity , 1995(1): 118.

[170] URATA S, KYOTA K. The impacts of an east Asia FTA on foreign trade in east Asia[J]. Social ence Elecbmic Publi–shing, 2003(14): 217–252.

[171] VINER, J. The customs union issue[M]. New York: Carnegie Endowment for International Peace, 1950.

[172] WILSON A G. A statistical theory of spatial distribution models[J]. Transportation Research, 1967, 1(3): 253–269.

[173] PAELINCK J. Entropy in urban and regional modeling[M]. London: Routledge, 2011.

[174] WALTZ, U. Dynamic effects of economic integration: A survey[J]. Open Economics Reviews, 1997, 8(3): 309–326.

[175] WATSON, PETER L. Export processing zones: has Africa missed the boat? Not yet![J]. Africa Region, the World Bank, 2001(17): 15–16.

[176] KITWIWATTANACHAI A, Nelson D, Reed G. Quantitative impacts of alternative East Asia free trade areas: a Computable General Equilibrium (CGE) assessment[J]. Journal of Policy Modeling, 2010, 32(2): 286–301.

[177] GEORGES P. Modeling the removal of NAFTA rules of origin: a dynamic computable general equilibrium analysis[R]. Ottawa: University of Ottawa, 2007: 49.

[178] FAROLE T. Special learning from global economic zones in Africa: comparing performance and experience[M]. Washington: World Bank Publications, 2011.

[179] HOYLE B S, HILLING D. Seaport systems and spatial change: technology, industry and development strategies [M]. Chichester: Wiley, 1984.

[180] NOTTEBOOM T E, RODRIGUE J P. Port regionalization: towards a new phase in port development [J]. Maritime Policy & Management, 2005, 32(3): 297–313.

[181] TONGZON J L. Determinants of port performance and efficiency [J]. Transport ation Research part A: Policy and Practice, 1995, 29(3): 245–252.

[182] RIMMER P J. The search for spatial regularities in the development of Australian

seaports, 1861–1961 12[J]. Geografiska Annaler. Series B, Human Geography, 1967, 49(1): 42 –54.

[183] QIU X, LAM J S, HUANG G Q. A bilevel storage pricing model for outbound containers in a dry port system[J]. Transportation Research Part E: Logistics and Transportation Review, 2015, 73: 65–83.

[184] RAMOS S J. Planning for competitive port expansion on the U.S. eastern seaboard: the case of the savannah harbor expansion project[J]. Journal of Transport Geography, 2014, 36: 32–41.

[185] GONZULEZ A, TERASVIRTA T, VAN DIJK D. Panel smooth transition regression model[J]. Working Paper Series in Economics and Finance, 2005.

[186] GRANGER C W, TERASVIRTA T. Modelling non–linear economic relationships[M]. Oxford: Oxford University Press, 1993.

[187] GOLDSMITH R W. Financial structure and development[M].New Haven: Yale University Press, 1969.

[188] BESSEC M, FOUQUAU J.The non–linear link between electricity consumption and temperature in europe: a threshold panel approach.[J].Energy Economics, 2008, 30(5): 2705–2721.

[189] ASLANIDIS N, IRANZO S.Environment and development : is there a Kuznets curve for CO_2 emissions?[J].Applied Economics, 2009, 41(6): 803–810.

[190] BLATTER J, CLEMENT N. Cross–border cooperationin europe: historical development, institutionalization, and contrasts with North America[J]. Journal of Borderlands Studies, 2000, 15(1): 15–53.

[191] LEFEBVRE H. The production of Space[M].Basil Blackwell: OxfordUK And Cambridge 1991.

[192] LI T L, JIANG H Y, GAO F. Research on economy and trade cooperation between Dandong city and D.P.R.Korea[J]. The Korean Geographical Society, 2001(12): 13–17.

[193] LI T L, JIANG H Y, GAO F. Economy and trade cooperation between Dandong, China and D.P.R.Korea[J]. The Korean Geographical Society, 2002, 37(5): 551–558.

[194] CASSAR A, NICOLINI R.Spillovers and growth in a local interaction model[J].The

Annals of Regional Science, 2008, 42(2): 291–306.

[195] VAN HOUTUM H, ERNSTE H. Re–imagining spaces of (in)difference: contextualising and reflecting on the intertwining of cities across borders[J].Geojournal, 2001(54): 101–105.

[196] HANSEN N. International cooperation in border regions: an overview and research agenda[J]. International Regional Science Review, 1983, 8(3): 255–270.